Margo A. Bienert

Organisation und Netzwerk

GABLER EDITION WISSENSCHAFT

Margo A. Bienert

Organisation und Netzwerk

Organisationsgestaltung durch Annäherung an Charakteristika der idealtypischen Organisationsform Netzwerke

Mit einem Geleitwort von Prof. Dr. Bernd Schiemenz

Springer Fachmedien Wiesbaden GmbH

Die Deutsche Bibliothek – CIP-Einheitsaufnahme

Dissertation Universität Marburg, 2001

1. Auflage Mai 2002

Ursprünglich erschienen bei Deutscher Universitäts-Verlag GmbH, Wiesbaden 2002
Lektorat: Brigitte Siegel / Stefanie Loyal
www.duv.de

Umschlaggestaltung: Regine Zimmer, Dipl.-Designerin, Frankfurt/Main

Gedruckt auf säurefreiem und chlorfrei gebleichtem Papier

ISBN 978-3-8244-7637-4 ISBN 978-3-663-08080-0 (eBook)
DOI 10.1007/978-3-663-08080-0

Geleitwort

Die Zusammenführung zweier Unternehmungen stößt auf erhebliche Probleme, wie zahlreiche, am Shareholder Value gemessene, Fehlschläge zeigen. Das gilt bereits für zwei Unternehmungen der gleichen Volkswirtschaft, erst recht für solche verschiedener Volkswirtschaften.

Eine bei solchen Zusammenführungen auftauchende zentrale Frage ist, inwiefern man mittels Weisungshierarchien lenken soll oder ob man sich mehr auf marktähnliche Instrumente wie die der pretialen Lenkung stützen soll. Frau Bienert konzentriert sich in ihrer Arbeit auf einen dritten Weg, nämlich auf den unterschiedlichen Ebenen der zusammenzuführenden Unternehmungen Kommunikationsbeziehungen und Vertrauen entstehen zu lassen und auf diese Weise Netzwerke zu bilden. Sie konzentriert sich also auf die sozialen Subsysteme der Unternehmung. Und sie betrachtet den Prozeß stark aus der systemorientierten sozialwissenschaftlichen, mit den Namen von Luhmann und Willke verbundenen Perspektive. Dieser, auf dem von den Biologen und Hirnforschern Maturana und Varela in die Diskussion eingebrachten Gedanken der Autopoiese basierenden Sicht nach sind soziale Systeme operational geschlossen. Ihre Entwicklung hängt im wesentlichen von den Systemen selbst ab. Sie lassen sich nur begrenzt beeinflussen. Deshalb kann und sollte die Leitung auf den verschiedenen Ebenen nur einen allgemeinen Rahmen setzen, innerhalb dessen das soziale System sich selbst organisiert. Aufbauend auf dem Gedanken einer „Kybernetik zweiter Ordnung" bezeichnet die Autorin diesen Ansatz als „Implementierung zweiter Ordnung". Mit Recht werden aber auch die ähnlichen Konzepte der volkswirtschaftlichen Ordnungstheorie berücksichtigt.

Nachdem der Ansatz theoretisch sauber unter Berücksichtigung der Systemtheorie, der Organisationstheorien und der neueren Erkenntnisse über organisatorische Netzwerke herausgearbeitet wurde, wird er in der zweiten Hälfte genutzt, um „netzwerknahe Organisationen" gestalten zu können. Dabei konzentriert sich Frau Bienert auf die fünf Gestaltungsfelder personelles Gestaltungsfeld, Anreizgestaltung, Führung, Kommunikationssystem und Zielsystem. Für jedes prüft sie die Möglichkeiten einer stärkeren Orientierung in Richtung der relevanten Netzwerkaspekte und wie sich diese auf Koordinationseffizienz und Motivationseffizienz auswirken.

Ich halte diese Arbeit für von großem theoretischen wie praktischen Interesse und wünsche ihr deshalb eine gute Aufnahme in Wissenschaft und Wirtschaft.

Prof. Dr. Bernd Schiemenz

Vorwort

Die vorliegende Arbeit wurde 2001 von der Wirtschaftswissenschaftlichen Fakultät der Philipps-Universität zu Marburg als Dissertation angenommen. Sie entstand während meiner Tätigkeit im Ressort Global Procurement and Supply der DaimlerChryslerAG.

Entstehen und Gelingen dieser Arbeit sind der Unterstützung von verschiedener Seite zu verdanken.

Herrn Prof. Dr. Bernd Schiemenz danke ich herzlich für die konstruktive fachliche Betreuung der Arbeit. Durch seine Unterstützung und Diskussionsbereitschaft konnten die Aussagen der Arbeit fortwährend kritisch hinterfragt und verbessert werden. Prof. Dr. Jochen Röpke gebührt aufrichtiger Dank für die Übernahme des Koreferats.

Der Erfolg eines Dissertationsvorhabens als externe Doktorandin in einem Unternehmen hängt in ganz entscheidendem Maße von dem Entgegenkommen von Vorgesetzten und Kollegen ab. Daher möchte ich allen danken, die mir die erforderlichen Rahmenbedingungen während meiner Tätigkeit bei DaimlerChrysler ermöglichten. Zuerst gilt mein Dank Herrn Dr. Heinrich Reidelbach, der meine gesamte Arbeit stets gefördert hat und mir die notwendigen Freiräume ließ. Ganz besonders möchte ich mich zudem bei den Herren Tilman Knapp und Günter Fabricius bedanken, da sie sich die Zeit genommen haben, durch kritisches Hinterfragen der Ansätze entscheidend zum Gelingen der Arbeit beizutragen.

Herrn Bernd Wenzler spreche ich herzlichen Dank aus, da er meinen Werdegang maßgeblich gefördert hat. Er hat mich zum einen dazu ermuntert die Dissertation in Angriff zu nehmen und zum anderen in wichtigen Phasen der Arbeit motiviert.

Margo A. Bienert

Inhaltsverzeichnis

Verzeichnis der Abbildungen

Verzeichnis der Abkürzungen

BSC	Balanced Scorecard
EC	Externe Kosten
H	Hybrid / hybride Koordinationsform
IC	Interne Kosten
M	Markt / marktliche Koordinationsform
O	Organisation / organisierte Koordinationsform
OECD	Organization for Economic Cooperation and Development
OKS	Organisationsrechtliches Kommunikationssystem
OPEC	Organization of the Petrol Exporting Countries
PA Theorie	Principal Agent Theorie
PR Theorie	Property Rights Theorie
ROCE	Return on Capital Employed
ROI	Return on Investment
SK #	Numerierung der Strukturkomponenten von Netzwerken
SK # 1	Intensität des Leistungsaustausches
SK # 2	Richtung des Leistungsaustausches
SK # 3	Machtstruktur
SK # 4	Formalisierungsgrad
SK # 5	Standardisierungsgrad
SK # 6	Kommunikation
SK # 7	Hierarchische Verankerung
SK # 8	Räumliche Distanz
SK # 9	Verfügbare Ressourcen zur Koordination
SK # 10	Vertragsgestaltung
SK # 11	Personaltransfer
SK # 12	Erwartungen
SK # 13	Zielkongruenz
SK # 14	Identitäten
SK # 15	Kohäsion
SK # 16	Geteilte Werte
SK # 17	Vertrauen
SSM	Soft Systems Methodology
TC	Transaktionskosten
XML	Extensible Markup Language

'Organisieren ist zuallererst gegründet auf Einigungen darüber, was Wirklichkeit und was Illusion ist'
(Karl Weick)

1 Einführung

Eine Organisation als soziales System konstituiert ihre jeweils eigene Wirklichkeit. Für die Schaffung einer Organisations-Realität, die ihre Selbsterhaltung gewährleisten und Umwelteinflüsse erfolgreich zu verarbeiten vermag, sind organisatorische Prozesse notwendig, die zu einer sinnvollen organisatorischen Sozialisation der Mitglieder führen.

Lange wurden organisationstheoretische Überlegungen von einem Kontinuum mit den Koordinationsmechanismen Markt und Hierarchie dominiert. Im Zentrum dieser Arbeit wird der Ansatz angewandt, der Netzwerk als dritten wichtigen Koordinationsmechanismus neben Markt und Hierarchie begreift. Der Terminus Netzwerk wird auf sehr vielfältige Weise verwendet. Er kann etwa Seilschaften in Organisationen, Firmenkonglomerate oder jede Art der Interaktion bezeichnen und wird dann eher umgangssprachlich verwendet, denn als ernst zu nehmende theoretische Annäherung an das Koordinationsproblem in Organisationen. Im Gegensatz dazu wird hier in Anlehnung an das Verständnis von Netzwerk als gleichberechtigtem Idealtyp neben Markt und Hierarchie eine Theorie entwickelt, die es ermöglicht, das organisationstheoretische *Feld* zwischen Markt und Hierarchie abzulösen durch den organiationstheortischen Zustands*raum* mit den Achsen Markt, Hierarchie und Netzwerk.

Ziel dieser Arbeit ist es, auf Basis von netzwerktheoretischen Überlegungen zu untersuchen, welche organisatorischen Möglichkeiten es gibt, eine vergleichsweise *netzwerknahe Organisation* zu gestalten. Das heißt, eine Unternehmung, die stärker von Netzwerk-Elementen geprägt ist – neben den schon vorhandenen und weiterhin existierenden Markt- oder Hierarchie-Elementen. Die beiden letzteren brauchen durch die Betonung der Netzwerk-Elemente *nicht* verringert zu werden. Jede Unternehmung weist Momente aller drei Koordinationsformen auf, deren Zusammenwirken nicht als Nullsummenspiel aufzufassen ist.

In Kapitel zwei erfolgt eine kurze Einführung in die Systemtheorie. Sie liefert den theoretischen Hintergrund, vor dem sich die Argumentation der Arbeit bewegt.

Es wird gezeigt, daß der Vorteil einer netzwerknahen Organisation in den höheren Kapazitäten in den Bereichen *Kommunikation, Information und Vertrauen* zu sehen ist. Auf die Begriffe Kommunikation, Information und Vertrauen wird in Kapitel drei eingegangen. Dort werden auch die für die Arbeit relevanten Organisationstheorien und das Organisationsgestaltungskonzept mit Effizienzkriterien vorgestellt. Dieses spaltet die Organisationsproblematik in Koordinations- und Motivationseffizienz und versteht sich als Grundstruktur zur Organisationsgestaltungsbewertung, die in Details jeweils an problem- und gestaltungsorientierte Besonderheiten angepaßt werden kann. Die *Effizienzkriterien* liefern hier den Maßstab für die ökonomische Beurteilung von organisatorischen Gestaltungsempfehlungen und dienen in diesem Sinn als *Selektionsmechanismus*. Sie werden entsprechend in Kapitel fünf jeweils bei den organisatorischen Gestaltungsfeldern aufgegriffen.

In Kapitel vier werden zunächst existierende Ansätze zum Thema Netzwerk vorgestellt. Anschließend wird das in dieser Arbeit verwendete Netzwerk-Verständnis entwickelt. Netzwerk steht gleichberechtigt neben den Idealtypen Markt und Hierarchie. Netzwerk wird als abstraktes gedankliches Konstrukt, das zur Annäherung an das Thema Organisationsgestaltung hilfreich ist, verstanden. Analog zu den klassisch-ökonomischen Definitionen von Markt und Hierarchie wird hier eine enge theoretische Definition des Terminus Netzwerk zugrunde gelegt. Dies bedingt eine dreidimensionale Darstellung der Koordinationsmechanismen Markt, Hierarchie und Netzwerk. Für den Raum, der sich durch diese drei Achsen ergibt, wird der Begriff *Zustandsraum* verwendet. Dieser ermöglicht es, auf theoretischer Ebene abzubilden, daß ein 'Mehr' an Netzwerk-Elementen in einer Organisation eingeführt werden kann, ohne daß dafür auf Markt- oder Hierarchie-Elemente verzichtet zu werden braucht. Die Intensität von Markt, Hierarchie und Netzwerk-Elementen in einer Organisation kann jeweils einzeln variieren, ohne daß dies die Intensität der beiden anderen ändern muß.

Wie stark der Netzwerk-Charakter einer Organisation ausgeprägt ist, wird anhand der Strukturkomponenten, wie z.B. Intensität des Leistungsaustausches oder Zielkongruenz, beurteilt. Strukturbildung leistet für soziale Systeme, also auch für Unternehmen, die Festlegung der Arbeitsteilung, der Rollen, der Regeln und Verantwortlichkeiten und trägt zum Verständnis des Verhaltens der Akteure bei. Strukturkomponenten liefern zudem Hinweise auf Stellhebel, die Organisationsgestalter beeinflussen können, wenn es um die

Einführung oder Verstärkung von Netzwerkelementen in einer Organisation beziehungsweise einer Unternehmung geht. Am Ende des vierten Kapitels werden die Strukturkomponenten von Netzwerken tabellarisch dargestellt. *Strukturkomponenten* und ihre Ausprägungen dienen als *Anpassungsmechanismus* für organisatorische Gestaltungsempfehlungen.

Im fünften Kapitel werden praxisnahe Gestaltungsmöglichkeiten in Organisationen diskutiert, die helfen sollen, ein 'Mehr' an Netzwerkelementen aus Retikularraum-Perspektive zu realisieren.

Bisher befassen sich organisationstheoretische Überlegungen vorrangig damit, wie ein 'mehr' oder 'besser' an Hierarchie-Elementen implementiert werden kann, zum Beispiel in Form von Weisungs-, Richtlinien-, Regel- oder Corporate Conduct-Werken; oder mit der Frage, wie ein 'mehr' an Marktelementen in Organisationen eingeführt werden kann, zum Beispiel in Form von Verrechnungspreisen oder Profit-Centern. In dieser Arbeit werden im Rahmen möglicher organisatorischer Gestaltungsfelder Maßnahmen diskutiert, die helfen können, ein 'mehr' an Netzwerk-Elementen zu implementieren. Die Gestaltungsfelder sind personelles Gestaltungsfeld, Anreize, Führung, Kommunikationssysteme und Zielsysteme.

Dabei wird jeweils besonders auf die Vorgehensweise bei der Implementation eingegangen. Die *Implementation zweiter Ordnung* wird als Vorschlag einer möglichen Kontextsteuerung von Organisationen eingeführt – im Gegensatz und als Ergänzung zu Ansätzen der direkten Steuerung.

Die Tätigkeit in dem Ressort Global Procurement and Supply eines internationalen Automobilkonzerns, die kurz nach der Fusion angetreten wurde, erlaubt tiefere Einblicke in für Organisationen und Fusionen wichtige Themenstellungen. Sie rundet die Möglichkeiten der Erkenntnisgewinnung für diese Arbeit ab.

Dementsprechend wird die Fusionssituation in der Arbeit als Musterbeispiel durchgängig aufgegriffen. Nach einer Fusion ist Veränderung unumgänglich und folglich kann die Ausgestaltung einer Organisation zu diesem Zeitpunkt relativ leicht verändert werden. Zudem liegen Kooperations- und Netzwerk-Gedanken bei Fusionen nahe – dank verbesserter Zusammenarbeit und Vernetzung sollen z.B. Synergieeffekte entstehen.

2 Systemtheorie

In diesem Kapitel wird mit einer knappen Einführung in die Systemtheorie der theoretische Hintergrund skizziert, vor dem sich die Argumentation der Arbeit bewegt.

Systemtheorie wird als übergreifende Wissenschaft begriffen. Sie deckt Ähnlichkeiten in den Strukturen von Theorien über verschiedene Sachverhalte auf und macht diese nutzbar.[1]

2.1 Systemtheoretisches Paradigma

Im Folgenden werden Betriebswirtschaften, ihre Teile und ihre Umwelt als komplexe Systeme betrachtet. Systematisches Wissen über betriebswirtschaftlich relevante Systeme wird dargestellt, ein begrifflich-theoretischer Bezugsrahmen vorgestellt. Er soll die Integration von Wissen ermöglichen und es mit Modellen bzw. Theorien in Zusammenhang bringen, die eine Erklärung oder Prognose der Entwicklung des Verhaltens der interessierenden Systeme ermöglichen.

Im Mittelpunkt des Interesses stehen die Fragen nach einer Verbesserung betriebswirtschaftlicher Entscheidungen und Handlungen im Zusammenhang mit der 'Organisationsform Netzwerke' und deren Fähigkeiten, Informationen nutzbar zu machen, Kommunikation zu verbessern und Vertrauen zu schaffen. Die Bedeutung dieser Organisationsform läßt sich auch durch den Hinweis darauf verdeutlichen, daß im Rahmen von Fusionen ein von Managern formuliertes Ziel als die Schaffung eines 'globalen Netzwerkes' angegeben wird.

Sowohl im Rahmen von Organisationen, als auch wenn es um Netzwerke geht, gibt es eine Vielzahl an inkommensurablen Theorien. Sie sind nicht miteinander vergleichbar und es gibt keine Basis zu entscheiden, welche Theorie die leistungsfähigere ist.[2]
Im Sinne von Kuhn[3] enthält ein Paradigma ontologische Annahmen bezüglich des

---

[1] Manz, K., Albrecht, B., Müller, F., Organisationstheorie, S. 37.
[2] Kieser, A., Organisation, S. 3.
[3] Kuhn, T., Scientific, S. 10ff, 23ff, 46f.

Wesens eines empirischen Phänomens, z.B. einer Organisationsform, epistemologische Annahmen über das Wissen der Phänomene und Annahmen über die geeignete Forschungsmethode.
Multi-paradigmatische Organisationsforschung stützt sich auf verschiedene theoretische Ansätze und berücksichtigt dabei Perspektiven, die bezüglich ihrer Basisannahmen und Strukturen verschieden sind. Hier ist der Brückenschlag zu systemtheoretisch orientiertem Wissenschaftsverständnis: es kommt zu dem Schluß, daß volle Erkenntnis des Gesamtproblems nur durch Vielfalt erreicht werden kann. Der jeweilige Untersuchungsgegenstand ist mit möglichst vielen geeigneten Ansätzen aus vielen verschiedenen Perspektiven zu analysieren.[4] So werden auch in der vorliegenden Arbeit verschiedene Theorien ausgewählt, die relevant und wichtig erscheinen, entsprechend den Anforderungen des Forschungsobjektes werden empirische Phänomene mit dem jeweils passend scheinenden Paradigma erfaßt. Ziel ist, durch einen multi-paradigmatischen Ansatz mit Komplexität und Ambiguität besser umgehen zu können.[5]
Ziele sind Prognosen zu ermöglichen oder Tendenzen erkennen zu können. Eine Situation so beschreiben zu können, daß erkennbar wird, wenn eine Tendenz zur Hervorbringung eines Phänomens oder einer Institution inhärent ist – Ursache-Wirkungs-Zusammenhänge sind also nicht impliziert, sondern das Eintreten bestimmter Folgen wird in bestimmten Situationen gefördert.[6] Entsprechend wenden sich die Ansätze pragmatisch gegen überzogene Steuerungs- und Kontrollansprüche der Betriebswirtschaftslehre,[7] vermeiden aber gleichzeitig die Perspektive, die dem Management größte Teile seiner Einflußmöglichkeiten auf Strukturen abspricht und auf die Unterwerfung unter ökonomische, soziologische, institutionelle, technologische oder marktliche Zwänge verweist.

Theorien sollten die Wirklichkeit nicht so stark vereinfachen, daß sie sich, wie viele mathematisch-formalistische Ansätze der Volkswirtschaft, aufgrund zu vieler Prämissen, praxisbezogene Nutzlosigkeit vorwerfen lassen müssen. Gleichzeitig ist es aber unmöglich eine 'objektive' Realität zu unterstellen. Es existieren organisatorische Eigenheiten und Bedingungen, die auf (Sprach-)Gewohnheiten, kulturell abhängigen Wertsystemen oder Statussymbolen beruhen, und die dann nicht einbezogen werden könnten.

---

[4] In Kapitel 3 werden für diese Arbeit relevante Organisationstheorien kurz vorgestellt: Institutionenökonomische Theorien, Ressourcenansatz, Kontingenzansatz und Anreiz-Beitrags-Theorie.
[5] Morgan, G., Organization, S. 340-342.
[6] Van Parijs, Ph., Paradigm, S. 30.
[7] Sydow, J., Netzwerke, S. 9.

Um zu vermeiden, daß die Wahrnehmung der Wirklichkeit einem Paradigma untergeordnet wird, eignet sich eine multi-paradigmatische, systemtheoretische Annäherung an das Thema. Es eröffnen sich Möglichkeiten für neue Einsichten, da von verschiedenen ontologischen und epistemologischen Annahmen ausgegangen wird. Dadurch lassen sich unterschiedliche Facetten empirischer organisatorischer Phänomene einbinden und andere, informative Sichtweisen von untersuchten Ereignissen erreichen.[8]

In den Wirtschaftswissenschaften ist Imre Lakatos ein Vertreter einer ähnlichen Methode. Er wählt als Betrachtungsobjekt nicht einzelne Theorien, sondern ganze Forschungsprogramme: diese bestehen aus methodologischen Regeln, aus positiver und negativer Heuristik. Dabei schützt die negative Heuristik einen Kern grundlegender Annahmen vor Falsifikation: Die Annahmen des Kerns werden qua Konvention der beteiligten Forscher als unwiderlegbar angesehen.[9] Lakatos' Auffassung des Wissenschaftsprozesses durch das Element eines Kerns an Forschungsprogrammen ist besser geeignet, die Praxis von Wirtschaftswissenschaftlern zu beschreiben.[10]

Auch in dieser Arbeit ist Theorieentwicklung einem Zweck untergeordnet: die komplexe Wirklichkeit soll besser erklärbar und verstehbar werden, oder, spezifischer für den vorliegenden Fall, die Ausprägungen der Organisationsform Netzwerk soll auf Entstehungsgründe, Einfluß- und Entwicklungsmöglichkeiten hin erklärbar und verstehbar gemacht werden.

Die theoretische Annäherung an Themen sollte nicht zu stark vereinfachen, müssen doch viele komplexe Fakten und Beziehungen umfassend berücksichtigt werden. Um Verständnis erwerben zu können, muß man sich mit 'process and content, statics and dynamics, constraints and inspiration, the cognitive and collective, the planned and the learned, the economic and the political'[11] befassen. Eine theoretische Vorgehensweise, die die oben geforderte entsprechende Vielseitigkeit und Offenheit gewährleistet, wird in der Systemtheorie gefunden.

---

8 Gioia, D., Petri, E., Multiparadigm, S. 591.
9 Blaug, M., Methodology, S. 304ff.
10 Truger, A., Annahmen, S. 100, 101.
11 Mintzberg, H., Strategy, S. 208, 209.

Die interdiszplinäre Annäherung, die sich auf die Diskussion verschiedener theoretischer Grundlagen stützt, geht von der wissenschaftstheoretischen Überlegung aus, daß auch in Wissenschaften wie der Soziologie, der Biologie oder den Wirtschaftswissenschaften, die nicht dem Rahmen der physikalisch-chemischen Gesetzmäßigkeiten einzuordnen sind, Gesetzmäßigkeiten auftreten können. Es handelt sich um logische Homologien, die sich aus den allgemeinen Systemcharakteren ergeben. Aus diesem Grunde gelten formal gleichartige Beziehungen auf verschiedenen Erscheinungsbereichen und bedingen die Parallelentwicklung verschiedener Wissenschaften.[12] So eignen sich systemtheoretische Denkweisen für unterschiedliche wissenschaftliche Disziplinen.

Zwar sind Gesetzmäßigkeiten in Form von inhaltlicher Interdisziplinarität nicht gegeben, jedoch haben die verschiedenen Forschungsrichtungen eine strukturelle, formale Gemeinsamkeit: sie beschäftigen sich mit der wechselseitigen Relation von Elementen in Ganzheiten, die als Systeme bezeichnet werden.[13]

Hinter der Wahl des System-Ansatzes steht nach Ulrich eine bestimmte Auffassung über den Sinn der Betriebswirtschaftslehre.[14] Für typische Aufgaben und Probleme von Führungskräften, die mitgestaltend auf eine Unternehmung einwirken, argumentiert er die Öffnung der Betriebswirtschaftslehre für eine systemische Betrachtungsweise wie folgt: "Das Ziel der Betriebswirtschaftslehre als Wissenschaft besteht darin, .. für späteres praktisches Handeln notwendiges Wissen zu gewinnen und in einer Anordnung darzustellen, welche auf typische Führungsprobleme ausgerichtet ist. Nach unserer Auffassung kann also das theoretische Ziel der Erkenntnisgewinnung nicht unabhängig vom pragmatischen Ziel der Erkenntnisverwendung bestimmt werden. Aussagen wie 'Die Betriebswirtschaftslehre ist eine Wirtschaftswissenschaft und darf sich deshalb mit diesen oder jenen Problemen nicht befassen', halten wir schlechthin für einen Witz. Diese Auffassung haben wir schlagwortartig als 'problemorientierte Betriebswirtschaftslehre' bezeichnet; von hier aus ist die Wahl des System-Ansatzes als zweckmäßiges A-Priori zu begründen und zu beurteilen."[15] In Anlehnung an diese Überlegungen wird der System-Ansatz in dieser Arbeit auf den spezifischen Forschungsgegenstand der Organisationsgestaltung angewandt.

---

12 Bertalanffy, L., v., Systemlehre, S. 127.
13 Kneer, G., Nassehi, A., Systeme, S. 20.
14 Ulrich, H., Systemorientiert, S. 44.
15 Ulrich, H., Systemorientiert, S. 44.

Der Kern des systemischen Ansatzes kann darin gesehen werden, theoretische Erkenntnis in Form von möglichst bewährtem, systematisch nomologischem Wissen zu suchen. Also in einer Suche nach Hypothesen über nomologisch strukturelle Beziehungen. Der systemische Charakter der Theorien und Hypothesen ergibt sich aus der logischen Verknüpfung von Hypothesen und Theorien zu einem möglichst einheitlichen Begriffsapparat.[16] Des weiteren geht es darum, eine adäquate Repräsentation der Rahmenbedingungen aufzuzeigen, das heißt die abhängigen, respektive beeinflußbaren und unabhängigen, respektive nicht beeinflußbaren Strukturelemente des jeweiligen Systems. Dabei werden Obersysteme in Subsysteme heruntergebrochen, (Sub-)Systemgrenzen werden entsprechend dem Bedürfnis neu – enger – definiert, um der Komplexität der Umwelt gerecht zu werden. Sie sollen helfen, Komplexität zu bewältigen, sie so zu reduzieren, daß ihre Handhabung möglich wird.

Systemtheorie ist hier eine legitime erkenntnistheoretische Basis weil,

- sie die Zusammenfassung verschiedener Ansätze unter einem Dach ermöglicht,[17]
- Umwelt (und ihre Anforderungen) sinnvoll in das Modell einbezogen werden können,
- sie ein Begriffssystem liefert, ein 'konstruiertes Tatsachensystem',[18] das die Einbeziehung empirischer Daten ermöglicht.

Die erkenntnistheoretische Ausrichtung, die hier zugrunde gelegt wird, ist nicht, das 'Wesen' von Tatsachen zu erforschen oder ihre Existenz 'an' bzw. 'für' sich zu diskutieren. In der Systemtheorie gilt, daß die Grenzziehung und –definition im wesentlichen eine Leistung ist, die ein soziales System selbst erbringen muß;[19] es definiert seine Grenzen entsprechend seiner Wahrnehmung. Die jeweilige (System-)Wirklichkeit und geteilte Sinnwelt sind eine eigene Konstruktion.[20] Ein soziales System kann so von anderen abgegrenzt werden - auch von Ober- oder Subsystemen und eine Identität herausbilden.[21] Die erkenntnistheoretische Stärke der Systemtheorie liegt in der Reduktion komplexer Wirklichkeit auf Modelle, die konstruktivistische Stärke liegt darin, daß sie hilft, die Stabilität psychischer und sozio-technischer Systeme zu verstärken.

---

16 Albert, H., Denken, S. 134f, Bunge, M., Search, S. 391.
17 Manz, K., Albrecht, B., Müller, F., Organisationstheorie, S. 37.
18 Bourdieu, P., Soziologie, S. 14f.
19 Steinmann, H., Schreyögg, G., Management, S. 64.
20 Willke, H., Systemtheorie, S. 42ff.
21 Willke, H., Systemtheorie, S. 37f, 51f.

Damit dieser Ansatz sich nicht den Vorwurf gefallen lassen muß, eine Theorie zu sein, die in einer "betriebswirtschaftlich unbrauchbaren Höhe der Abstraktion"[22] schwebe, werden praxisnahe 'Gestaltungsempfehlungen' für Organisationen diskutiert, Kapitel 5. Der phänomenologische Ansatz mit der Ausformulierung von Gestaltungsempfehlungen (in Kapitel 5), wird gewählt, da er dem Wissenschaftsziel der Betriebswirtschaftslehre, für die Praxis anwendbares Wissen und anwendbare Methoden bereitzustellen, keinesfalls widerspricht. Vielmehr liefert er eine empirische Evidenz, die zur Illustration dienen kann. Neben der explikativ empirischen Funktion einer wissenschaftlichen Untersuchung zur Unternehmenstätigkeit, soll so auch die normativ kritische Funktion abgedeckt werden, indem praktisch angewandtes Managementhandeln konkret thematisiert wird.[23] Es wird also versucht zu zeigen, wie ein Modell zur theoretischen Bewältigung von konkreten Erscheinungen genutzt werden kann. So kann man hier von Anwendungsskizzen sprechen, von Theorien, die entwickelt werden und zu bestimmten Ereignistypen passen und damit eine Überbrückungsfunktion zwischen abstrakten Theorien und komplexen Einzelerscheinungen erfüllen.[24] Die Gestaltungsempfehlungen zeigen, wie Überbrückungshilfen bei der Anwendung genereller Theorien auf konkrete Einzelereignisse funktionieren können.

2.2 Soziale Systeme

Komplexität als empirisches Merkmal von sozialen Systemen bezeichnet die Vielfalt von Zuständen, von Zustandskonfigurationen eines Systems; die Vielfalt ist dabei das Ergebnis von Interaktion und Beziehungen von Systemen und Systemelementen.[25] Bei der objektstrukturbezogenen Definition von Komplexität bilden die beiden Kategorien Element und Beziehung die Basis.[26] Als Maß für Komplexität kann die Zahl und Art der Elemente sowie die Zahl und Art der Beziehungen zwischen diesen Elementen genommen werden.[27] Der Komplexitätsbegriff kann erweitert und das beobachtende und lenkende Subjekt in die Begriffsbildung einsbezogen werden: Komplexität wird dann eine

---

22 Mellerowicz, K., Richtung, S. 147.
23 Macharzina, K., Entwicklungsperspektiven, S. 43f.
24 Abel, B., Modellen, S. 152.
25 Malik, F., Systeme, S. 37.
26 Schiemenz, B., Komplexität, Sp. 897.
27 Schiemenz, B., Kybernetik, S. 10.

subjektive Größe im Hinblick auf einen bestimmten Akteur mit seinem Superzeichenvorrat.[28] Willke bezieht weitere Aspekte in die Definition von Komplexität ein und versteht darunter "den Grad der Vielschichtigkeit, Vernetzung und Folgelastigkeit eines Entscheidungsfeldes."[29]
Das gegenwärtige Hauptproblem ist das von organisierter Komplexität. Sie ist dann gegeben, wenn Einzelphänomene nicht linear logisch miteinander verknüpft sind, sondern wenn Wechselwirkungen zwischen ihnen bestehen. So ist ein Gegenstand der Systemtheorie die Organisationsform der komplexen Wechselbeziehung zwischen einzelnen Elementen.
Offene Systeme - auch Unternehmen können als offene Systeme betrachtet werden[30] - entwickeln über Austauschprozesse mit ihrer Umwelt eine Dynamik und variieren ihre Zustände. Dabei bedingt nicht jeder Wechsel der (Umwelt)Bedingungen sogleich eine vollständige Änderung der Systemstrukturen. Das heißt, es liegt keine lineare Kausalität zwischen System und Umwelt vor, vielmehr zeichnen sich offene Systeme dadurch aus, daß sie ihre internen Organisationsstrukturen bei Umweltänderungen selbst umstellen.[31]

Bei der Systembildung werden drei Ebenen unterschieden, die Vergleiche zwischen Systemen innerhalb einer Ebene zulassen.

---

[28] Schiemenz, B., Komplexität, Sp. 897f.

[29] Willke, H., Systemtheorie, S. 22.

[30] Sie können als offen – bzw. als geschlossen und offen gleichzeitig – im Sinne Mirows verstanden werden: Maturana und Varela entwickelten ein Modell geschlossener, sich selbst organisierender Systeme, die allerdings offen sind für Energiezufuhr. Die zentrale Aussage ist, daß autopoietische Systeme die von der Umwelt kommenden Einflüsse systemspezifisch, nach eigenen Regeln verarbeiten. Für Außenstehende entwickeln diese Systeme ein Eigenverhalten, das letztlich unvorhersehbar und nur in Grenzen beeinflussbar ist. Ein in diesem Sinn offenes System kann von außen also nicht gezielt beeinflusst, sondern lediglich gestört werden. Es verhält sich autonom.
Mirow sagt zur Frage der Autonomie in Organisationen bzw. Unternehmen, daß die Selbstorganisation autonomer Systeme durch Fremdorganisation (d.h. durch Führung) gebändigt werden kann. Die Leitung eines Unternehmens muß Synergien verwirklichen und Strategien umsetzen können, dadurch werden die Grenzen der Autonomie bestimmt. Mirow, M., Autopoiese, S. 20f.

[31] Kneer, G., Nassehi, A., Systeme, S. 22.

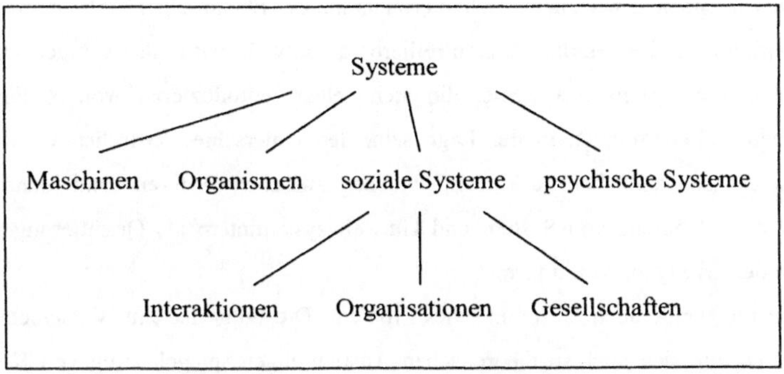

Abbildung 2-1: Systembildung auf drei Ebenen, in Luhmann, N., Systeme, S. 16.

Soziale Systeme haben keine empirisch erfahrbaren Systemgrenzen, sie grenzen sich aus ihrer Umwelt ab.[32] Dabei kann ein Gesamtsystem als Supersystem für eigene Teilsystembildungen dienen. Ein Gesamtsystem besteht dann aus einer Anzahl operativ verwendbarer System-Umwelt-Differenzen, die jeweils an verschiedenen Schnittstellen das Gesamtsystem als Einheit von Teilsystem und Umwelt rekonstruieren.[33] Dank diesem umweltbezogenen Differenzierungskonzept wird es möglich, daß nicht nur Unterabteilungen Elemente einer Abteilung sind, sondern ebenso ein einzelner Mensch (der Element der Unterabteilung ist) ein Element einer Abteilung sein kann.

Aus dieser Betrachtung von sozialen Systemen entstehen zwei verschiedene Perspektiven: einerseits kann die System-Umwelt-Differenz aus der Sicht des externen Beobachters, z.B. des Wissenschaftlers, betrachtet werden. Sie unterscheidet sich von der System-Umwelt-Differenz wie sie im System selbst verwendet wird. Der Beobachter kann hier als das selbstreferentielle System gesehen werden. Diese Reflexionsverhältnisse revolutionieren die herkömmliche Subjekt-Objekt Erkenntnistheorie: ein komplexeres Objektverständnis wird geschaffen, komplexere Theorien werden zulässig. Kausalität zum Beispiel wird gewissermaßen zur Organisation der Selbstreferenz, die Differenz von System und Umwelt wird dadurch begründet, daß nur selbstreferentielle Systeme die Möglichkeit haben, Kausalitäten mittels Verteilung auf System und Umwelt zu ordnen – das Kausalmodell ist in diesem Sinne ausgehebelt. Interne und externe Faktoren werden nicht mehr einfach als einflussnehmend auf Kausalbeziehungen passiv hingenommen. Selbstreferentielle Systeme schaffen sich die Möglichkeit, Kausalitäten zuzuordnen –

32 Steinmann, H., Schreyögg, G., Management, S. 64.
33 Luhmann, N., Systeme, S. 22.

oder auszublenden. Ein soziales System erreicht auf der Ebene seiner Teilsysteme bessere Filterwirkungen, die letztlich unkontrollierbare Umwelt wird als weniger chaotisch wahrgenommen. Soziale Systeme, die sich selbst reproduzieren wollen, langfristig überleben wollen, müssen in der Lage sein, den Unterschied zwischen Umwelt und System ebenso handhaben zu können, wie den zwischen Differenz und Identität. Sie nutzen die "Differenz von System und Umwelt systemintern als Orientierung und als Prinzip der Erzeugung von Information."[34]

Dies ist oft gerade auch ein praktisches Problem. Die Folge ist eine Verschiebung der Prioritäten, die sich auch in theoretischen Ausrichtungen spiegelt: weg von Kontrolle, Planung und struktureller Stabilität hin zu Umweltsensibilität, Evolution und dynamischer Stabilität.[35]

Die Systemart Unternehmung wird, wie in Abbildung 1 dargestellt, der dritten Ebene - Interaktionen, *Organisationen*, Gesellschaften - zugeordnet. Dabei muß die Besonderheit betont werden, daß hier eine Konzentration auf die Unternehmung als soziales System erfolgt.

Betriebswirtschaften werden aus Sicht der Systemtheorie oft als sozio-technische Systeme betrachtet. Die technische bzw. produktionsorientierte Seite der Betriebswirtschaften spielt in dieser Arbeit aber eine untergeordnete Rolle, da im Zusammenhang mit der Förderung von Netzwerkelementen – gerade auch im Zuge einer Fusion –handlungsorientierte Maßnahmen (Kapitel 5) entwickelt werden. Das heißt, die Diskussion fokussiert auf (organisatorische) Managementaktivitäten. Daher wird eine Konzentration auf das soziale Subsystem einer Betriebswirtschaft vorgenommen.

2.3 Systemtheorie als theoretischer Rahmen

Unternehmen bzw. Unternehmensnetzwerke verwenden die Differenz von System und Umwelt systemintern als Orientierung, sie erzeugen Informationen bezüglich ihrer Umwelt und ihrer Systeminnenwelt.

Unternehmen als komplexe, offene, *soziale* Systeme können die Umwelt aus

---

[34] Luhmann, N., Systeme, S. 25.

[35] Luhmann, N., Systeme, S. 25-27.

verschiedenen Perspektiven mit Konstanten und Variablen modellfähig wahrnehmen. Dank dieser modellfähigen Wahrnehmung erscheint die Umweltkomplexität reduziert. Systemintern können Unternehmen Interdependenzen bzw. Beziehungen zwischen Zielen darstellen, darunter auch Konkurrierende. Beziehungen zwischen Elementen und / oder Ergebnisse können sichtbar gemacht werden. Es wird möglich, Prognosen bezüglich denkbarer, wahrscheinlicher und / oder erwarteter Verhaltensweisen zu erstellen.

Systeme sind um so komplexer, je höher die Zahl und Art der Elemente, aus denen sie bestehen, und je höher die Zahl und Art der Beziehungen zwischen ihnen[36] – das Verhalten kann z.B. als direkt oder indirekt, linear oder nichtlinear, deterministisch oder stochastisch, sofortwirkend oder dynamisch, etc. gesehen werden.[37]

Bei offenen sozialen Systemen wird ein Ein- und Ausfluß aus der Umwelt und damit ein Wechsel der Elemente gesehen. Bei offenen sozialen Systemen sind es gerade die Austauschprozesse mit der Umwelt und die entsprechende Fähigkeit, die inneren Relationen zu ändern, die es ihnen ermöglichen zu überleben. Dabei ist zu berücksichtigen, daß offene soziale Systeme ihre interne Organisation infolge von Umweltveränderungen selbst umstellen können und müssen. Es handelt sich jedoch nicht um einen Prozeß, der von außen einlinig und kausal bestimmbar wäre.[38] Offene soziale Systeme, die nicht (oder nicht schnell genug) in der Lage sind, sich flexibel an Umweltanforderungen anzupassen, werden aussterben.

Diese Art innerer Dynamik kann über klassische Logik auf Kausalitätsbasis nicht mehr erfaßt werden. Auf mathematischem Gebiet werden folglich verstärkt kybernetische Denkmodelle angewandt. Das Verhältnis von Kontrolleur und Kontrollierten funktioniert über Rückkoppelungseffekte. Bei einem geschlossenen Regelkreis kann ein gewünschter Zustand erreicht werden. Kontrolleur und Kontrolliertes können nicht eindeutig voneinander unterschieden werden, vielmehr kontrollieren sich unterschiedliche Elemente gegenseitig.[39]

Soziale Systeme erlauben es, Menschen zu berücksichtigen, die durch verschiedenartige Beziehungen miteinander verknüpft sind. Das Verständnis von Menschen in sozialen Systemen kann mittels einer Abgrenzung zum im methodologischen Individualismus vorherrschenden Menschenbild des 'homo oeconomicus' vorgenommen werden. Dieses

---

36 Schiemenz, B., Kybernetik, S. 10.

37 Schiemenz, B., Systemansatz, S. 362.

38 Kneer, G., Nassehi, A., Systeme, S. 22f.

39 Kneer, G., Nassehi, A., Systeme, S. 23-24; Glanville, R., Objekte, S. 205.

unterstellt ein rationales Verhalten einzelner und hat sich als methodisches Prinzip zur Modellierbarkeit sozialer und wirtschaftlicher Phänomene bewährt.[40] Aus diesem Grund wird es z.B. als die Basis mikroökonomischer Modelle verwandt. Im Gegensatz zu dem im methodologischen Individualismus vorherrschenden 'homo oeconomicus', gesteht die die Systemtheorie einzelnen Menschen zu, daß ihr (interaktives) Verhalten weder rational noch psychologisch eindeutig erklärbar oder absehbar ist. Verhalten, Beziehungsmuster und Interaktionen sind vielschichtig, werden spontan erstellt oder aufgelöst, es bestehen multidimensionale uneindeutige Abhängigkeiten, sowohl auf der Ebene der Elemente untereinander als auch auf der Ebene des Beziehungsgeflechtes. Dies ist nur möglich, wenn mindestens zwei informationsverarbeitende Prozessoren vorhanden sind.[41] Entsprechend groß ist die Bedeutung von Kommunikation und Information.

Die logische Konsequenz des Aufbaus auf komplexen, offenen und sozialen Systemen ist die Tatsache, daß erarbeitete Theorien als 'Quasi-Theorien'[42] angesehen werden müssen, das heißt ihre Gültigkeit ist begrenzt, z.B. zeitlich, kulturell, geographisch.

Dies ist für einen konkret betroffenen Entscheidungsträger kaum störend, da er entweder in der Lage ist, Analogien herzustellen und eigene Handlungsableitungen herauszufiltern oder die theoretischen Überlegungen als irrelevant wahrnimmt – eine Wahrnehmung, die um so öfter eintritt je eher eine Theorie generelle Gültigkeit verspricht und je höher ihr Abstraktionsgrad ist. Hier wird also verstärkt der normativ-kritische Leistungsteil der Wissenschaften berücksichtigt.

Ein soziales System wird dann als trivial wahrgenommen, wenn ein Beobachter es trivialisiert und ihm "keine eigene Logik und Autonomie zubilligt."[43] Damit Akteure, die in ein soziales System eingreifen wollen, nicht in die "Falle der Trivialisierung ... tappen,"[44] wird, aufbauend auf dem in Kapitel 3 vorgestellten Systemmodell (siehe Abbildung 3-5) eine Form der Intervention eingeführt, die über ein 'Mehr an Interaktion' darauf abzielt, aus Betroffenen Beteiligte zu machen.[45] Damit ist eine Form der Intervention angesprochen, die – systemisch ausgedrückt – hilft, die kognitive und semantische Struktur und die Regelsysteme eines sozialen Systems für die Beteiligten

---

40 Karpe, J., Ökonomische, S. 605f.
41 Luhmann, N., Systeme, S. 191.
42 Albert, H., Theoriebildung, S. 40.
43 Willke, H., Interventionstheorie, S. 31.
44 Willke, H., Interventionstheorie, S. 32.
45 Für diese Art der Intervention wird der Begriff Implementation zweiter Ordnung geprägt, vgl. Kapitel 5.3.1.

offen zu legen und herauszubilden. Das heißt, die Identität des sozialen Systems wird herausgearbeitet.[46]

Die Theorie offener, komplexer, sozialer Systeme eignet sich gut für Überlegungen zu Netzwerken: theoretisch geht man davon aus, daß die Elemente, aus denen das System besteht, keine Dauer haben können, also müssen sie fortwährend durch das System dieser Elemente selbst reproduziert werden. Dabei geht es nicht nur um das Ersetzen absterbender Teile, nicht nur um Anpassung. Es geht um die Sicherung der Überlebensfähigkeit durch das Einbauen und Anpassen aktueller, momentan gültiger oder wichtiger Elemente.[47] Es gibt verschiedene Strukturen innerhalb derer dies geleistet werden kann. Ein Unternehmen kann als Netzwerk betrachtet werden, das seine Strukturen, Organisationsformen und seine Subsysteme und Elemente, sprich Töchter, Abteilungen oder Mitarbeiter stets gemäß neuer Anforderungen gestaltet, einbezieht oder, wo möglich und nötig ausschließt. In diesem Sinne liefert die Systemtheorie ein Verfahren zur Modellbildung, das es erlaubt, den Untersuchungsgegenstand 'Unternehmen und Netzwerke' zu diskutieren.

Ausgangspunkt einer systemtheoretischen Betrachtung ist die Differenz zwischen System und Umwelt. Soziale Systeme entstehen und entwickeln sich über Erschaffen und Erhalten der Differenz zur Umwelt. Ihre Grenzen nutzen sie, um diese Differenz zu regulieren. Jedoch sind Grenzen kein Abbruch von Zusammenhängen oder Beziehungen, interne Interdependenzen sind nur eine Seite der Betrachtung, System-Umwelt-Interdependenzen können eine ebenso wichtige Rolle spielen. Der Grenzbegriff besagt lediglich, daß grenzüberschreitende Prozesse unter anderen Bedingungen stattfinden[48] als systeminterne Prozesse.
Dies trifft auch bei Netzwerken zu, was anhand eines Beispiel der DaimlerChryslerAG verdeutlicht werden soll. Im Fall A werden Betriebsmittel von einem externen Lieferanten gekauft, es handelt sich also um eine Inter-Netzwerk-Beziehung. Der Bedarf wird jährlich neu ausgeschrieben und jährlich neu verhandelt, auch wenn der Lieferant nur selten gewechselt wird (> 80 % konstante Lieferanten) - um bekannte Lieferanten zu halten werden, wenn nötig, Nachverhandlungen angeboten. Im Fall B werden Betriebs-

[46] Willke, H., Interventionstheorie, S. 34f.
[47] Luhmann, N., Systeme, S. 28.
[48] Luhmann, N., Systeme, S. 35-36.

mittel von einem Tochterunternehmen gekauft zu dem eine Vertrauensbeziehung besteht; es ist über eine Abstimmung der Ziel-, Kommunikations-, Anreiz- und Führungsausgestaltung entsprechend an das Mutterunternehmen angebunden. Eine Intra-Netzwerk-Beziehung liegt vor. Eine Ausschreibung erfolgt nicht. In beiden Fällen wird grundsätzlich das gleiche Ziel verfolgt, die Beschaffung zu einem möglichst geringen Preis, nur der Prozeß ist verschieden. In Fall A werden dazu andere Informations- und Entscheidungsprozesse eingesetzt als in Fall B. Fall A: Die Grenzziehung ist derart erfolgt, daß der Lieferant der externen Umwelt zugeschrieben wird. Es wird ausgeschrieben, wenn nötig wird der Lieferant gewechselt, Informationen werden restriktiv gehandhabt, Desinformation ist grundsätzlich möglich. Fall B: Hier liegt eine Grenzziehung vor, in der der Lieferant als zum System gehörig wahrgenommen wird. Es wird nicht ausgeschrieben, der Lieferant kann nicht gewechselt werden, Informationen fließen relativ frei, Desinformation ist nicht üblich, Beschaffungsmarkt- oder Konkurrenzinformationen werden an das Tochter-Unternehmen weitergegeben (und umgekehrt), wenn man sich dadurch Verbesserungen der Leistungserstellungsprozesse erhofft.

2.4 Systemtheorie und Betriebswirtschaftslehre

‘Das‘ Bild einer Realität 'an sich' gibt es nicht, wir müssen lernen sie wahrzunehmen. Für Menschen ist das Realität, was sie dafür halten. Die Frage der Prämissen, und zu welchen Realitätskonstruktionen sie führen, wird gerade in anwendungsorientierten Wissenschaften mit sozial konstruierten Realitäten, wie z.B. der Betriebswirtschaftslehre, wichtig.[49] Auch betriebswirtschaftliches Handeln wird danach ausgerichtet, was für real gehalten wird. Auf der Basis von Erwartungen und Meinungen über ihre Umwelt werden Menschen ihr Verhalten modellieren. Große Teile der Betriebswirtschaftslehre finden in auf diese Art konstruierten sozialen Realitäten statt. Hier ist das wichtig, da die Natur der Erkenntnisse, die gewonnen werden können, eine Folge der eingesetzten Erkenntnisinstrumente ist. Dazu gehört die Sprache, der Bezugsrahmen (universe of discourse) und die Sprachstruktur, das heißt die logische Geschichtetheit der Sprache.[50]

---

[49] Malik, F., Systeme, S. 20f.

[50] Diese Wichtigkeit gilt sowohl theoretisch wie auch praktisch: die Implementation zweiter Ordnung hat deshalb als ein wichtiges Ziel die Förderung einer gemeinsamen geteilten Sprache, vgl. Kapitel 5.

Im Sinne der Definition einer Erkenntnisbasis wird es deshalb als fruchtbarer Ansatz eingeschätzt, Unternehmungen als komplexe, vieldimensionale, offene und soziale Systeme zu begreifen.[51] Dieser Ansatz eröffnet neue Perspektiven, neue Probleme werden aufgeworfen und er führt näher an die reale Problemsituation von Führung in der Praxis, trotz der abstrakten Grundlagen, als eine rein ökonomisch ausgerichtete Betriebswirtschaftslehre.[52]

Neue Fragestellungen, die sich daraus ergeben sind: die Einbettung der Unternehmen in die relevante Umwelt, die Systemabgrenzung im Sinne, Unternehmen als Teil eines größeren Netzwerkes von Institutionen zu sehen (gerade bei Konzernen ein wichtiges Thema) und die Frage der Berücksichtigung von Menschen und ihren Handlungen.

Daneben wurde auch erkannt, daß Organisation und Management weniger mit dem Versuch zu tun hat, auf einen gewünschten Ziel- oder Idealzustand hinzuarbeiten, als mit Balancieren, mit der Integration und Synthese verschiedener Faktoren. Die Lenkbarkeit eines sozialen Systems Unternehmung zu ermöglichen, ist eine der wichtigsten Gestaltungsaufgaben des Managements.[53]

In der Konkurrenz verschiedener Unternehmen werden jene überleben bzw. sich als überlegen erweisen, deren Regelsysteme ihnen zur Lösung der sich stellenden Probleme die bessere Orientierung und Koordination erlauben. Die Frage ist also, wie Regelsysteme, wie auf Unternehmen bezogen Strukturen, Hierarchien und Regelungen aussehen sollen, um Überlebensfähigkeit und Überlegenheit - gegenüber konkurrierenden Unternehmen - zu ermöglichen. Über derart komplexe Sachverhalte oder Phänomene werden wir vielleicht, sagt Hayek, niemals so viel wissen, wie für eindeutige Modelle oder Erklärungen nötig ist. Ziel ist es also nicht, hier eindeutige Aussagen zu liefern; Tendenzaussagen oder Mustervoraussagen sind jedoch machbar.[54]

Für die Fragen der Strukturgestaltung der Organisation und die Netzwerk-Charakteristika fördernden Einflußmöglichkeiten auf ein System wird auf Beers 'viable Systems' Bezug

---

[51] Eine Steigerung der Effizienz von Organisationsforschung durch Überwindung disziplinärer Grenzen mit Hilfe der Systemtheorie und eine Einbeziehung von Unternehmen in die Systemtheorie wurde von Fuchs, H., in Systemtheorie und Organisation vorgestellt, insbesondere S. 137 – 197.

[52] Malik, F., Systeme, S. 19 - 23.

[53] Malik, F., Systeme, S. 24f.

[54] Wir müssen uns von dem naiven Aberglauben freimachen, die Welt habe so beschaffen zu sein, daß es möglich ist, durch unmittelbare Beobachtung einfache Regelmäßigkeiten zwischen allen Phänomenen

genommen. Demnach müssen alle Systeme folgende Funktionen haben: Kontrolle, Koordination, Ressourcen-Allokation, Umweltbeziehungen, Entscheidungen. Eine prägnante Charakterisierung der Funktionen der fünf Subsysteme mit essentiellen Aufgaben, wird wie folgt dargestellt:

- kontrollieren (System 1) – 'was geschieht jetzt und hier',
- koordinieren (System 2),
- Allokation optimieren (System 3) – 'was wird demnächst passieren',
- informieren über die Umwelt (System 4) – 'was könnte (bei Einbezug vager Tendenzen) passieren',
- Ziele definieren (System 5) – 'was sollte (unter Einbezug aller Überlegungen) geschehen'.[55]

Diese abstrakten Grundfunktionen können auf Organisationen übertragen und je nach Detailbedarf betrachtet werden.[56] Die systemtheoretische Perspektive liefert also die Möglichkeit, die vielschichtige Dynamik, in die Organisationen eingespannt sind, nicht einseitig aufzulösen, sondern ernst zu nehmen.[57]

2.5 Betriebskybernetische Ausprägung der Systemtheorie

Es werden neun Ebenen von Systemen unterschieden.[58] Auf der untersten Ebene sind statische, geschlossene Systeme mit entsprechend einfachen, statischen Strukturen. Ein Beispiel aus der Betriebswirtschaftslehre ist die Darstellung der funktionalen Struktur einer Abteilung als Chart.

Je höher die theoretische Ebene der Systeme ist, desto mehr dynamische, offene, komplexe, soziologische Komponenten sind in das jeweilige Modell einbezogen.

Soziale Organisationen werden auf der achten Ebene angesiedelt und Boulding bezeichnet die neunte Ebene von Systemen als 'transzendente Systeme'. Das sind offene,

---

zu entdecken, und daß dies eine notwendige Voraussetzung für die Anwendung wissenschaftlicher Methoden sei. Hayek, F., Phänomene, S. 34f.

55 Beer, S., Brain, in: Malik, F., Systeme, S. 86 – 92.

56 Malik, F., Systeme, S. 91, 92 und 115 – 167.

57 Willke, H., Interventionstheorie, S. 141.

58 Boulding, K., Systems, S. 11-17.

komplexe, sozio-technische Systeme, die 'last absolutely unknowable things' beinhalten. Bei einer Unterscheidung zwischen harter und weicher Systemtheorie, ist sie der weichen zuzuordnen. Das ist von Bedeutung, da die harte Systemtheorie mathematisch-formal basiert ist, klare Quantifizierungen und eindeutige Kausalzusammenhänge sind die Regel. Sie findet Anwendung in den Naturwissenschaften wie z.B. der Physik; oder auch im Falle von Verknüpfungen, die sich aus der Logik der Situation ergeben, wie z.B. bei Warteschlangen-Problemen.[59]

In der weichen Systemtheorie hingegen verschiebt sich der Schwerpunkt weg von Quantifizierung, hin zu Qualifizierung. Kausalrelationen sind, so sie überhaupt als Ursache-Wirkungs-Relationen anerkannt sind nicht mehr eindeutig erkennbar oder vorhersehbar: sie sind von zu vielen abhängigen und unabhängigen Variablen beeinflußt. Die weiche Systemmethodik findet Anwendung in Situationen, die weder natürliche Regelmäßigkeiten noch eine Situations-Logik aufweisen.[60] Das heißt, es handelt sich um "messy, ill-structured, problem situations."[61] Diese Situationen sind durch die Bedeutung charakterisiert, die autonome Beobachter ihren Wahrnehmungen zuordnen.[62] "The main difference between 'hard' and 'soft' approaches is that where the former can start asking 'What system has to be engineered to solve this problem?' or 'What system will meet this need?' and can take the problem or need as 'given'; the latter has to allow completely unexpected answers to emerge at later stages. This difference forces the soft methodology to include the comparison stage, which has no equivalent in the 'harder' approaches. In this stage, systems thinking provides a structure for a debate about change."[63]

Management- und Organisationsproblemen liegen in unstrukturierten Situationen ohne Situations-Logik vor, demnach ist hier das weiche Systemdenken verwendet.

Überlegungen zu weichem Systemdenken werden in Kapitel 5.3.1 'Implementation zweiter Ordnung' wieder aufgegriffen: In Form der SSM, der Soft System Methodolgy, wird ein Methodik-Beispiel dargestellt, in dem es gelungen ist, die hohe Bedeutung von der Diskussion einer Problemsituation, von Kommunikationsprozessen und von geteilten Identitäten bzw. Wahrnehmungen[64] theoretisch zu spiegeln, das die Wichtigkeit von

---

[59] Checkland, P., Systemdenken, S. 223.
[60] Checkland, P., Systemdenken, S. 223.
[61] Checkland, P., Soft Systems, S. 22.
[62] Checkland, P., Systemdenken, S. 223.
[63] Checkland, P., Systems Thinking, S. 190f.
[64] Checkland, P., Soft Systems, S. 2, Systemdenken, S. 225f.

Auseinandersetzungen bzw. Diskussionen zu Themen in Form von 'debate' explizit anführt[65] und das bereits häufig in der Praxis angewandt wurde.[66]

Betriebskybernetik ist eine spezifische Form der Systemtheorie, die zwei spezielle Aspekte betont: die Konnotation von Hierarchie und Rekursion.[67]
Hierarchie wird im Sinne von H. A. Simon verstanden, der sagt: "by a hierarchic system, ..., I mean a system that is composed of interrelated subsystems, each of the latter being, in turn, hierarchic in structure until we reach some lowest level of elementary subsystem."[68]
Rekursive Modellbildung hat als Charakteristikum, daß ein Modell bzw. Objekt sich selbst enthält; als rekursive Problemlösung wird die wiederholte Anwendung einer Operation auf ihr Ergebnis verstanden. Damit kann Modellierungsaufwand gespart werden.[69] Objektrekursion beschreibt Objekte, Systeme, die sich selbst als Teil erhalten oder mit Hilfe von sich selbst definiert sind. Ein Beispiel aus der Betriebswirtschaftslehre: Organisationsstrukturen werden auf niedrigeren Ebenen wiederholt. Hierarchie und Rekursion im systemschaffenden Sinn, in dem sie hier verstanden werden, sind wichtige Merkmale komplexer, offener Systeme.[70]

Systemdifferenzierung wird in diesem Zusammenhang also als 'Hierarchie' beschrieben. Damit ist weder Instanzenzug noch eine Weisungskette von oben nach unten gemeint. Vielmehr ist die Bedeutung hier, daß Teilsysteme wiederum Teilsysteme ausdifferenzieren und dadurch ein transitives Verhältnis des Enthaltenseins im Enthaltensein entsteht. Nach Luhmann kann für gesamtgesellschaftliche Systeme von diesem Grundschema der Differenzierung ausgegangen werden, aber das heißt nicht, daß weitere Systembildungen nur innerhalb der damit etablierten Grobeinteilung möglich sind.[71] Rationalitätsvorteile der Hierarchisierung hängen davon ab, daß Teilsysteme nur innerhalb von Teilsystemen gebildet werden können. Diese Annahme gilt für Organisationen in hohem Maße: hier greifen formale Regeln.[72]

---

65 Checkland, P., Systems Thinking, S. 163-182, 191, 220-223.
66 Checkland, P., Systemdenken, S. 218.
67 Schiemenz, B., Hierarchie, S. 285 – 304.
68 Simon, H., Complexity, S. 468.
69 Schiemenz, B., Hierarchie, S. 291.
70 Schiemenz, B., Hierarchie, S. 285 – 304.
71 Luhmann, N., Systeme, S. 38.
72 Luhmann, N., Systeme, S. 39.

Betriebskybernetik ist in diesem Sinn ein Sonderfall, der die Möglichkeit formeller Regelungen in Organisationen berücksichtigt. Ein System ist in der Lage, einige, wenn auch nicht alle, Stellhebel, die zum Erreichen bestimmter Ziele wichtig sind, wahrzunehmen oder manchmal ansatzweise zu kontrollieren. Welche dieser Stellhebel wahrgenommen werden und welche beherrscht werden, bzw. zu beherrschen versucht werden, ist eine Frage der Selektion. Über die Selektion kommt es zu Abstraktionen, die selbstorganisierend und autoreproduktiv realisiert werden.

Im Bereich betriebswirtschaftlicher Netzwerke ist zu überlegen, welchen Stellhebeln wieviel an Bedeutung beigemessen wird. Zuerst werden wichtige Stellhebel identifiziert. Neben Kommunikation können das beispielsweise Engpässe der relevanten Ressourcen und Märkte oder technologische Entwicklungen sein.
Stellhebel, auf die in dieser Arbeit vor dem Hintergrund der Organisationsgestaltung eingegangen wird, werden in Kapitel 5 unter Gestaltungsmaßnahmen diskutiert.

Im Sinne des multi-paradigmatischen Denkansatzes werden Teile der betriebskybernetischen Ausprägung der Systemtheorie, insbesondere die Unterscheidung von Intra- und Intersystemhierarchie, hier zum Erkenntniszuwachs verwandt, wenn in Kapitel 5.4 auf die Interdependenzen unter den vorgestellten Gestaltungsmaßnahmen eingegangen wird.

3 Organisationstheorien

Organisationstheorien haben den Zweck, "in der Realität vorhandene Organisationsformen repräsentativ zu ermitteln, die Bedingungen ihres Vorkommens durch exakte Faktoranalysen festzustellen und die Effizienz organisatorischer Regelungen unter alternativen Zielen zu messen."[73] Organisationstheorien erfassen jeweils nur bestimmte Aspekte von Organisationen.[74] Es gibt nicht nur *eine* umfassende Organisationstheorie ohne partikularistische Analysen, sondern eine Vielzahl verschiedener Theorien.

Organisationen werden in dieser Arbeit als sehr komplexe soziale Systeme betrachtet, es ist nicht möglich, alle ihre Eigenschaften und alle Beziehungen zwischen Elementen in einer Theorie zu erfassen. Theorien konzentrieren sich immer auf bestimmte Eigenschaften oder Variablen und blenden andere aus.
In betriebswirtschaftlicher Spezifikation der Betrachtung von Organisationen als komplexe soziale Systeme wird in dieser Arbeit eine Organisation als soziales Gebilde gesehen, das dauerhaft ein Ziel verfolgt und eine formale Struktur hat, die hilft, die Aktivitäten der Mitglieder auf das verfolgte Ziel hin auszurichten und zu koordinieren.[75] Wenn über eine Organisation diskutiert werden soll, ist es wichtig, ein gemeinsames Grundverständnis, eine Basistheorie zu finden, um eine Nomenklatur festzulegen und zu vermeiden, daß 'Äpfel mit Orangen' verglichen werden. Im Folgenden wird also ein Organisationsverständnis herausgearbeitet, das den Untersuchungen zugrundeliegt.

Individuen in Organisationen verfolgen persönliche Ziele, die von den Zielen der Organisation abweichen können, manchmal abweichen werden und zu harmonisieren sind. Durch den zur Harmonisierung nötigen Ressourceneinsatz entstehen Kosten. Sind diese relativ geringer als die Kosten, die aufgrund konfligierender Ziele entstehen können – hier ist z.B. an opportunistisches Verhalten von Organisationsmitgliedern zu denken, eigene (private) Ziele werden auf Kosten der Organisation verfolgt – so entsteht schließlich Nutzen in der weitest möglichen Definition auch dank der Harmonisierung.

---

[73] Witte, E., Ablauforganisation, S. 20.
[74] Morgan, G., Organization, S. 340.
[75] Kieser, A., Kubicek, H., Organisation, S. 4.

Systemtheoretisch betrachtet kann man sagen, daß Unternehmen besondere Empfindlichkeiten für die Spezialsemantik der Ökonomie, das heißt für Geld, Preis, Zahlungsströme und monetäre Größen, ausbilden und zugleich die Bedingungen einer *funktionierenden Organisation* erfüllen müssen. Konfliktpotential zwischen Marktabhängigkeit nach außen und Transaktionskosten-Optimierung nach innen stellt Abstimmungsanforderungen.[76] Dies umfaßt jedoch längst nicht die gesamte Komplexität eines Systems Unternehmen. Es steht in Relation zu vielen anderen gesellschaftlichen Teilsystemen und ihren spezifischen Organisationen, demzufolge muß eine hohe Abstimmungsleistung erbracht werden. Ein Unternehmen muß in der Lage sein, Veränderungen in seiner Umwelt so zu verstehen, daß es aus der Änderung seiner Kontextbedingungen passende Aktionen ableiten kann. Eine Verflechtung von Fremd- und Selbstreferenz muß stattfinden, die nicht auf kurzfristige Maximierungsstrategien gerichtet ist, sondern langfristig das Überleben des Systems sichert.

Moderne Organisationen zeichnen sich durch ein Primat funktionaler Differenzierung aus. Spezialisierung zieht gegenseitige Abhängigkeit nach sich. Integration mit Abstimmung und Koordination der Teile untereinander und mit dem Ganzen wird nötig. Systemtheoretisch betrachtet, ist es wichtig zu überlegen, wie weit Integration gehen soll. Bei einer 'überintegrierten' Organisation dominieren Innenbeziehungen auf Kosten der Außenweltbeziehungen, bei einem 'unterintegrierten' Unternehmen ist es umgekehrt.[77]

Eine Intervention, die auf der Basis unzutreffender Grundannahmen über das soziale System und die Umwelt als Kontext der Intervention angesetzt wird, hat wenig Chancen, erfolgreich zu sein.[78] Die Organisations-Gestaltungsempfehlungen, die in Kapitel 5 diskutiert werden, sind eingebunden in Grundannahmen und Theorien zu Organisationen und Netzwerken, die in den Kapiteln 3 und 4 vorgestellt werden. So erfolgt hier zunächst eine Diskussion relevanter Organisationstheorien, später in Kapitel 4 eine von Netzwerktheorien.

---

[76] Willke, H., Interventionstheorie, S. 62, italics aus dem Original übernommen.
[77] Willke, H., Interventionstheorie, S. 85ff.
[78] Willke, H., Interventionstheorie, S. 41f.

3.1 Einführung in ausgewählte Theorien

Es gibt kein einheitliches Paradigma, keine eindeutige Klassifikation von Organisationstheorien. Sie sind notwendigerweise verschieden in verschiedenen Kulturen, so daß es wichtig scheint, Erkenntnisse der Sozialwissenschaften zu berücksichtigen. Laborexperimente wie bei den Naturwissenschaften sind nicht möglich, Tendenzaussagen jedoch sind möglich.

Aus ideen-historischer Perspektive können Organisationstheorien folgendermaßen strukturiert werden: klassische Organisationstheorien sind zum Beispiel das Scientific Management (Taylor) und die Bürokratietheorie (Weber). Neoklassische Organisationstheorien sind z.B. Human Relations (Mayo; Hawthorne Experiments) und die Anreiz – Beitragstheorie (Barnard; March/Simon). Moderne Organisationstheorien sind Human Resource (McGregor; Likert), Situative- oder Kontingenztheorie (Blau/Schoenherr; Pugh/Hickson; Burns/Stalker), Entscheidungstheorie (Hax; Simon; Cyert/March), Institutionen-Ökonomische Theorie (Coase; Williamson), Symbolic Theory (Peters / Waterman).
Es folgt eine Einführung in einige Organisationstheorien. Sie sind nicht danach strukturiert oder ausgewählt, wie ihre historische oder chronologische Entwicklung war. Vielmehr wurden Theorien ausgewählt, die besondere Relevanz im Zusammenhang mit der System- und Netzwerktheorie haben. Es sind einzelne Ansätze, die zur Beantwortung der Frage beitragen können, wie eine Organisation (z.B. im Zuge einer Fusion) unter Berücksichtigung der Netzwerk-Perspektive gestaltet werden kann oder stellen die Basis einiger weiter unten vorgestellter Netzwerkansätze bereit, wie zum Beispiel Netzwerk als Hybridansatz. Sie werden später unter den Punkten 4 und 5 wieder aufgegriffen, im Rahmen der Diskussion von Netzwerken und Gestaltungsempfehlungen.

3.1.1 Institutionenökonomische Ansätze

Die Analyse von Institutionen (z.B. Märkte, Organisationen, Rechtsnormen) in deren Rahmen ökonomischer Tausch stattfindet, steht im Mittelpunkt der Institutionenökonomie. Allerdings liegt keine einheitliche 'Institutionenökonomische Theorie der Organisation' vor, vielmehr gibt es drei Ansätze, die für die institutionenökonomische

Organisationsanalyse wichtig sind: Transaktionskostentheorie, Agencytheorie (Principal-Agent Ansätze) und Verfügungstheorie (Property Rights Ansätze).[79]

3.1.1.1 Transaktionskostentheorie

Die Transaktionkostentheorie versucht zu erklären, warum in verschiedenen institutionellen Arrangements bestimmte Transaktionen mehr oder weniger effizient durchgeführt oder organisiert werden können. Das zugrundeliegende Effizienzkriterium ist entsprechend die Summe der jeweils anfallenden Produktions- und Transaktionskosten.[80] Ex-ante Transaktionskosten sind z.B. Such-, Informations-, Verhandlungs- und Vertragskosten. Ex-post Transaktionskosten sind vor allen Dingen Kosten, die aus der Überwachung und Absicherung, aus der Konfliktlösung und aus Nachverhandlungen entstehen.[81] Williamson betont besonders die Bedeutung der ex-post Transaktionskosten, da Probleme oder Konflikte nicht immer antizipiert werden können; dadurch gewinnt die Gestaltung des gesamten Austauschprozesses an Bedeutung. Organisatorische Regelungen wie z.B. Kündigungsklauseln, Steuerungs- oder Kontrollmechanismen sind also wichtiger Betrachtungsgegenstand. Vor dem Hintergrund einer zu gestaltenden Fusion scheinen z.B. Sicherheitszusagen – gegen befürchteten oder drohenden Arbeitsplatzverlust – oder Konfliktlösungsmechanismen – gegen Dominanz eines stärkeren Fusionspartners – von besonderer Bedeutung.

Die Transaktionskostentheorie unterstellt ihren Akteuren folgende Verhaltensdispositionen: begrenzte Rationalität, Opportunismus und Risikoneutralität.[82] Und sie nennt folgende maßgebende Einflußfaktoren, die sich auf die Höhe der Transaktionskosten auswirken: 'asset specificity', also das Ausmaß in dem Investitionen transaktionsspezifisch sind, 'uncertainty', d.h. das Ausmaß in dem eine Transaktion mit Unsicherheit verbunden ist und 'frequency', sprich die Häufigkeit einer Transaktion.[83]
Hier spielen alle drei Einflußfaktoren eine wichtige Rolle: 'asset specificity', da sowohl Mitarbeiter als auch Prozesse, die zum Beispiel während einer Fusion aufeinander abgestimmt werden müssen, extrem spezifisch sind. 'Uncertainty', da die Möglichkeit

---

79 Ebers, M., Gotsch, W., Organisation, S. 185.
80 Williamson, O., Economic, S. 22.
81 Williamson, O., Economic, S. 20ff.
82 Williamson, O., Economic, S. 32, 388ff.
83 Williamson, O., Economic, S. 52ff.

opportunistischen Verhaltens bei Mitarbeitern generell gegeben ist und zum Beispiel während einer Fusion aufgrund der Neuerungen und damit verbundenen Informationsasymmetrie eher noch höher ist. Und 'frequency', da langfristig geplante Austauschbeziehungen zum Beispiel während einer Fusion das erste Mal stattfinden. Häufigkeit ist auch deshalb besonders wichtig, da viele Fusionen mit dem Ziel antreten, Skalen- und Synergieeffekte zu erzielen – und in der Transaktionskostentheorie gilt, daß je häufiger Transaktionspartner identische Transaktionen miteinander abwickeln, desto mehr Skalen- und Synergieeffekte realisiert werden können.

Williamson unterscheidet drei Koordinationsformen: klassische, neoklassische und relationale Vertragsbeziehungen. Dabei kommt die klassische Vertragsbeziehung einer Marktbeziehung gleich, die neoklassische einer langfristigen Vertragsbeziehung und die relationale einer Sozial- oder Organisationsbeziehung.[84] Sind Transaktionen nicht mit besonderer Unsicherheit behaftet und sind sie nicht von hoher Spezifität, so eignet sich der Markt am besten als Koordinationsmechanismus, da der Wettbewerb eine wirksamere und billigere Kostenkontrolle darstellt. $M = M(k;C)$, $H = H(k;C)$ und $O = O(k;C)$ sind die Kosten für die Abwicklung einer Transaktion in einer marktlichen (=M), einer hybriden (=H) und einer organisierten (=O) Koordinationsform als eine Funktion des Ausmaßes transaktions*spezifischer* Investitionen (=k) und einer Konstante (=C), dann gilt unter Unsicherheit für $k = 0$, daß $M(0) < H(0) < O(0)$.[85]

Bei den Ressourcen, die im Rahmen des Beispiels Organisationsgestaltung, besonders nach einer Fusion, besondere Berücksichtigung finden sollen, nämlich Humankapital und Prozeß-Know-how, handelt es sich um spezifische, langfristig ausgelegte Transaktionsbeziehungen, bei denen (noch verstärkt durch die Fusion) hohe Unsicherheit gegeben ist. Die Vorteile, die auch Williamson für die organisatorische Lösung nennt, kommen hier ebenfalls zum Tragen: so z.B. die größere Leichtigkeit, mit der Faktorkombinationen angepaßt werden können.[86] Konflikte können über die Hierarchie entschieden werden, also ohne externe Instanz und den damit verbundenen Kosten. Als Umkehrschluß aus obiger Funktion ergibt sich folglich, daß die Koordinationsform 'Organisation' grund-

---

84 Williamson, O., Economic, S. 69f, 74f, 75ff.
85 Ebers, M., Gotsch, W., Organisation, S. 221f.
86 Williamson, O., Economic, S. 278ff.

sätzlich vorteilhaft ist und somit zumindest hier nicht zur Diskussion gestellt werden zu braucht.[87]

Relationale Beziehungen sind solche, bei denen die Bestimmungen des Transaktionsgegenstandes und der –konditionen weitgehend aufgelöst sind, bei denen eine hohe Offenheit bezüglich der Transaktionsleistungen und –verpflichtungen herrscht und die langfristig angelegt sind. Somit sind unbefristete Beschäftigungsverhältnisse ein typisches Beispiel für einen relationalen Vertrag. Die typische Koordinationsform, in der sie auftreten sind Organisationen.[88] Innerhalb der institutionellen Lösung nennt Williamson folgende Einflußgrößen auf die Effizienz der Abwicklung und Organisation von Transaktionen: die Anreizgestaltung, die Kontrollgestaltung, die Anpassungsfähigkeit und Kosten-Nutzen-Überlegungen bezüglich der Einführung und Erhaltung der Organisation selbst.[89]

Welche Möglichkeiten sich daraus für betrieblich-bürokratische Steuerungs- und Kontrollmechanismen und Anreiz- und Allokationsentscheidungen ergeben, wenn es z.B. darum geht, opportunistisches Verhalten einzuschränken oder über Verrechnungsmethoden die Anreizwirkungen des Marktes zu simulieren, wird unter Kapitel 5.3 genauer diskutiert – dort wird auch darauf eingegangen, welche Mechanismen aus Netzwerkperspektive hier zu berücksichtigen sind.

3.1.1.2 Principal Agent Theory

Im Mittelpunkt der Agenturtheorie steht die Frage nach den Vor- und Nachteilen der Austauschbeziehungen zwischen einem Auftraggeber (dem Prinzipal) und einem Auftragnehmer (dem Agenten). Organisationstheoretisch ist diese Betrachtung unter dem Spezialisierungsaspekt wichtig, durch die Übertragung von Aufgaben kann sich ein Prinzipal die spezialisierte Arbeitskraft, das Know-how und die Informationen des Agenten zunutze machen. Dadurch entsteht aber auch das Problem, das die Principal

---

87 Dies ist eine Untermauerung von in der betrieblichen Realität gegebenen Tatsachen. Wurde eine Fusion beschlossen, so kann das (Senior- und Middle) Management, das für die Gestaltung der Organisation und die Integration nach der Fusion zuständig ist, nicht Entscheidungen auf einem Niveau fällen, die den Verkauf von Firmenteilen bedeuten und damit für die Koordinationsform Markt steht. Das Top-Management muß bei diesen Entscheidungen Aktionäre und Aufsichtsrat berücksichtigen.

88 Williamson, O., Economic, S. 75ff.

89 Williamson, O., Organization, S. 277ff.

Agent Theorie thematisiert: der Agent kann seine Interessen zum Nachteil des Prinzipals verfolgen. Dieses Risiko wird um so größer, je weniger der Prinzipal über Motive, Handlungsmöglichkeiten, Leistungsverhalten und Präferenzen des Agenten weiß. Unsicherheit und ungleiche Informationsverteilung sind also zu berücksichtigen, wenn es darum geht, die Beziehungen zwischen Prinzipalen und Agenten zu gestalten und zu erörtern, welche Methoden, z.B. Anreiz-, Kontroll-, Informationssysteme, dazu geeignet sind.[90]

Für die vorliegende Arbeit sind Überlegungen dieses Ansatzes auch deswegen besonders gut geeignet, weil die Agenturtheorie Organisationen und ihre Umweltbeziehungen als Netzwerke von impliziten und expliziten Verträgen betrachtet.[91] Organisationen werden als 'legal fictions which serve as a nexus for a set of contracting relationships among individuals' gesehen.[92] Darüber hinaus geht die PA-Theorie davon aus, daß Verträge per se 'unvollständig' sind, im Hinblick auf Information, zukünftige Umstände, antizipierte Kosten und Grad der möglichen Spezifizierung des Auftrags.[93] Dies sind Annahmen, die im hohen Ausmaß für Arbeitsverträge gelten, da diese in der Regel als einzig einforderbare Größe 'Zeit' definieren. Im Rahmen dieser Arbeit soll besonders auf die Möglichkeiten eingegangen werden, durch organisatorische Maßnahmen die Netzwerkbildung in einem Unternehmen zu fördern, zum Beispiel mit dem Ziel, eine Fusion zu unterstützen. 'Betrachtungsgegenstand' sind also oft auch Mitarbeiter bzw. Angestellte, die dem Unternehmen eben über Arbeitsverträge verbunden sind. Dies kann zu Zielkonflikten zwischen Prinzipalen und Agenten, also Arbeitgeber und Arbeitnehmern, führen, die eine eigene Nutzenkalkulation durchführen. Nachteile wie z.B. Arbeitsleid, Zeitverlust und Kosten werden gegen Vorteile, z.B. Vergütung, Karriere und Ansehen abgewogen, der Prinzipal dagegen ist an Ergebnissteigerung und –erhalt interessiert.[94]

Unter dem Blickwinkel von Fusion bedeutet dies, daß mehrere Agenten Koalitionen bilden können,[95] etwa um sogenannte 'Doppelbesetzungen' am Leben zu erhalten, das heißt beide betroffenen Manager (Arbeitnehmer) wollen ihren Posten retten, obwohl nach der Fusion nur noch eine Position Sinn machen würde, ein Manager genügen würde, um die mit der Position verbundenen Aufgaben zu erledigen. Ein weiteres Problem, das so

---

90 Ross, S., Agency, S. 134 – 139.
91 Fama, E., Agency, S. 289, Fama E., Jensen M., Control, S. 302f, Organisationen als 'nexus of contracts'.
92 Jensen, M., Meckling, W., Structure, S. 310.
93 Hart, O., Holmström, B., Contracts, S. S. 128ff.
94 Hartmann-Wendels, Th., Agency, S. 72f.
95 Vgl. dazu die multi-agent models nach Arrow K., Agency, S. 46ff und die mehrstufigen PA-Modelle nach Bohn, H., Multiple agents, S. 279 – 305.

thematisiert werden kann, ist die Frage nach den Arbeitsbedingungen: das jeweils beste 'Paket' soll für alle gültig werden, so z.B. die Gehaltsregelung des einen Unternehmens *und die Arbeitszeitregelungen des anderen Unternehmens.*

Kontrollinstanzen sind in solchen Situationen also nötig. Wie die organisatorische Ausgestaltung von Kontroll- und Informationssystemen – gegen Informationsassymetrie, die sich die Agenten (Arbeitnehmer) untereinander gemeinsam gegen den Prinzipal (Arbeitgeber) zunutze machen können – und von Anreizen aussehen kann, und inwieweit es möglich und sinnvoll ist, damit Netzwerkcharakteristika zu fördern, wird in Kapitel 5 thematisiert.

Unter dem Aspekt der Netzwerkperspektive ist die Principal Agent Theorie angemessen. Sie betrachtet Organisationen als Netzwerke von Auftragsbeziehungen und erfaßt dadurch das wichtige Phänomen der Abhängigkeit der Leistungserstellung von einer effizienten (vertraglichen) Gestaltung von Beziehungen. Sie vermag wichtige Grundprobleme und Entscheidungskalküle der Partner zu beschreiben.[96]

Ein ungelöstes Problem stellt jedoch die Operationalisierung dar. Die Agenturtheorie vermag "keine exakten Empfehlungen an die Organisationspraxis zu formulieren",[97] dementsprechend ist sie weniger explizit anwendbar, wenn es um die Formulierung von Gestaltungsempfehlungen geht.

3.1.1.3 Property Rights Theorie

Coase führt in seiner Verfügungsrechtstheorie die Entstehung von Unternehmen darauf zurück, daß sich durch die Internalisierung von Transaktionen in einer Unternehmung im Vergleich zum marktlichen Tauschmechanismus gewisse Kosten sparen lassen[98].

Grundsätzlich geht die Theorie der Verfügungsrechte davon aus, daß Akteure jene Formen der Ressourcennutzung wählen und jene Verfügungsrechtsstrukturen etablieren, die ihren Nettonutzen maximieren. Verfügungsrechtsstrukturen müssen also stets so beschaffen sein, daß der Nutzen der Internalisierung deren Kosten übersteigt.

Positiv ist hier zu bewerten, daß die Bedeutung von Verfügungsrechten nicht nur für die Erklärung wirtschaftlicher Strukturen und Prozesse wieder in den Blickpunkt gerückt

---

[96] Ebers, M., Gotsch, W., Organisation, S. 205.
[97] Ebers, M., Gotsch, W., Organisation, S. 208.
[98] Coase, R., Firm, S. 392.

wurde, sondern daß auch die Verhaltenswirkungen von Verfügungsrechten thematisiert wurden. Die Aussagen "zu den Auswirkungen verschiedener Verfügungsrechtsstrukturen eindeutig zu fassen und zu überprüfen" ist jedoch noch nicht gelungen. Damit bleiben Erklärungen "leerformelhaft".[99] Dies gilt auch, da die Wahl bestimmter Verfügungsrechtsstrukturen nicht nur aufgrund von Kosten- und Allokationseffizienz-Kriterien gefällt wird, sondern gleichzeitig Einkommens- und Vermögensverteilungen, Faktorkombinationen, Arten und Intensitäten der Ressourcennutzung etc. eine Rolle spielen.[100]
In empirischen Arbeiten werden außerdem oft soziale, kulturelle, politische oder technische Faktoren, die nicht theorieimmanent sind, für Erklärungen oder Empfehlungen angeführt. Damit sind die Möglichkeiten, aus der Property Rights Theorie pragmatische Empfehlungen abzuleiten, beeinträchtigt.[101]

Für konkrete Gestaltungsempfehlungen organisatorischer Aspekte einer zu fördernden Netzwerknähe scheint die Property Rights Theorie also weniger geeignet. Sie ist vielmehr als eine Theorie zu berücksichtigen, die wichtige Einsichten vermitteln und für die Berücksichtigung kritischer Interessen sensibilisieren kann - wie z.B. für die Frage nach Nutzenfunktionen der jeweiligen (Fusions-)Entscheidungsträger. Diese können helfen, gerade auch nach z. B. Fusionen, Loyalitätsstrategien zu entwickeln. Da die Gefahr opportunistischen Verhaltens nur bei divergierenden Interessen auftritt, können Versuche, Loyalität zwischen Vertragspartnern zu schaffen, "a spirit of identification of fellow-feeling"[102] auch bei Interessenkonflikten ein kooperatives Verhalten begünstigen.[103]

3.1.2 Ressourcen-Ansatz

Verschiedene Ansätze haben ihren Fokus darauf gerichtet, die Bedeutung von Ressourcen zu thematisieren, z.B. die 'Organisation als Ressourcenpool', (Coleman) der sogenannte 'Resource-Dependence Ansatz', (Pfeffer, Salancik) und sogenannte 'ressourcenorientierte Ansätze' (Wernerfelt, Barney).[104]

---

99 Ebers, M., Gotsch, W., Organisation, S. 193f.
100 Tietzel, M., Property Rights, S. 235.
101 Ebers, M., Gotsch, W., Organisation, S. 194.
102 Kronman, A., Contract, S. 21.
103 Sadowski, D., Unternehmenskultur, S. 226.
104 Coleman, J., Macht; Pfeffer, J., Salancik, G., Organizations; Wernerfelt, B., Resource, S. 171 – 180; Barney, J., Resources, S. 99 – 120.

Ausgangspunkt ist die Überlegung, daß das Verhalten eines Unternehmens nur erklärt werden kann, wenn dessen Umwelt einbezogen wird, aus der benötigte Ressourcen akquiriert werden können. Der System-Umwelt Bezug von Unternehmen wird also auf das Problem der Abhängigkeit von (externen) Ressourcen verdichtet.[105]

Unternehmen sind heterogen in Bezug auf ihre internen Ressourcen und Fähigkeiten.[106] Unternehmen werden als Bündel von Ressourcen gesehen, die eine Unternehmung spezifisch machen, interne Ressourcen bilden die Grundlage für unterschiedlich hohe Gewinne.[107]

Der Begriff der Ressource wird dabei sehr weit gefaßt: interne materielle und immaterielle Vermögenswerte, Güter und Fähigkeiten, Firmeneigenschaften, Information sowie Systeme und Prozesse werden als interne Ressourcen verstanden.[108]

Ressourcen, die Grundlage für den Erfolg einer Firma sind, müssen folgende Attribute aufweisen: wertstiftend aus Kundensicht, rar, nicht substituierbar, nicht perfekt imitierbar.[109]

Eine Ressource wird besonders dann unimitierbar, wenn sie auf einzigartigen historischen Bedingungen basiert oder sozial komplex ist.[110] Dies trifft auf 'managerial talent', interpersonelle Beziehungen zwischen Managern oder Organisationskultur zu.[111]

Ein Unternehmen ist also gezwungen, Tauschtransaktionen mit anderen Organisationen, Unternehmen, durchzuführen. Der Grad der Abhängigkeit variiert, je nachdem wie wichtig eine Ressource für ein Unternehmen ist, wie hoch die Möglichkeit anderer, den Zugang zur Ressource zu kontrollieren ist, ob andere Organisationen diese Ressource anbieten und ob Substitute verfügbar sind.[112] Der Grad der Abhängigkeit beeinflußt direkt den systemtheoretisch wichtigen Grad der Ungewißheit. Planung künftiger Aktivitäten wird mit steigender Ungewißheit schwieriger, Effizienz kann bedroht werden.

Theoretisch betrachtet können Tauschtransaktionen, die Unternehmen mit Ressourcen versorgen, über Märkte (= externes Wachstum), eventuell über Hierarchien und über

---

[105] Pfeffer, J., Salancik, G., Organizations, S. 1, 2.
[106] Peteraf, M., Resource, S. 179.
[107] Bamberger, I., Wrona, T., Ressourcenansatz, S. 131.
[108] Barney, J., Resources, S. 101.
[109] Barney, J., Resources, S. 101, 102.
[110] Dietrickx, I., Cool, K., Asset, S. 1504 – 1511.
[111] Barney, J., Resources, S. 106 – 110.
[112] Pfeffer, J., Salancik, G., Organizations, S. 45 – 52.

Netzwerke abgewickelt werden. Da ein Unternehmen stets bestrebt ist, seine Überlebensfähigkeit zu verbessern, wird es versuchen, den Grad der Unsicherheit so gering wie möglich zu halten und Unwägbarkeiten soweit möglich beherrschbar zu machen. Neben internen Maßnahmen (Flexibilisierung, Lagerhaltung, externes Wachstum) kommt hier der Aufbau kooperativer Beziehungen in Frage. Kooperations-, oder in anderen Worten Netzwerk-Formen, in ihrer breiten Palette von Kooptation bis joint ventures, sind hier eine geeignete Organisationswahl.[113] Diese kann auch darin bestehen, netzwerknahe Charakteristika in Konzernbeziehungen zu implementieren. (Siehe Kapitel 4 und 5.)
Laut Pfeffer/Salancik können interdependente Organisationen ihre Aktivitäten koordinieren oder fusionieren, um Vorteile in den Bereichen Informationen, Kommunikation wichtiger Anliegen und Unterstützung zu erzielen; fusionierten Organisationen schreiben sie zudem bessere Kontrollmöglichkeiten zu.[114]

Ressourcen können grundsätzlich in transaktionsfähig und nicht transaktionsfähig unterschieden werden. Vor dem Hintergrund einer Netzwerkförderung bzw. Fusion interessieren insbesondere nicht transaktionsfähige Güter, wie z.B. personenabhängiges Know-how, oder die Reputation eines Unternehmens. Grundsätzlich wird angenommen, daß diese Produktionsfaktoren, also z.B. Know-how, Reputation oder Organisationskapital nicht ver- oder gekauft werden können. So geht etwa die Reputation einer Organisation bei deren Eingliederung in ein anderes Unternehmen verloren.[115]
Eine der Herausforderungen an das Gelingen einer Fusion ist nun gerade die Frage, wie sich Reputation retten lassen kann, etwa in Form von 'Markenschutz' und gleichzeitig Wissen, etwa in Form von Prozeß-, Organisations-Know-how, übertragen werden kann, also eben doch gekauft werden kann.

Wissen läßt sich beispielsweise zunächst schützen und in der Organisation diffundieren, indem finanzielle Anreize geboten werden, die ein Abwandern von Wissensträgern verhindern und gleichzeitig über personelle Verflechtungen und (finanzielle) Anreize die Weitergabe von Wissen an (neue Konzern-)Kollegen gefördert wird. Hier scheinen netzwerknahe Überlegungen besonders sinnvoll.

---

113 Steinmann, H., Schreyögg,G., Management, S. 64f.
114 Pfeffer, J., Salancik, G., Organizations, S. 143 – 145.
115 Hall, R., Resources, S. 138, 139.

Ob und wie es gelingt, mittels 'social engineering' diese Ressourcen positiv zu beeinflussen, oder auch intangible Ressourcen zu übertragen, darauf wird unter Kapitel 5 (Netzwerknahe Organisation) und 5.3 (Organisationsgestaltung, Gestaltungsfelder) genauer eingegangen.

Für den Betrachtungsgegenstand, wie netzwerkfördernde Elemente in Organisationen zu verstärken sind, z.B. in einer Fusionssituation, liefern Ressourcenansätze also eine weitere Perspektive. Unter anderem helfen sie, wichtige Ressourcen zu erkennen, die es sich zu entwickeln oder zu verstärken empfiehlt.

Desweiteren ist so zu erkennen, daß der Faktor 'Humankapital' eine zunehmend wichtige Rolle spielt. Bei den Ressourcen, die die Attribute rar, nicht substituierbar und nicht imitierbar erfüllen, spielt oft Wissen und damit der Faktor 'Mensch' eine große Rolle.

Ressourcenansätze können zudem als Legitimation der Fusion dienen. Geringere Unsicherheit herrscht jetzt gegenüber der Umwelt des Systems[116] und die Kontrollmöglichkeiten werden als besser beurteilt, als bei sozialer Koordination von Aktivitäten.[117] Die Vorteile einer Fusion zu betonen, kann unter Motivations- und Integrationsgesichtspunkten wichtig sein, besonders da Mitarbeiter und Middle-Management oft zunächst kritisch reagieren.

3.1.3 Kontingenz- oder Situativer Ansatz

Die Namenwahl spricht hier für den Ansatz; mit der Bezeichnung 'kontingent' soll zum Ausdruck gebracht werden, daß eine Organisationsstruktur von anderen Größen (z.B. Umwelt, Größe der Organisation) abhängig ist. Die gleiche Idee soll mit dem Wort 'situativ' verdeutlicht werden, das heißt, daß Unterschiede realer Organisationsstrukturen auf Unterschiede in den Situationen zurückzuführen sind, in denen sich die Organisationen befinden.[118]

---

116 Steinmann, H., Schreyögg,G., Management, S. 64f.
117 Pfeffer, J., Salancik, G., Organizations, S. 144f.
118 Kieser, A., Kubicek, H., Organisation, S. 45f.

Der situative Ansatz geht davon aus, daß formale Organisationsstrukturen einen hohen Einfluß auf die Effizienz einer Organisation haben.[119]

Die Situation, in der sich eine Organisation befindet, beeinflußt deren formale Organisationsstruktur. Gemeinsam beeinflussen sie das Verhalten der Organisationsmitglieder, und alle drei zusammen (Situation, Struktur, Verhalten) beeinflussen die Effizienz einer Organisation.[120] Dementsprechend gibt es keinen generellen 'best way' die Struktur einer Organisation zu gestalten, Organisationen müssen ihre Struktur an die jeweilige Situation anpassen. Empirische Studien untersuchen, welche Strukturen sich in welchen Situationen bewähren, auf der Basis dieser Studien sollen Organisationsstrukturen erklärt, Änderungen prognostiziert und Empfehlungen zur Strukturierung von Organisationen gegeben werden.[121]

Die Dimensionen einer Situation setzen sich aus externen und internen Faktoren zusammen. Die interne Situation hängt ab von dem Leistungsprogramm, der Größe, der Fertigungs- und Informationstechnik, sowie der Rechtsform und den Eigentumsverhältnissen, dem Alter, der Art der Gründung und dem Entwicklungsstadium einer Organisation. Die Faktoren, die die externe Situation definieren, sind Konkurrenzverhältnisse und Kundenstruktur, Dynamik der technischen Entwicklung und gesellschaftliche und kulturelle Bedingungen.[122] Eine kulturell unabhängig hohe Korrelation liefert der Einflußfaktor 'Organisationsgröße': große Organisationen haben einen hohen Grad an Spezialisierung, Arbeitsteilung, Formalisierung und Dezentralisation und einen hohen Einsatz von Planung.[123]

Am situativen Ansatz ist besonders aus systemtheoretischer Perspektive interessant, daß es eine große Rolle spielt, ob die Umwelt als einfach oder komplex, stabil oder dynamisch eingestuft wird.

Dynamik resultiert dabei aus der Häufigkeit und Stärke sowie der Irregularität bzw. Regularität der Änderungen, Komplexität aus Zahl und Verschiedenheit externer Faktoren sowie deren Verteilung in verschiedene Umweltsegmente.[124] Wenn Neuheiten

---

[119] Kieser, A., Organisation, S. 155.
[120] Kieser, A., Kubicek, H., Organisation, S. 57.
[121] Kieser, A., Organisation, S. 155.
[122] Kieser, A., Organisation, S. 161.
[123] Kieser, A., Organisation, S. 162f.
[124] Dülfer, E., Management, S. 242.

und Änderungen sowohl in Märkten als auch in Technologien die Regel sind (Beispiel für eine dynamische Umwelt), so wird eine andere Organisationsstruktur und ein anderes Management benötigt, als es zu einer relativ stabilen ökonomischen und technologischen Umwelt passen würde. So gelten in dynamischen Umwelten Strukturen als effizient, die große Leitungsspannen, wenige Hierarchieebenen, wenig formale Regelungen, geringe Zentralisation und hohes Ansehen fachlicher Autorität aufweisen. In statischen Umwelten werden Strukturen mit konträren Ausprägungen als effizient eingestuft;[125] Wobei anzumerken ist, daß heute in der Realität de facto kaum mehr stabile Umwelten zu finden sind.

Nun zur Beurteilung des situativen Ansatzes. Neben der Tatsache, daß man wie üblich nur die Einflußfaktoren untersuchen wird und kann, die zum Zeitpunkt der Studie bereits bekannt sind und wichtig erscheinen, kommt hinzu, daß Studien zum situativen Ansatz sich aufeinander beziehen, und Ergebnisse voneinander verwenden, obwohl unterschiedliche Meßgrößen zugrunde gelegt werden und obwohl bekannt ist, daß verschiedene Methoden, mit denen 'objektive' Fakten produziert werden sollen, verschiedene Ergebnisse liefern.[126] Der Informationsgehalt des Ansatzes ist gering. Daß eine Organisation um so mehr Entscheidungsdezentralisation haben wird, je größer sie ist, ist zwar eine empirische Feststellung, aber auf die wichtige Frage, wie z.B. Dezentralisation, Entscheidungsstrukturen oder Planung gestaltet werden können oder sollen, wird nicht eingegangen. Somit liefert der situative Ansatz keine konkreten Empfehlungen für eine Aufgabe wie die der Organisationsausgestaltung.[127]

Der Ansatz geht davon aus, daß es je eine 'richtige', das heißt für die Überlebensfähigkeit nötige Strukturform für die Organisation gemäß den situativen Anforderungen gibt.[128] Dies widerspricht nicht nur den Überlegungen der Systemtheorie, in der funktionale Äquivalente möglich sind, sondern es ist auch anhand von praktischen Beispielen aus der Fertigungstechnik zu zeigen, daß Organisationen durchaus mit alternativen Strukturen überlebensfähig sind.[129] Des weiteren sind die situativen Faktoren von einer Organisation

---

125 Burns, T., Stalker, G., Management, in, Kieser, A., Organisation, S. 156.
126 Kubicek, H., Bestimmungsfaktoren, Kz. 1412, Payne, R., Pugh, D., Structure, S. 1125 – 1174, Zündorf, L., Messung, S. 468 – 487, Pennings, J., Measures, S. 686 – 704.
127 Kieser, A., Organisation, S. 170.
128 Silverman, D., Organizations, S. 221 – 238.
129 Kieser, A., Organisation, S. 171ff.

als gegeben hinzunehmen, das heißt, sie kann sie nicht beeinflussen. Tatsächlich können Manager und Firmen die Situation, in der sie sich befinden beeinflussen, z.B. durch Werbung oder Fusionen; sie können sogar neue Märkte schaffen.[130]

Der situative Ansatz unterstellt, daß *eine* Organisationsstruktur funktional notwendig ist; sie wird als logische Folge der Situation dargestellt.
Dabei werden zwei Punkte übersehen: Zum einen, daß Analysen von Anpassungsprozessen und -mechanismen in Organisationen und zwischen Organisation und Situation eine erfolgreiche 'Reorganisation' ermöglichen können (Sanktion ist nicht immer einfach das Ausscheiden einer Organisation aus dem Markt), und, daß die Analyse der Anpassungsprozesse Teil des Firmen Know-hows bilden kann.[131] Zum anderen wird eine Organisationsstruktur als notwendige Konsequenz einer Situation dargestellt. Dadurch wird der existenten Struktur (wissenschaftliche) Legitimation verliehen, obwohl sie Folge des Einflusses mächtiger Interessengruppen oder Akteure der Organisation sein kann.[132] Diese Sichtweise unterdrückt die Suche nach alternativen Strukturformen. Indem *eine* Organisationsform als Ergebnis der Situation gesehen wird, wird die Organisationsform so dargestellt, als ob sie sich unabhängig von Personen ergibt. Tatsächlich gibt es keine 'objektive' Situation, keine 'objektiven' Gegebenheiten. Regeln per se sagen nicht viel über tatsächliches Handeln aus, da Individuen ihre Welt intersubjektiv konstruieren und bestimmte Regeln somit von verschiedenen Gruppen ganz unterschiedliche Bedeutungen erhalten.[133] Wie wichtig die jeweilige Interpretation ist, zeigt auch der Sprachgebrauch von 'Dienst nach Vorschrift': er wird als Synonym für chaotische Zustände verwandt.

Kritisch ist am situativen Ansatz folglich, daß Manager und Firmen regelrecht ausgeliefert scheinen, sie *re*agieren auf eine Situation.[134] Jedoch, "die Annahme, daß die Situation eine bestimmte Struktur determiniert, stimmt ... nicht".[135]
Eine Fusion stellt eine aktive Änderung einer Situation durch eine Firma dar. Damit ist das Musterbeispiel, das in dieser Arbeit immer wieder aufgegriffen wird bereits jenseits des situativen Ansatzes. Ausgehend von dieser Tatsache stellt sich nun die Frage, welche

---

[130] Kieser, A., Organisation, S. 171.
[131] Kieser, A., Adapting, S. 319 – 336.
[132] Clegg, S., Control, S. 545 – 562, Clegg, S., Dunkerly, D., Organization, S. 433 ff, Benson, K., Organizations, S. 1 – 21.
[133] Brown, R., Bureaucracy, S. 356 – 382.
[134] Kieser, A., Organisation, S. 171.
[135] Kieser, A., Organisation, S. 183.

anderen Aktivitäten möglich sind, um die Situation einer Organisation oder ihre Struktur eben doch aktiv und positiv zu beeinflussen. So gesehen liefert der situative Ansatz dadurch, daß er die Umwelt zunächst überhaupt berücksichtigt, eine systemtheoretisch wichtige Perspektive. Über die an ihm geübte Kritik kristallisieren sich dann weitere maßgebliche Themen für Organisationsgestaltung heraus, die zu betrachten es sich lohnt, wenn etwa eine Fusion unter Netzwerk-Gesichtspunkten diskutiert wird. Darunter fallen z.B. die Analyse der Beziehungen, die zwischen Situation und Organisation bestehen, und die eine Grundlage für Verbesserungen sein können. Ebenso die Analyse von Anpassungsprozessen einer Organisation, durch die Prozeß-Know-how in einer Firma aufgebaut werden kann. Oder auch die Untersuchung von Herrschaftsbeziehungen: hier bestimmt die 'dominierende Koalition' laut dem Ansatz der strategischen Wahl die Organisationsstruktur. Dabei ist zu berücksichtigen, daß nicht nur ökonomische Faktoren, sondern auch das Streben nach Machterhalt und Machtzentralisation eine Rolle spielen.[136] Besonders der letzte Punkt scheint vor dem Hintergrund des Fusionsbeispiels wichtig, da drohender Stellenverlust von Managern als Problem empfunden wird.
Auch der situative Ansatz liefert also theoretische Grundlagen, die im 5. Kapitel bei der Maßnahmendiskussion einfließen.

3.1.4 Anreiz-Beitrags Theorie

Die Anreiz-Beitrags Theorie gehört zu den verhaltenswissenschaftlichen Theorien. Deren Erkenntnisinteresse gilt der Frage, wie Organisationen ihren Bestand durch Anpassung an eine komplexe und veränderliche Umwelt sichern. Das Anpassungsproblem wird als Problem menschlichen Verhaltens diskutiert.[137]

Organisationen werden als Handlungssysteme verstanden, das heißt Menschen werden ebenso Bestandteil der Umwelt einer Organisation wie die physische und soziale Umwelt. Nicht die Menschen, sondern die Handlungen, die Menschen in Organisationen vollziehen, sind interner Bestandteil des Systems Organisation.[138] Entscheiden Menschen sich, an einer Organisation teilzunehmen, so findet eine Entpersönlichung bzw. Selbst-

---

[136] Child, J., Structure, S. 1 – 22.
[137] Berger, U., Bernhard-Mehlich, I., Entscheidungstheorie, S. 123.
[138] Barnard, C., Functions, S. 65-73.

verleugnung statt.[139] Ein Mensch vollzieht Handlungen, die ohne persönliche Bedeutung für ihn sein können, oder die sogar seinen persönlichen Zielen widersprechen können.[140] Daraus resultiert die Frage, wie man Menschen zu Handlungen, die der Organisation dienen, motivieren kann – "the individual is always the basic strategic factor in organization ... he must be induced to cooperate, or there can be no cooperation."[141]

Aus dem Problem der Differenz zwischen den Bedürfnissen und Zielen der Organisation einerseits, und Bedürfnissen und Zielen der Menschen andererseits, wurde das Konzept des 'Gleichgewichts von Anreizen und Beiträgen' entwickelt. Es will die Teilnahme der Menschen an Organisationen erklären. Menschen leisten nur dann Beiträge – das heißt entscheiden sich zum Beitritt oder Verbleib in einer Organisation – wenn die Anreize als ebenso groß oder größer empfunden werden, wie die geleisteten Beiträge. Organisationen befinden sich im Gleichgewicht, wenn die geleisteten Beiträge es der Organisation ermöglichen, so viele Anreize zu bieten, daß die Menschen zu weiteren ausreichenden Beiträgen motiviert werden können.[142] Die Überlebensfähigkeit der Organisation ist also ihre Fähigkeit, dieses Gleichgewicht zu schaffen. Die Fähigkeit hängt von zwei Faktoren ab, erstens von den Bedürfnissen der Menschen und zweitens von den Alternativen, die sich den Menschen anbieten, um ihre Bedürfnisse zu erfüllen.

Die Bedürfnisse sind zunächst materieller Art, auf sie konzentriert sich auch ein Großteil der Literatur,[143] obwohl schon Barnard bemerkte, daß " ... the unaided power of material incentives ... is exceedingly limited"[144] – das heißt Anreize müssen, ebenso wie Bedürfnisse, sowohl materieller als auch nicht materieller Art sein. Quellen nicht materieller Anreize können z.B. soziale Beziehungen, Qualität / Spaß an der Arbeit, Position, Prestige, Macht oder Sicherheit sein. In diesem Zusammenhang wird auf einen Katalog motivationstheoretischer Modelle[145] verwiesen, der von Dülfer als 'Motivationstheoretische Menschmodelle' vorgelegt wurde,[146] und wie er teilweise im Kapitel 5.3 im Zusammenhang mit Methoden zur Förderung von Netzwerk-Elementen wieder aufgegriffen wird.

---

[139] Barnard, C., Functions, S. 84.
[140] Barnard, C., Functions, S. 77.
[141] Barnard, C., Functions, S. 139.
[142] Barnard, C., Functions, S. 92ff; Simon, H., March, J., Organizations, S. 84ff.
[143] Barnard, C., Functions, S. 143, Pfeffer, J., Incentives, S. 72 – 91.
[144] Barnard, C., Functions, S. 143.
[145] Z.B. von Maslow, McClelland, Herzberg, McGregor.
[146] Dülfer, E., Betriebswirtschaftslehre, S. 164 – 173.

Die wahrgenommenen Alternativen hängen zum einen von objektiv vergleichbaren Vergütungen wie Geld, Dienstleistungen oder Status ab, zum anderen können Organisationen Menschen und ihre Bedürfnis- und Nutzenfunktionen beeinflussen, so daß die gebotenen Anreize als ausreichend empfunden werden. Methoden der Beeinflussung sind z.B. der Ausschluß von Teilnehmern, die ungenügende Beiträge liefern und der damit erzeugten Furcht und entsprechenden Beitragsmotivation bei verbliebenen Teilnehmern; die Einstellung von Teilnehmern mit passender Bedürfnisstruktur; die Werbung für bestimmte Einstellungen oder das Einimpfen von Motiven[147] – in Summa also eine bestimmte Unternehmenskultur und die Wertschätzung, die ihr von Teilnehmern entgegengebracht wird.

Für diese Arbeit wichtig sind zunächst die Prämissen des Ansatzes: Menschen haben nur eine begrenzte Informationsverarbeitungskapazität; ihre Bereitschaft, sich in einer Organisation zu engagieren, ist beschränkt; Menschen verhalten sich nur begrenzt rational. Dies steht für eine Abwendung vom neoklassischen Modell hin zu Theorien, die den organisatorischen Kontext einbeziehen. Die Merkmale der Organisation, ihre Struktur, ihre Programme, ihre Mitglieder und Entscheidungs- und Steuerungsprobleme spielen nun eine Rolle.[148]
Gerade Überlegungen zu Bedürfnissen, Anreizgestaltung und Motivation sind im Rahmen der Netzwerkförderung, z.B. auch bei einer Fusion von Bedeutung und werden entsprechend im Kapitel 5, im Rahmen der Förderung von Netzwerk-Charakteristika, ausführlicher behandelt.

3.1.5 Rekapitulation zu den organisationstheoretischen Ansätzen

Betrachtet man die organisationstheoretischen Ansätze, so fällt auf, daß die Perspektiven verschieden sind und die Blickwinkel, die in einer Theorie Berücksichtigung finden, an Vielfalt zunehmen. Hat der Transaktionskostenansatz als Effizienzkriterium noch Kosten, so berücksichtigen die PA-Theorie schon die Austauschbeziehungen aufgrund Spezialisierung und die PR-Theorie den Nettonutzen aufgrund der Verfügungsrechte. Die

[147] Barnard, C., Functions, S. 152.
[148] Berger, U., Bernhard-Mehlich, I., Entscheidungstheorie, S. 123 – 125.

Ressourcenansätze untersuchen die Situation, wie sie aufgrund der Abhängigkeit von aus der Umwelt zu beziehenden Ressourcen entsteht, während beim situativen Ansatz die Umwelt globaler betrachtet wird. Die externen (gesellschaftliche und kulturelle, Markt-, Kunden-, etc. -Bedingungen) und die internen (Größe, Alter, Rechtsform, etc.) Umweltfaktoren werden in die Situation einbezogen, durch die die Struktur einer Organisation festgelegt wird. Verhaltenswissenschaftliche Überlegungen werden schließlich im Rahmen der Anreiz-Beitrags Theorie berücksichtigt. Generell werden also zunehmend 'softe' Faktoren in die Theorien eingebunden.
Bemerkenswert ist, daß die vorgestellten Theorien Konzentrationen bzw. Schlagseite zeigen: entweder ist die Verbesserung und Anpassung interner Faktoren Schwerpunktthema oder die Notwendigkeit der Anpassung an externe Faktoren. Die Kontingenztheorie ist ein Stück weiter, sie zeigt den Zusammenhang von System und Umwelt, trivialisiert ihn aber, indem sie ihn in Form von "Abhängigkeit" versteht.
Hier ist kann der Beitrag erwähnt werden, den die Systemtheorie in Bezug auf Organisationsgestaltung leisten kann. Die Differenz zwischen einer Organisation und ihrer Umwelt wird ernst genommen, die gegenseitigen Abhängigkeiten sind dynamisch und komplex, die Reaktion einer Organisation auf ein externes Signal ist nicht vorhersehbar, wenn es denn überhaupt wahrgenommen wird. Systemtheorie ermöglicht also eine fundiertere Auseinandersetzung mit Fragen der Beeinflußbarkeit (Kontextsteuerung) von Organisationen, worauf später eingegangen wird.

Kommunikation, Information und Vertrauen sind Faktoren, die bisher noch keine explizite, theoretisch geschlossene Betrachtung in Organisationsansätzen gefunden haben, obwohl auf ihre Bedeutung in der neuen Literatur[149] immer wieder hingewiesen wird.
Im Folgenden werden Einflußfaktoren und Strukturelemente von Organisationen vorgestellt.

---

[149] z. B. Luhmann, Axelrod, Arrow.

3.2 Einflußfaktoren und formale Strukturelemente von Organisationen

Maßnahmen und Entscheidungen der Organisationsgestaltung werden nicht im 'luftleeren' Raum getroffen, sondern sie unterliegen mehr oder weniger engen Restriktionen[150] oder Einflußfaktoren. Diese werden im Folgenden kurz vorgestellt. Daran anschließend wird darauf eingegangen, welche Kriterien bei Gestaltungsempfehlungen von Organisationen Einfluß haben sollten: das Konzept der Effizienzkriterien von Organisationen wird dargestellt. Effizienzkriterien liefern unter Kapitel 5 den Maßstab für die ökonomische Beurteilung von organisatorischen Gestaltungmaßnahmen, das heißt sie dienen in diesem Sinne als Selektionsmechanismus.

Ziel vieler Restrukturierungen der 90er Jahre war es, Marktelemente in Organisationen zu verankern, z.B. in Form von 'Quasi-Unternehmungen' oder profit centern.[151] Idealtypische Institutionen wie 'Markt' oder 'Hierarchie' existieren nicht real; Mischformen wurden mit Hinblick auf die Schaffung interner Märkte untersucht.[152] Im Rahmen der wissenschaftlichen Auseinandersetzung mit Organisation wurden Einflußfaktoren, Strukturelemente und Effizienzkriterien von Organisationen festgestellt, die auch hier als Grundlage dienen werden, wenn es darum geht zu diskutieren, wie Netzwerkelemente in Organisationen verankert werden können.

3.2.1 Einflußfaktoren auf Organisationen

Organisationen müssen bei Gestaltungsvorhaben mit Einflußfaktoren umgehen; die wesentlichen sind die Unternehmensstrategie, der Lebenszyklus, die Umwelt, die Menschen und die Technologie eines Unternehmens.[153] Alle Einflußfaktoren sind untereinander interaktiv und interdependent.

---

150 Steinmann, H., Schreyögg, G., Management, S. 412.
151 Frese, E., Organisation, S. 194.
152 Frese, E., Organisation, S. 195f.
153 Steinmann, H., Schreyögg, G., Management, S. 413.

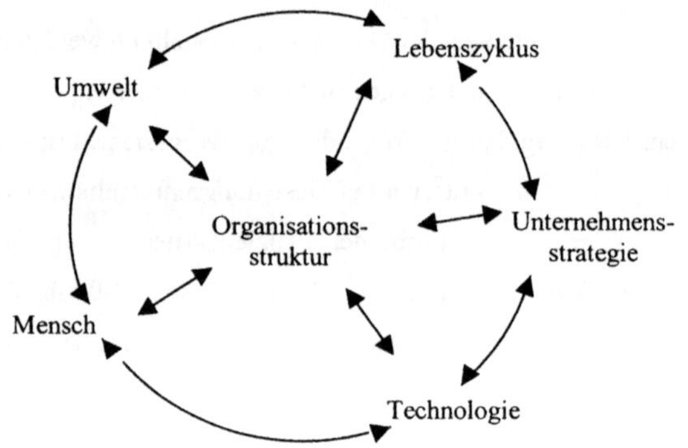

Abbildung 3-1: Einflußgrößen im Strukturbildungsprozeß,
in Anlehnung an Steinmann, H., Schreyögg, G., Management, S. 413.

Der Einflußfaktor 'Unternehmensstrategie' hat als Grundlage die Annahme 'structure follows strategy' (Chandler), die sich aus dem Zusammenhang zwischen Diversifikation und Divisionalisierung ergab.[154] In Folge wurde jedoch empirisch festgestellt, daß auch Unternehmen, die den größten Teil ihres Umsatzes mit einer Produktgruppe erzielen divisionalisiert sind. 'Structure follows fashion' (Rumelt) wurde daraufhin als Kommentar geprägt[155] - somit war die These, daß die Struktur der Strategie folgt nicht länger haltbar. Chandler kann jedoch darin nicht widersprochen werden, daß ein Unternehmen sich Umweltzwängen nicht entziehen kann.

Die Einflußgröße Umwelt spielt in dieser Arbeit eine herausragende Rolle, da sie auch aus systemtheoretischen Gesichtspunkten besonders wichtig ist. Ein Modell, das einer Organisation helfen kann, die für sie wichtige Frage der Umwelt gegliedert zu thematisieren, ist das Umweltmodell nach Dülfer.

[154] Chandler, A., Structure; Kieser, A., Kubicek, H., Organisation, S. 238ff.
[155] Rumelt, P., Strategy, in: Kieser, A., Kubicek, H., Organisation, S. 241.

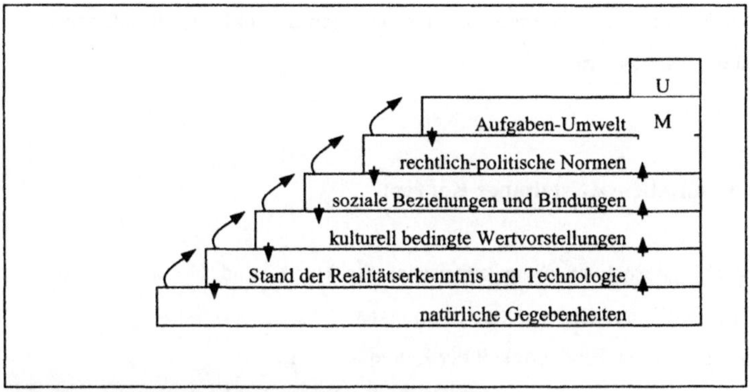

Abbildung 3-2: Vertikalschnitt des Schichtenmodells,
in: Dülfer, E., Management, S. 261.

Der Einflußfaktor Technologie ist grundsätzlich der Umwelt zuzuordnen. Er wird extra aufgeführt, da er wegen der hohen Effizienzgewinne, die sich aus der richtigen Wahl von Technologietypen, Routine-, Non-Routine-, Ingenieurmäßige- und Spezialtechnologie und von Organisationsstrukturen (organisch oder mechanistisch) ergeben, große Bedeutung im unternehmerischen Überlegen hat.[156]

Der Lebenszyklus als Einflußfaktor meint, daß das Alter einer Unternehmung eine Rolle spielt, die über die Gründungs- in die Wachstums- und schließlich in die Reife-Phase wächst. Hier kommt es besonders auf die Adaptionsfähigkeit an, um Probleme der unterschiedlichen Phasen und deren Übergänge bewältigen zu können.[157]

Der Einflußfaktor Mensch schließlich ist in dieser Arbeit von besonderer Bedeutung. Seine Bedürfnisse, Erwartungen, Verhaltensweisen beeinflussen die Lösung und das 'Gelebt-Werden' der Struktur. Gleichzeitig gibt es vice versa Folgen organisatorischer Strukturformen auf die Motivation.[158]
Unter dem Gesichtspunkt Netzwerkförderung oder beispielsweise Fusionsmanagement ist besonders der Einfluß von Taktiken, informellen Machtpositionen und (dominierenden) Koalitionen[159] zu berücksichtigen, sie beeinflussen die Gestaltung einer Organisation ganz erheblich.[160] Politische Prozesse, z.B. aus Angst vor Positions- und Statusverlust, wie sie

---

156 Steinmann, H., Schreyögg, G., Management, S. 414 – 419.
157 Steinmann, H., Schreyögg, G., Management, S. 419 – 420.
158 Steinmann, H., Schreyögg, G., Management, S. 422.
159 Child, J., Structure, S. 1 – 22.
160 Pfeffer, M., Micropolitics, S. 29 – 50.

gerade bei Fusionen oft vorkommen, sind als wichtige faktische Randbedingung beim "Organisieren" anzusehen.

3.2.2 Organisations-Gestaltungs-Konzept

Die Auswahl alternativer organisatorischer Strukturen sind Gestaltungsakte, die sich durch folgende Komponenten beschreiben lassen.[161]

- Ausgangssituation, Eindeutigkeit der Zielvorstellung

  Die Ausstattung mit Ressourcen, herrschende Umweltbedingungen und organisatorische Regelungen bestimmen die gegebene Situation. Die durch das Gestaltungsziel definierte Präferenzstruktur muß von allen Handelnden verstanden worden sein.[162] Im Beispielfall einer Fusion liegt Handlungszwang vor. Anteilseigner, Aufsichtsrat und Topmanagement erwarten bzw. versprechen Vorteile und Ziele, z.B. Synergien, Umsatz, Gewinn, etc., die aus der Fusion resultieren sollen.

- Gestaltungsinstrumente

  Wissen über verfügbare organisatorische Instrumente und die Bedingungen ihres Einsatzes: Organisationsgestalter müssen die Ausgangssituation kennen. Aus gegebener Ressourcenausstattung und den Umweltbedingungen lassen sich denkbare Organisationsstrukturen, mögliche Kombinationen von Koordinations- und Motivationsmaßnahmen ableiten.

  Die Ressourcen- und Umweltbedingungen können bei zwei Unternehmen sehr verschieden sein. Zum Beispiel bei Planungen im Personalbereich das jeweils gültige Arbeits-, oder Kündigungsrecht. Das gilt auch bei denkbaren Motivations-programmen, eine freie Zeiteinteilung der zu leistenden Arbeitszeit einzelner ist in Deutschland z.B. nicht möglich, da maximal 10 Stunden pro Tag gearbeitet werden dürfen. Vorgesetzte können im Rahmen ihrer Fürsorgepflicht für eine Überschreitung der Tagesarbeitszeit ihrer Mitarbeiter haftbar gemacht werden. In den USA dagegen können einzelne Arbeitnehmer zwischen flexibler, freier Arbeitszeitgestaltung und monetären Anreizen wählen.

---

[161] Folgende Ausführungen in Anlehnung an: Frese, E., Organisation, S. 240 – 243.

[162] In dieser Arbeit wird als Ziel die Platzierung einer Organisation im Retikularraum mehr in Richtung Netzwerk verstanden (Kap 4).

Im Zuge der Konfliktlösung werden Probleme aus unterschiedlichen Perspektiven analysiert und interpretiert, einfließende Kenntnisse und Lösungsvorschläge können zur Erweiterung des Lösungsraums, zur Erhöhung des Informationsstandes und zur Verbesserung der Entscheidungsqualität führen.[163]

Als Beispiel für ein Vorgehen dieser Art können Synergieeffekte oder Verbesserungen von Arbeitsweisen im Rahmen einer Fusion genannt werden. Eine Entscheidung entweder für den 'Daimler'- oder für den 'Chrysler'- Weg beziehungsweise -Prozeß bei Vorgehensweisen oder bezüglich der Organisations-gestaltung wurde von beide Seiten als inakzeptabel abgelehnt. In Workshops mit Teilnehmern beider Firmen sind Prozesse erarbeitet worden, die erst dank der einfließenden Kenntnisse und der Kombination des Know-hows, der Erfahrungen, der Erwartungen, der Ansprüche und der Lösungsvorschläge beider Firmen zustande kommen konnten.

Verhaltenswirkungen, Handlungsergebnisse

Die Auswirkungen der jeweils betrachteten Organisationsstruktur auf die Realisierung der Ziele muß bekannt sein. Hier wird unterstellt, daß organisatorische Strukturen Folgen auf das Verhalten haben. Diese erstrecken sich auch auf Merkmale individuellen Verhaltens, das bestimmte Handlungsergebnisse hervorbringt.[164] Prognosen sind hier zwar problematisch bis unmöglich, Tendenzaussagen jedoch möglich und glaubhaft.

Je größer das Wissen bezüglich der genannten Komponenten ist, desto besser kann der Transformationsprozeß in die angestrebte Organisationsstruktur bewältigt werden.

Kritisch betrachtet ist keine dieser Voraussetzungen für stringente Organisationsgestaltung in der Realität erfüllt. So existiert z.B. keine empirisch gestützte Theorie verhaltensbezogener Systemgestaltung und mehrdeutige Problemsituationen schaffen (Gestaltungs-)Spielräume. Unabhängig von berechtigter Kritik besteht jedoch die praktische Notwendigkeit, Entscheidungen bezüglich der Einführung organisatorischer Maßnahmen zu fällen. Kein anwendungsorientiertes Konzept zur Organisationsgestaltung kommt ohne vereinfachende Annahmen zu Zielstruktur, Gestaltungsinstrumenten und Verhaltenswirkungen aus.[165]

---

[163] Frese, E., Organisation, S. 242 - 248.
[164] Frese, E., Organisation, S. 242.
[165] Frese, E., Organisation, S. 242f.

Die genannten Komponenten – Ausgangssituation und Eindeutigkeit der Zielvorstellungen, Gestaltungsinstrumente, Verhaltenswirkungen und Handlungsergebnisse – können also der Sensibilisierung der Manager für die Gestaltungsaufgabe dienen.[166] Sie können helfen, die Frage zu beantworten, wie trotz des begrenzten Informationsstandes zu handeln ist. Die Komponenten sind in diesem Sinne als Methode zur Reduktion der wahrgenommenen Komplexität zu verstehen. Diesem Ziel dienen auch die unten aufgeführten Effizienzkriterien.

3.2.3 Effizienzkriterien

Eine zweckmäßige Reduzierung der wahrgenommenen Komplexität läßt sich durch die Aufspaltung von Effizienz in Koordinationseffizienz und Motivationseffizienz erzielen.
Koordinationseffizienz kann wiederum in Interdependenz-, Potential-, und Delegationseffizienz unterteilt werden.
Motivationseffizienz ihrerseits kann in Autonomie-, Positions-, Gruppeneffizienz und Entbürokratisierung unterteilt werden.[167]
Das hier verwendete Effizienzkonzept versteht sich als eine Grundstruktur der Organisationsbewertung, das dank seines hohen Abstraktionsgrades jeweils situativ für verschiedene organisatorische Besonderheiten verwendet werden kann.

Koordinationseffizienz ist ein Abwägen des Spannungsverhältnisses von Autonomie- und Abstimmungskosten. Autonomiekosten entstehen, da bestehende Interdependenzen ungenügend abgestimmt werden, dies führt zu Qualitätseinbußen der Entscheidungen. Abstimmungskosten entstehen aus dem zur Abstimmung nötigen Einsatz von Zeit und Ressourcen als Opportunitätskosten.[168] Kern der Beurteilung von Segmentierungen einer Organisationsstruktur bildet damit die Interdependenzeffizienz. Wird die Frage nach der Bewertung einer Struktur gestellt, so wird der - durch die Einführung der Vergleichsstruktur - mögliche Abbau von Autonomiekosten mit den aufgrund der geänderten Interdependenzstruktur entstehenden Abstimmungskosten verglichen. Das Ausmaß an Interdependenzen wird durch die Bestimmung des Delegationsgrades, durch die Entschei-

---

[166] Frese, E., Organisation, S. 240ff.
[167] Frese, E., Organisation, S. 244ff, 262 – 275.
[168] Frese, E., Organisation, S. 259, 262.

dungsautonomie festgelegt. Je größer der Zentralisationsgrad, desto mehr Entscheidungen werden auf höheren Hierarchieebenen getroffen, Entscheidungs-kompetenz wird mehr in einer Einheit zusammengefaßt, Interdependenzen werden dadurch reduziert.[169]

Im Rahmen einer Fusion gilt zunächst, daß das Ausmaß der Interdependenzen generell gestiegen ist. Eine wichtige anschließende Frage ist, wie das Spannungsverhältnis zwischen Autonomie und Zentralisierung auszugestalten ist. Je höher der Zentralisierungsgrad ist, um so geringer ist das Ausmaß der Interdependenzen – und umgekehrt. Somit ist das eines der Kriterien, die zur Bewertung einer organisatorischen Lösung zu berücksichtigen sind. Gleichzeitig muß also, nach Effizienzkriterien formuliert, beantwortet werden, wie gut und mit welchem Aufwand Interdependenzen abgestimmt werden (Interdependenzeffizienz), wie gut und mit welchem Aufwand Markt- und Ressourcenpotentiale genutzt werden (Potentialeffizienz) und wie gut und mit welchem Aufwand hierarchisch verbundene Entscheidungen koordiniert werden (Delegationseffizienz).[170]

Die Ziele der Mitarbeiter und die der Unternehmung stimmen nicht immer überein. Gegenstand der Motivationseffizienz ist die Gestaltung der Organisationsstruktur im Hinblick darauf, daß die Verhaltensspielräume von Mitarbeitern möglichst unternehmenszielkonform ausgefüllt werden.[171]
Die Frage, ob eine Organisation günstige Voraussetzungen für unternehmenszielkonformes Verhalten der Mitarbeiter bietet, wird unter Rückgriff auf Kriterien erörtert, die aufgrund vorliegender empirischer Untersuchungen mit einer gewissen Wahrscheinlichkeit Regelmäßigkeiten im Verhalten abbilden. Zum Großteil handelt es sich dabei um Kriterien, die dysfunktionalen Erscheinungen in Organisationen – wie z.B. bürokratischen Strukturen und Verhaltensweisen – entgegentreten sollen. Die Gestaltung der Motivationsdimension wird in Unternehmen durch das Bestreben geprägt, Bürokratisierungstendenzen zu verringern. Diese können entstehen, wenn Aufgaben verfolgt werden, die für das Unternehmen keinen Nutzen stiften, wenn überflüssige Ressourcenbindung stattfindet und wenn zeitraubend und umständlich kommuniziert wird.

---

169 Frese, E., Organisation, S. 264f.
170 Frese, E., Organisation, S. 265f.
171 Frese, E., Organisation, S. 271.

Bürokratisierungstendenzen können auch in ausgeprägter Risikoscheu sowie in mangelnder Innovationsbereitschaft ihren Ausdruck finden.[172]
Kriterien der Motivationseffizienz sind Eigenverantwortung und Überschaubarkeit. Eigenverantwortung führt zu einem höheren Delegationsgrad von Entscheidungen, zu einer Vergrößerung des Entscheidungsspielraums 'vor Ort'. Die Voraussetzungen für eine gute Motivation der Mitarbeiter sind hoch, wenn Arbeit als sinnhaft erlebt wird und Verantwortung für das Arbeitsergebnis beim Mitarbeiter liegt.[173] Das kreative Potential und das Know-how bezüglich der jeweiligen Aufgabenumwelt der Mitarbeiter werden besser genutzt. Überschaubarkeit meint die Realisierung kleiner organisatorischer Einheiten mit möglichst geschlossenen Aufgabenkomplexen. Durch die Ausrichtung auf ein gemeinsames Bezugsobjekt wird die Identifikation mit der Aufgabe und die Gruppenkohäsion gefördert. Auch die Voraussetzungen für Anreizmaßnahmen werden so geschaffen. Je besser sich Ergebnisse und Anreize einzelnen organisatorischen Einheiten zuordnen lassen, desto besser ist die Anreizwirkung und damit die Möglichkeit, extrinsische und intrinsische Motivationswirkungen zu erzeugen.[174]

Generell stehen die Kriterien der Koordinationseffizienz in engem Zusammenhang mit der Motivationseffizienz. So hat zum Beispiel die Einführung von mehr Eigenverantwortlichkeit Auswirkungen auf die Koordinationseffizienz - über unmittelbare Folgen auf die Delegationseffizienz. Die größere (Entscheidungs-)Übersicht höherer Ebenen kann zugunsten größerer Vorort-Kenntnisse aufgegeben werden, wenn stärker dezentralisiert wird.[175]

Wenn in Kapitel 5.3 Methoden zur Förderung von Netzwerk-Elementen in Organisationen diskutiert werden, fließen die Effizienzkriterien zur Beurteilung ein. Sie werden im Rahmen von Überlegungen zu trade-offs zwischen einzelnen Anforderungen (z.B. Autonomie und Motivation versus Zentralisierung und Entscheidungseffizienz) berücksichtigt. Auch bei Entscheidungen hinsichtlich der Gestaltung von Strukturen, die Information, Kommunikation und Vertrauen fördern sollen, sind Effizienzkriterien gültig und zu berücksichtigen.

---

172 Frese, E., Organisation, S. 271f.
173 Hackman, R., Oldman, G., Work, S. 78ff.
174 Frese, E., Organisation, S. 272f.
175 Frese, E., Organisation, S. 274f.

3.3 Organisation und Systemtheorie

Ein Beitrag, den die Systemtheorie in Bezug auf Organisationen leisten kann, besteht darin, daß die Differenz, die einerseits zwischen Organisation und Gesellschaft besteht, und andererseits zwischen Organisation und Gruppe sowie Individuum, ernst genommen wird. Die Konsequenzen funktionaler Differenzierung für die Operationsformen der Organisationen werden erfragt, z.B. die Ausbildung eigener – eigensinniger – Kommunikationsmuster.[176] Des weiteren wird thematisiert, daß komplexe Systeme, also auch Organisationen, nicht nur von ihrer Umwelt sondern auch von ihrer Vergangenheit und von ihrer Zukunft – über Erwartungsbildung – abhängen. Die Reaktion einer Organisation auf ein externes Signal ist nicht ohne weiteres kalkulierbar.
Die Bedeutung von Strukturen und Regeln für eine Organisation wird ebenfalls deutlich. Bei Organisationsmitgliedern darf man nicht an konkrete Personen denken, sondern an die Mitglieder in ihren abstrakten Mitgliedschaftsrollen. Im Prinzip nehmen zwar beliebige Personen beliebige Rollen ein – so wie zum Beispiel durch eine seit Hunderten von Jahren bestehende Universität oder Kirche unzählige Professoren oder Prediger 'durchgelaufen' sind, ohne durch ihre persönlichen Eigenarten die jeweilige Organisationswirklichkeit groß zu beeindrucken.[177] Die Organisationen blieben weitgehend dieselben, denn es waren und sind ihre Regeln, die ihre Wirklichkeit bestimmen – amerikanisch ausgedrückt: "when placed in the same system, people, however different, tend to produce similar results."[178] Andererseits können Personen einen Unterschied bewirken: indem sie Regeln ändern oder neu schaffen. Das Potential der Personen, Veränderungen zu erwirken ist um so höher, je stärker die Personen unterschiedlichen Umweltanforderungen ausgesetzt sind, das heißt je mehr Rollenaspekte einzelne Personen bündeln, in desto mehr Rollendivergenzen und Rollenambiguitäten finden sie sich zurecht.[179] Weiter unten (Kapitel 5) wird dieser Aspekt wieder aufgegriffen, wenn die Bedeutung von persönlichen Verflechtungen, job rotation etc. diskutiert wird.

Eine systemtheoretische Einsicht ist hier zu berücksichtigen: Strukturen und Regeln zwingen die im System möglichen Prozesse in einen bestimmten Rahmen.[180] Das Ausein-

---

[176] Willke, H., Interventionstheorie, S. 140 – 146.
[177] Willke, H., Interventionstheorie, S. 150ff.
[178] Senge, P., Discipline, S. 42.
[179] Willke, H., Interventionstheorie, S. 152.
[180] Willke, H., Interventionstheorie, S.80.

anderziehen von Regeln bzw. Strukturen und Prozessen hat den Vorteil, daß sich Flexibilität und Stabilität verbinden lassen. Man kann an Strukturen und Regeln festhalten und Prozesse ändern oder an Prozessen festhalten und Strukturen oder Regeln ändern, also trotz wichtiger Änderungen bestimmte Routinen beibehalten. Bei einer Intervention kann es folglich vorteilhaft sein, die Ebenen Regeln bzw. Strukturen und Prozesse auseinander zu halten. In organisatorischen Veränderungsprozessen kann auf diesem Weg in der Praxis 'künstliche' Sicherheit geschaffen werden. Zum Beispiel kann nach einer Fusion eine Restrukturierung und Änderung der Prozesse nötig sein, jedoch werden die neuen Prozesse zuerst im Rahmen der alten Struktur eingeführt und gelebt, um die Mitarbeiter nicht durch zu viel Erneuerung auf einmal zu überfordern. Werden die Strukturen mit der Zeit an die neuen Abläufe und Prozesse angepaßt, so werden sie als sinnvolles 'Ergebnis' der Veränderung wahrgenommen. Tatsächlich aber werden die Strukturen nur chronologisch später verändert.

Ein weiterer Punkt, der für die Verwendung der Systemtheorie spricht ist, daß sie nicht nur auf die wichtige Rolle der Umwelt eingeht, sondern es auch ermöglicht, die jeweiligen Besonderheiten der Umwelt zu berücksichtigen. Interventionen in ein System machen nur Sinn, wenn sie abgestimmt sind: sowohl auf die Besonderheiten der Operationsweise des betroffenen Systems als auch auf die Besonderheiten der Dynamik seiner Umwelt. Dabei reicht es nicht aus, auf eine Abhängigkeit oder Wechselwirkung von Organisation und Umwelt zu verweisen. Hierbei ist nicht geklärt, was als stabil und eigenlogisch anzusehen ist, und was sich ändern kann. Über diesen Wechsel der Betrachtungsweise hin zu systemtheoretischer Perspektive, wird nicht nur der Wechsel von Systemfokus hin zu Umweltfokus vollzogen, sondern die Sicht des Verhältnisses zwischen Umwelt und System kann neu diskutiert werden: Wie konstituiert und erhält sich ein nicht-triviales System in seiner komplexen, dynamischen, chaotischen Umwelt. Für die Einflußmöglichkeiten kann man daraus ableiten, daß es nicht primär um (Umwelt) Anpassung geht, sondern um die Bedingungen der Möglichkeit, eine Ordnung zu konstituieren.[181] Diese Gedanken werden berücksichtigt, wenn später mögliche Methoden

---

[181] Willke, H., Interventionstheorie, S. 171-173. Dieser Gedanke wird um so wichtiger, wenn man bedenkt daß Systeme wie z.B. Familien eher Krankheit und Selbstzerstörung in Kauf nehmen, als sich auf veränderte Umweltbedingungen einzustellen, oder daß lang etablierte, erfolgreiche Unternehmen sehenden Auges auf den Ruin zusteuern, anstatt sich anzupassen. Die Frage hier ist, wie jeweils die Möglichkeit eingeschätzt wird, die interne Operationsweise und Regelungen zu beeinflussen.

und Instrumente vorgestellt werden, die den Netzwerk-Charakter von Organisationen verstärken helfen (Kapitel 5).

In der Form der Entscheidung liegen in Organisationen Elementaroperationen vor, in denen sich anonymisierende Regelhaftigkeit, systemisch sich bindende Selbstreferenz und kontrollierte Anschließbarkeit der Kommunikation verbinden. In einer Organisation ist die unvermeidbare Schlüsselstellung des Vorgangs 'Entscheiden' (nach Regeln) also offensichtlich, das Handeln von Personen wird durch Entscheidungsprämissen vorstrukturiert. Das Ändern und Auswechseln von Regeln für das Fällen und Verstehen von Entscheidungen ist demnach elementarer Bestandteil der Gestaltung einer Organisation.[182]

Aus dem oben Aufgeführten wird deutlich, warum sich die Systemtheorie gut als Basis für eine Betrachtung eignet, die organisatorische Methoden analysiert, um eine Annäherung eines Unternehmens an Netzwerk-Charakteristika erfolgreich gestalten zu können.
Systemtheorie ermöglicht, daß der Mensch als 'handelndes Subjekt' mit all seinen Eigenheiten mit ins Zentrum der Überlegungen gestellt wird; eine Forderung, die seit Heinen's entscheidungs-orientierter Betriebswirtschaftslehre anerkannt ist,[183] weil sie die "bisher entbehrte Integration unterschiedlicher disziplinärer Aspekte in einem ... Erklärungsansatz ermöglicht."[184] Die Berücksichtigung von Aspekten aus der Betriebswirtschafts- und Organisationslehre einerseits, aber auch aus Disziplinen wie der Soziologie, Psychologie, Ökonomie andererseits und im engeren der entscheidungs- und motivationstheoretischen Ansätze, die aus ihnen hervorgegangen sind, wird somit ermöglicht.

---

[182] Willke, H., Interventionstheorie, S. 154.
[183] Dülfer, E., Betriebswirtschaftslehre, S. 17.
[184] Dülfer, E., Betriebswirtschaftslehre, S. 34.

3.3.1 Organisationstheoretische Forschung umweltabhängig, engpaß-orientiert

Wie eine Betrachtung der oben vorgestellten Organisationstheorien zeigt, spiegeln diese auch gesellschaftliche Tendenzen wider. So entstand beispielsweise in der Zeit um und nach der Depression und der Inflation der 30er Jahre, also zu einer Zeit als finanzielle Mittel extrem knapp waren, der Transaktionskosten–Ansatz. Als im Zuge der Ost-West Diskussion die Frage des Wirtschaftssystems, kapitalistisch oder sozialistisch geprägt, stark diskutiert wurde, entstand hauptsächlich in den 60er Jahren der Property-Rights-Ansatz, der den Umgang mit Eigentumsverhältnissen analysiert. Als in den 70er Jahren gerade auch durch OPEC Aktionen die Abhängigkeit von externen Ressourcen stark zu spüren war, wurden ressourcenorientierte Ansätze entwickelt. Diese Parallelen erheben keinen Anspruch auf Eindeutigkeit oder gar einen Ursache-Wirkungs-Zusammenhang. Vielmehr sollen sie verdeutlichen, daß Organisations-Forschung nicht im 'luftleeren' Raum stattfindet, sondern eingebunden und Teil ist von vielschichtigen sozialen, politischen, ökonomischen und wissenschaftlichen Entwicklungen.

Diese Eingebundenheit der Organisations-Forschung gilt auch bezüglich der Aspekte Kommunikation, Information und Vertrauen. Nicht nur in einem systemtheoretisch orientierten Teil der Wirtschaft und Wissenschaft spielen sie eine Rolle. Ein Indiz dafür, daß sie auch gesellschaftlich aktuell relevant sind, zeigt sich daran, daß Stichwörter wie Informationsgesellschaft, Globalisierung, globale Umwelt und Kommunikation in politischen, sozialen und ökonomischen (Medien-)Beiträgen allgegenwärtig sind.

"Kommunikation ist die Grundlage der Gesellschaft, unserer Kultur, unserer Menschheit, unserer individuellen Identität und aller wirtschaftlichen Systeme. Das ist der Grund, weshalb Netzwerke eine so große Sache sind. Kommunikation ist der Kultur und der Gesellschaft selbst so nahe, daß die Effekte ihrer Technologisierung über das Maß eines bloßen Zyklus im industriellen Sektor hinausgehen. ... Nicht, weil sie zufällig der modische, führende Wirtschaftszweig unserer Tage sind, sondern weil ihre kulturellen, technologischen und konzeptionellen Auswirkungen an die Wurzeln unseres Lebens rühren."[185]

---

[185] Kelly, K., Neteconomy, S. 14f.

Bei der Frage, wo denn nun aktuell ein Engpaß liegt und wo dieser Engpaß auch eine theoretische Forschungslücke darstellt, werden 'Kommunikation, Information, Vertrauen' unter Bezugnahme auf folgende Felder hergeleitet: Literatur und Praxis.

- Literatur

  Für jede Entscheidung in allen Bereichen eines Unternehmens sind Informationen nötig. Seit den 70er Jahren gibt es den Ansatz, Informationen als Waffe im Wettbewerb einzusetzen. Es wird von Information als einem Produktionsfaktor gesprochen.[186] So sagt bspw. Erichson ausdrücklich: "Informationen werden .. häufig auch als eigenständiger Produktionsfaktor ... angesehen."[187]

  Die Betonung von Kommunikation und Information ist in neuerer wirtschaftswissenschaftlicher Literatur oft explizit zu finden. Im Folgenden wird lediglich ein Beispiel angeführt, das exemplarisch für diesen Trend steht: die "... Betonung des Kommunikationsaspektes läßt Management auch als einen Komplex informationeller Aktivitäten erscheinen. Es geht um Informationsbeschaffung, Informationsverarbeitung, Informationsvermittlung und Rückinformation über informationelle Wirkung."[188]

  Des weiteren wird aus organisationstheoretischer Sicht nun stärker berücksichtigt, daß bestimmte organisatorische Regeln die Dimensionen der bestehenden Kommunikationsbeziehungen zwischen Einheiten prägen.[189]

  Information und Kommunikation sind also ein wichtiger Bestandteil der aktuellen betriebswirtschaftlichen Forschung.

  Im Rahmen der Systemtheorie nach dem Luhmann'schen Ansatz fand mit der Hinwendung zur kommunikationstheoretischen Sicht und der Abwendung von der handlungstheoretischen Sicht eine besonders starke Hervorhebung von Kommunikation statt. Diese Wende wird z.B. in der Aussage 'Der Mensch kann nicht kommunizieren, nur die Kommunikation kann kommunizieren'[190] gespiegelt. Mit

---

186 Martin, W., Informationsverbraucher, S. 20; Schiemenz, B., Schönert, O., Entscheidung, S. 88.

187 Erichson, B., Hammann, P., Information, S. 153.

188 Dülfer, E., Management, S. 2.

189 Dülfer, E., Betriebswirtschaftslehre, S. 38.

190 Luhmann, N., Wissenschaft, S. 31. Menschen werden von Luhmann nicht mehr als die konstituierenden Letztelemente sozialer Systeme gesehen, sondern als weiter unterteilt in (Sub-)Systeme – z.B. physisches und psychisches Subsystem. Den Kommunikationsversuch unternimmt also nicht ein 'Mensch-an-sich', sondern das psychische System (das wiederum aus den Letzteinheiten Gedanken und Vorstellungen besteht). Was aus dem Kommunikationsversuch wird, hängt dann von den Vorstellungen und der Interpretation des psychischen Systems des Empfängers ab, von der daraus resultierenden

diesem Grundgedanken werden als Elemente sozialer Systeme dann Kommunikationen, und nicht Menschen begriffen: Soziale Systeme sind Kommunikationssysteme, die sich dadurch reproduzieren, daß sie fortlaufend Kommunikationen an Kommunikationen anschließen.[191]
Vertrauen als Mechanismus zur Erfassung und Reduktion sozialer Komplexität läßt sich in Form von Systemvertrauen "nicht nur auf soziale Systeme, sondern auch auf Menschen als personale Systeme anwenden."[192]
Kommunikation und Vertrauen sind also wichtige Bestandteile der systemtheoretischen Forschung.

- Praxis

Der Bedarf an Problemlösungen orientiert sich in der Praxis an Aufgaben, die von der Umwelt oder der vorgesetzten Instanz heran getragen werden. Im Praxisalltag können grundsätzlich funktionsfähige Konzepte oder Umstrukturierungen nicht zum Tragen kommen oder ganz scheitern, weil sich die Betroffenen nicht einbezogen fühlen (mangelnde Kommunikation, gerade auch bottom-up); weil Betroffene über mangelnde Transparenz klagen, sprich über ungenügende Information; weil generell kein Vertrauen in nicht verstandene, nicht nachvollziehbare Maßnahmen 'von oben' herrscht.
Aus diesem Grund wird immer öfter bei Projekten parallel ein Subprojekt 'Kommunikation' eingerichtet, werden 'softe Faktoren' bei Projektgestaltung und –bewertung berücksichtigt und hierarchie- und bereichsübergreifende Projekt-mitglieder gewählt.
Daß Vertrauen in der Form 'riskanter Vorleistung'[193] in der Praxis Thema ist, zeigt sich daran, daß Vorgesetzte ihre Mitarbeiter in der Regel mit Vertrauensvorschuß zur Projektarbeit delegieren und nur bei Bedarf eingreifen. Delegation wäre ohne Vertrauensvorschuß nicht möglich bzw. sinnvoll, da sie nur zu Mehrarbeit und Überlastung des Vorgesetzten führen würde, der schon zeitlich nicht in der Lage sein kann, alles zu kontrollieren.
Welche Rolle Kommunikation, Information und Vertrauen in der organisatorischen Praxis spielen und wie mit ihnen umzugehen ist beziehungsweise umgegangen

---

Rückmeldung und der Interpretation dieser Rückmeldung seitens des ursprünglichen Senders. Siehe dazu auch Kapitel 5.4.3.

191 Kneer, G., Nassehi, A., Systeme, S. 65.
192 Luhmann, N., Vertrauen, S. 23.
193 Luhmann, N., Vertrauen, S. 23.

werden kann, ist demnach wichtiger Bestandteil einer praxisorientierten Organisationsdiskussion.

Auf die Frage nach einem aktuellen Engpaß in der Organisationstheorie, sprechen diese Indizien dafür, daß hinsichtlich der Begriffe 'Information, Kommunikation, Vertrauen' weiterer Forschungsbedarf besteht.

3.3.2 Information, Kommunikation, Vertrauen

Die oben eingeführten Begriffe Information, Kommunikation und Vertrauen werden hier als Forschungs- und Praxis-Engpaß identifiziert.

Gerade auch Vertrauen wird "... a central topic in recent social science research. The importance of trust in social, economic, ... and organizational relations has been increasingly recognized, e.g. see Bianco, Blumberg, Brown, Garment, Miller, Putnam, Sitkin & Roth."[194]

Dieser eben hergeleitete Engpaß wird im Folgenden begrifflich festgelegt. Welche Besonderheiten bei der Organisationsgestaltung, beispielsweise einer Fusion, aufgrund dieser Überlegung zu berücksichtigen sind, wird später unter Berücksichtigung von Netzwerktheorien diskutiert.

3.3.2.1 Information (Begriff)

Es können mehrere Auffassungen des Informationsbegriffs unterschieden werden: üblicherweise differenziert man die Ebenen der Syntax, der Semantik und der Pragmatik. Die syntaktische Analyse bezieht sich lediglich auf Beziehungen zwischen Zeichen, Bedeutungen und Verwender werden nicht betrachtet. Die semantische Analyse bezieht die Bedeutung, die man Zeichenfolgen beimißt mit ein. Pragmatische Analysen befassen sich zusätzlich noch mit den Verwendern der Zeichenfolgen und deren Kontext.[195]

Um betriebliche Realität abzubilden, verwendet man Zeichen oder Zeichenfolgen, diese werden dann als Daten oder Nachrichten bezeichnet.

---

[194] Kramer, R., Tyler, T., Trust, S. 3.

[195] Schönert, O., Frühaufklärung, S. 82.

Das Verständnis von Information wird in den Wirtschaftswissenschaften durch eine pragmatische Hinterlegung genauer festgelegt: Informationen dienen der Vorbereitung von Handlungen, es handelt sich um zweckorientiertes Wissen. Das heißt, nicht nur die Bedeutung einer Zeichenfolge ist wichtig, sondern auch ihre Verwendung zur Problemlösung.[196]

Information bestehend aus drei Bausteinen, wobei der Problemlöser mit einbezogen ist.

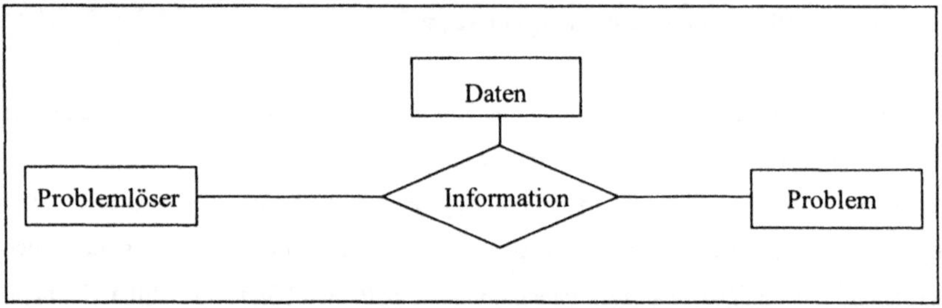

Abbildung 3-3: Information, in Schiemenz, B., Information, S. 520.

Schiemenz versteht Information als eine Relation von drei Bausteinen: Daten, Probleme und Problemlöser.

Durch die Integration des Problemlösers wird einerseits dessen wichtige Rolle bei der Entscheidung über Handlungsalternativen betont, andererseits wird seine Rolle als Selektionsmechanismus verdeutlicht: nur solche Daten werden zu Informationen, die der Entscheider auch tatsächlich benötigt, andere Daten werden von ihm oder dem System ausselektiert.

Systemtheoretisch bedeutet dies eine Reduzierung der Komplexität - hier in Form des Informationsüberflusses - die zur schnelleren, effizienteren Entscheidungsfindung beitragen kann, um so mehr dann, wenn es sich um keine einmalige Problemsituation handelt, sondern bei mehrfachem Auftauchen dieser oder ähnlicher Situationen Lernkurven bei der Generierung und Bereitstellung des Datenangebots für den Entscheider durchlaufen werden können.

---

[196] Schönert, O., Frühaufklärung, S. 82.

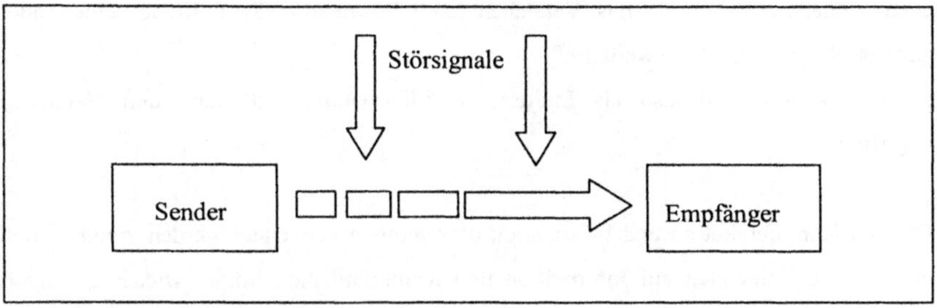

Abbildung 3-4: Kommunikationsmodell,
in Anlehnung an Shannon und Weaver, Communication, S. 16.

Laut Luhmann hilft der seit Shannon und Weaver übliche Informationsbegriff zur Verdeutlichung dafür, daß Information eine Selektion aus einem Repertoire von Möglichkeiten ist[197] – aus einem Horizont von Möglichkeiten, ist es möglich, nicht diese, sondern eine andere Information zu wählen. Diese Selektivität ist Voraussetzung für einen Kommunikationsprozeß.

Für soziale Systeme ist diese Überlegung wichtig, da dadurch hervorgehoben wird, daß die oft unterstellte Identität einer Information vom Empfänger abhängt. Dabei wird verdeutlicht, daß die Identität dessen, was übertragen wird für den Absender und Empfänger nicht dieselbe sein muß – und oft nicht ist. Vielmehr besteht die Tatsache, daß Daten für Absender und Empfänger sehr Verschiedenes bedeuten können. Die Selektionsleistung liegt also beim Empfänger, es handelt sich um eine aktive Wahrnehmung und Interpretation durch ein System.

3.3.2.2 Kommunikation

Kommunikation wird als dreistellige Einheit behandelt, drei Selektionen müssen zur Synthese gebracht werden, damit Kommunikation als emergentes Geschehen zustande kommt. Die erste Selektion wurde eben dargestellt, es ist die Selektivität der Information selbst – z.B. welche Daten werden übertragen oder angenommen. Die zweite ist die Selektion der Mitteilung – eine Information kann z.B. mündlich oder schriftlich mitgeteilt, geflüstert oder geschrien etc. werden. Die dritte Selektion ist die Erwartung

[197] Luhmann, N., Systeme, S. 194f.

einer Annahmeselektion – das Verstehen; eine Information kann in der einen oder anderen Weise verstanden werden.[198]
Kommunikation wird also als Einheit aus Information, Mitteilung und Verstehen begriffen.[199]

Obwohl Kommunikation und Information oft synonym verwendet werden können, muß dennoch im Folgenden auf Information und Kommunikation immer wieder gesondert eingegangen werden, weil:

- bei Informationen das *gemeinsame* Verstehen, die Wichtigkeitszuschreibungen fehlen; die Interpretationsleistung ist noch offen. [200]
- die Art wie Daten oder eine Information weitergegeben werden, eine große Rolle spielt. So zeigt z.B. Schulz von Thun's Kommunikationmodell,[201] daß die Art der Mitteilung und die konkrete Situation die Interpretation beeinflussen. Erfolgt eine andere Interpretation als erwartet worden war, so liegt ein Mißverständnis vor. In diesem Fall hat das Verstehen nicht stattgefunden.
- Kommunikation auch nicht zweckorientierten Wissens (Nicht-Informationen) für Vertrauen- und Netzwerkbildung förderlich sein kann. Nicht zweckorientiert wird hier im Sinne von nicht direkt handelnsvorbereitend verstanden: es geht z.B. um Informationen der persönliche Ebene; gerade diese können aber wichtig für die Reputation sein und zur Vertrauensbildung beitragen.

Kommunikation ist für Organisationen aus systemtheoretischer Sicht auch unter dem Aspekt der Grenzfindung von Bedeutung. Organisationen differenzieren sich gegenüber diffuser Interaktion, wenn Kommunikationsprozesse in der Interaktion die Komponenten der Grenze, der Elemente, der Strukturen und der Identität reflexiv konstituieren. Aus der Verkettung dieser Komponenten erwächst dann eine Organisation.[202]

---

198 Kneer, G., Nassehi, A., Systeme, S. 81.
199 Luhmann, N., Systeme, S. 196ff.
200 Luhmann, N., Systeme, S. 191 – 225.
201 Die vier Ebenen von Schulz v. Thun werden hier anhand seines Beispiels gezeigt: Sach-, Du-, Ich-, Wir-Ebene des Satzes "Die Ampel ist längst grün", können als Nachricht oder Botschaft haben, daß gerade grün wurde, (Sachinhalt), daß der Fahrer zu langsam reagiert oder fährt (Appell - Du), daß der Sprecher es eilig hat (Selbstoffenbarung - Ich), daß zwischen den beiden, Fahrer-Beifahrer, ein Problem auf der interpersonellen Beziehungsebene herrscht (Beziehung – Wir). Vier verschiedene Interpretationen bzw. Botschaften einer Äußerung. In: Schulz, v. T. F., Miteinander, S. 25 – 81.
202 Teubner, G., Netzwerke, S. 541.

3.3.2.3 Vertrauen

Generell wird in der wirtschaftswissenschaftlichen Diskussion die Bedeutung von Vertrauen zunehmend anerkannt, wie die Redeweise von Vertrauen als "Ware", als "soziales Kapital", oder schlicht als "Vertrauenskapital" verdeutlicht.[203] Vertrauen wird sogar schon als Ressource bezeichnet.[204]

Genauer erfährt der Begriff des Vertrauens gerade auch in der organisationstheoretischen und sozio-ökonomischen Literatur gegenwärtig eine beeindruckende Konjunktur, es handelt sich offenbar um einen der wichtigsten Begriffe zur Erklärung neuer Formen der Kooperation.[205]

Kommunikation ist eine Basis von Vertrauen, "it is evident that mutual trust can be established in people with individualistic orientations through communication."[206] Dabei ist Kommunikation in dem Ausmaß effektiv, in dem es gelingt, vier Basisaspekte von Vertrauen zu vermitteln. Diese vier Aspekte sind die Absicht, die Erwartung, die geplante Vergeltung im Falle nicht erfüllter Erwartung und die Art der Wiederaufnahme von Beziehungen nach nicht erfüllter Erwartung.[207]

Im Zusammenhang mit Informationsarbeit ist Vertrauen "nach Ansicht vieler Fachleute erforderlich, damit wir auch im Zustand weitgehender informationeller Unsicherheit über die Funktionsweise der Informationsmaschinen bzw. technischen Informationsassistenten mit ihnen umgehen und leben können."[208]

Sjurts spricht von Vertrauen, wenn in einer Beziehung eigennutzorientierter Individuen ein Partner eine einseitige Vorleistung erbringt. Vertrauen in diesem Sinne kann auch als zeitlich versetzter sozialer Tausch bezeichnet werden. Der vertrauende Partner erweist einen 'Vertrauensvorschuß', die Möglichkeit der nicht erwartungsgemäßen Handlung des Partners begründet das 'Vertrauensrisiko'. Der Schaden, den der Vertrauende im Fall der Nichterfüllung erleidet, ist dabei größer als der Nutzen der aus der Vertrauensbestätigung resultiert.[209]

---

[203] Loose, A., Sydow, J., Vertrauen, S. 164.
[204] Beckert, J., Metzner, A., Roehl, H., Vertrauenserosion, S. 58.
[205] Bachmann, R., Koordination, S. 108.
[206] Deutsch, M., Trust, S. 312, 291.
[207] Deutsch, M., Trust, S. 312.
[208] Kuhlen, R., Informationsassistenten, S. 9.
[209] Sjurts, I., Vertrauen, S. 285f.

Vertrauen bedeutet für Gambetta, daß die Wahrscheinlichkeit, daß ein Transaktionspartner Handlungen erbringt, die dem anderen zum Vorteil gereichen so hoch eingeschätzt wird, daß eine Kooperation eingegangen wird. Vertrauen wird also als eine Erwartungshaltung verstanden, die Befürchtungen verringert, daß der Partner opportunistisch handeln wird.[210]

Auf die Vorteile, die der Kontrollmechanismus Vertrauen liefert, weist Arrow hin: "Trust is an important lubricant of a social system. It is extremely efficient; it saves people a lot of trouble to have a fair degree of reliance on other people's word. Unfortunately this is not a commodity which can be bought very easily."[211]

Nach Zucker gibt es drei Möglichkeiten, wie Vertrauen – als Erwartungshaltung, die von allen Tauschbeteiligten geteilt wird – entstehen kann. Prozeß-basiertes Vertrauen resultiert aus sich wiederholenden Transaktionen, charakter-basiertes Vertrauen stützt sich auf gesellschaftliche Ähnlichkeiten, institutionen-basiertes Vertrauen ist an soziale Strukturen gebunden. Institutionen, die Vertrauen produzieren sind z.B. "institutions that produced trust, such as professions, bureaucracies ...".[212]

Auch Giddens sieht Vertrauen als Ergebnis sozialer Konstruktion der Akteure. Aufgrund praktischer Erfahrungen wird Glauben an die Redlichkeit, Integrität und Verläßlichkeit anderer Akteure, an die Richtigkeit, Gültigkeit und Adäquanz geteilter abstrakter Prinzipien begründet. Vertrauen "may be defined as confidence in the reliability of a person or system, regarding a given set of outcomes or events, where that confidence expresses faith in the probity ... or in the correctness of abstract principles (technical knowledge)."[213]

Aus systemtheoretischer Sicht ist Vertrauen ein Mechanismus zur Reduktion sozialer Komplexität, andere Mechanismen sind beispielsweise Recht und Organisation.[214] Vertrauen hat die Funktion, Komplexität zu erfassen und zu reduzieren, mit größerer Komplexität in bezug auf Ereignisse zu leben und zu handeln, die Toleranz für Mehrdeutigkeit zu erhöhen.[215] Vertrauen läßt sich erweitern zu "Systemvertrauen neuer Art", das bedeutet einen bewußt riskierten Verzicht auf mögliche weitere Informationen, auf laufende

---

210 Gambetta, D., Trust, S. 217.
211 Arrow, K., Organization, S. 23.
212 Zucker, L., Trust, S. 54.
213 Giddens, A., consequences, S. 34.
214 Luhmann, N., Vertrauen, S. 1-8.
215 Luhmann, N., Vertrauen, S. 16.

Erfolgskontrolle.[216] Besonders in großen Organisationen mit Hierarchieebenen und regelmäßiger Delegation wird diese Art Vertrauen unerläßlich sein, da Entscheider oft die (zeitliche) Kapazität nicht haben, stets über alles informiert zu werden, sondern darauf angewiesen sind, daß Mitarbeiter delegierte Aufgaben wie 'anvertraut' erledigen. So gesehen bedeutet eine Delegation einen Vertrauensvorschuß, eine "riskante Vorleistung".[217]

3.3.2.4 Systemtheorie und Fusion

Aus systemtheoretischer Sicht ist eine Fusion eine ambivalente Situation. Einerseits stellt sie den Versuch dar, mit gestiegener Dynamik und Komplexität des Umfeldes, des Marktes fertig zu werden, indem sich zwei Unternehmen zusammenschließen. Andererseits wird erhöhte Komplexität intern wahrgenommen, Veränderungs- und Anpassungsprozesse stehen aus, Regelwerke müssen überdacht und zumindest für eines der Unternehmen neu definiert werden.

Soziale Situationen, die durch Dauer der Beziehung, wechselseitige Abhängigkeit und ein Moment der Unvorhersehbarkeit ausgezeichnet sind, sind ein guter Nährboden für Vertrauensbeziehungen.[218] Gegenseitige Abhängigkeit zwischen Transaktionspartnern fördert Vertrauen.[219] Wenn Preis, Weisung und Vertrauen als separate aber oft miteinander verwobene Koordinationsmechanismen gesehen werden, so hilft diese Perspektive, den intra- und inter-organisatorischen Kenntnisstand zu verbessern,[220] organisatorische Konstrukte zu finden, die einerseits die bekannten Koordinationsmechanismen Preis und Weisung in Unternehmen spiegeln und zusätzlich über Zusicherung von Dauer und Schaffung von Abhängigkeiten (und de facto gegebene Unvorhersehbarkeit), die Grundlage für den Koordinationsmechanismus Vertrauen legen. Gewinn und Rationalität vertrauensvollen Handelns bedeuten dabei nicht nur eine Effizienzsteigerung,[221] auch der Handlungsspielraum um Möglichkeiten, die ohne Vertrauen unattraktiv wären, wird erweitert und Gefahren werden neutralisiert, indem bestimmte Entwicklungen ausgeschlossen werden können.[222]

---

216 Luhmann, N., Vertrauen, S. 23.
217 Luhmann, N., Vertrauen, S. 23.
218 Luhmann, N., Vertrauen, S. 39.
219 Bradach, J., Eccles, R., Ideal types, S. 286.
220 Bradach, J., Eccles, R., Ideal types, S. 287.
221 Arrow, K., Organization, S. 23.
222 Luhmann, N., Vertrauen, S. 25, 26.

In der vorliegenden Arbeit wird diskutiert, welche Auswirkungen die Berücksichtigung der drei Faktoren Information, Kommunikation, Vertrauen auf die Ausgestaltung einer Organisation Unternehmen hat, inwieweit die Überlebensfähigkeit oder der Erfolg eines – im vorliegend erwähnten Beispiel: fusionierten – Unternehmens von Information, Kommunikation und Vertrauen beeinflußt werden kann, die als 'Ressourcen' noch vergleichsweise unerforscht sind.
Die weitere theoretische Annäherung wird dabei über die Entwicklung eines gedanklichen Konstrukts, des Netzwerkes, in Kapitel 4 erfolgen.

3.3.2.5 Interventions- und Steuerungsmöglichkeiten nach Systemtheorie

"Es gibt keine anerkannte Theorie der Intervention oder des Managements komplexer Systeme."[223] Nichttriviale Systeme entziehen sich der einfachen input-output Schematik. Nicht der Intervenierende verändert ein zu veränderndes nichttriviales System, sondern dieses kann sich nur selbst verändern. Bei Organisationen handelt es sich um nichttriviale Systeme, die nicht *gezielt* von 'außen' umgepolt, verändert und / oder umstrukturiert werden können.[224] Die Folgen einer Intervention sind kaum prognostizierbar – mit Sicherheit wird durch eine Intervention eine Organisation verändert. Ob die Veränderung aber in die erwartete bzw. gewünschte Richtung erfolgt, bleibt zunächst abzuwarten.

---

[223] Willke, H., Interventionstheorie, S. 69.
[224] Willke, H., Interventionstheorie, S 30 – 34.

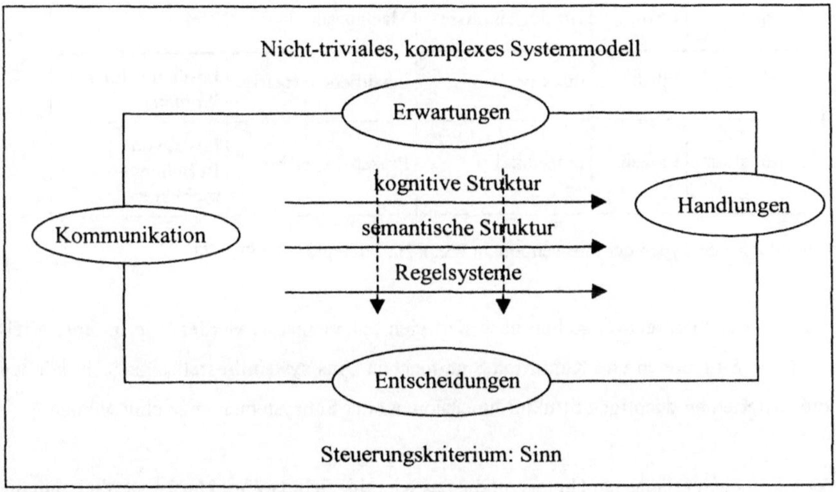

Abbildung 3-5: Nicht-triviales, komplexes Systemmodell,
Willke, Interventionstheorie, S. 34.[225]

Sieht man Kommunikationen als zentrale Elemente eines Systems, einer Organisation, dann muß jede Veränderung des Systems vorrangig eine Veränderung der Kommunikationsmuster, -strukturen und -regeln bedeuten.[226]

Intervention macht nur Sinn, wenn sie auf die Besonderheiten der Operationsweise des Systems und seiner Umwelt abgestimmt ist.[227] Typen der Intervention sind von Prein idealtypisch klassifiziert worden, in die indirekte Form der Intervention, die prozeßorientiert und auf Beziehungen von Organisationsmitgliedern zielt, und in eine vermittelnde direktere Form der Intervention, die stärker inhaltsbezogen orientiert ist.

[225] Sinn als Steuerungskriterium, wie ist er zu schaffen, wie kann er gefördert werden; wird in Kapitel 5 im Zusammenhang mit Methoden zur Förderung von Netzwerk-Charakteristika aufgegriffen, besonders die Aspekte Sozialisation und Implementation.

[226] Willke, H., Interventionstheorie, S. 36.

[227] Willke, H., Interventionstheorie, S. 171.

Strategie	Fokus	Art des Einflusses	Machtbasis	Ziel
Vermittlung	Inhalt	direktiv	inhaltliche Expertise	Lösen inhaltlicher Probleme
Konsultation	Prozeß	prozedural	Prozeß-Expertise	Lösen von Beziehungs-problemen

Abbildung 3-6: Typen der Intervention, in Prein, H., Strategies, S. 699 – 720.[228]

Formen der Intervention sollten nach Kriterien unterschieden werden, die in einer Vielzahl von Situationen und Kontexten Sinn machen. Aus systemtheoretischer Sicht können die Kriterien an wichtigen Strukturdimensionen oder Subsystemen angelehnt werden.

Vor dem eben erläuterten Hintergrund ist es wichtig, sich darüber klar zu werden, daß die Situation von Organisationen beziehungsweise Unternehmen nicht mittels einfacher input-output Überlegungen verbessert werden kann, auch nicht in Bezug auf die Gestaltung der Organisationsstruktur – also nicht, höhere finanzielle Anreize bedeuten mehr Leistung, mehr Einbringen von Erfahrung und Kompetenz (z.B. in Form von Treueprämien für Verbleib in der neuen Firma nach einer Fusion).
Vielmehr ist es wichtig, die Differenz zwischen zum einen Organisation und Gruppe, zum anderen Organisation und Individuum und schließlich Gruppe und Individuum ernst zu nehmen.[229] Des weiteren bleibt zu fragen, wie vor diesem Hintergrund der Nutzen von Kooperation auch bei Interessenwidersprüchen verdeutlicht werden kann, wie umfassende Hierarchien zugunsten flexibler Modelle mit eigenverantwortlichen und selbst-organisierenden Akteuren geschaffen werden können.[230]

Hier wird diese Frage über eine Annäherung aus Netzwerkperspektive diskutiert.
Kommunikation, Information und Vertrauen spielen dabei sowohl praktisch als auch theoretisch eine Rolle. Vertrauen wird als das Hauptmerkmal vorgestellt werden, das

[228] Prein, H., Strategies, S. 699 – 720.
[229] Willke, H., Interventionstheorie, S. 140.
[230] Willke, H., Interventionstheorie, S. 200.

Netzwerk als dritten idealtypischen Koordinationsmechanismus - neben Markt und Hierarchie - etabliert (Kapitel 4.6). Besonders für organisationstheoretische Überlegungen spielen Kommunikation, Information und Vertrauen eine große Rolle, da netzwerknahen Organisationen hier eine höhere Kapazität zugeschrieben wird.[231]

Organisatorische Gestaltungsempfehlungen werden dann aus Netzwerk-Perspektive möglich. Die in diesem Kapitel vorgestellten Effizienzkriterien dienen als Maßstab für die ökonomische Sinnhaftigkeit der Organisationsempfehlungen und werden in diesem Sinn in Kapitel 5 wieder aufgegriffen.

---

231 Powell, W., Netzwerkartige, S. 225; Jarillo, C., Networks, S. 36f.

4 Netzwerk

Im Folgenden werden verschiedene Ansätze, aus denen Netzwerktheorien entwickelt wurden, oder die mit ihnen verwandt sind, kurz vorgestellt. Dabei soll zunächst verdeutlicht werden, wie breit die Auffassung dessen ist, was unter dem Begriff 'Netzwerk' verstanden wird.
Und es stellt sich heraus, daß als kleinster gemeinsamer Nenner die Bedeutung des Konstruktes Netzwerk für *Information* und *Kommunikation* stets als hoch eingeschätzt wird.

Netzwerk wird hier als abstraktes gedankliches Konstrukt verstanden, das zur Annäherung an das Thema hilfreich ist.
In Anknüpfung an Powell und Williamson wird eine Netzwerkdefinition jenseits des Hybridverständnisses, als eine auf dem Kontinuum zwischen Markt und Hierarchie liegende, entwickelt. Analog zu den Koordinationsinstrumenten Preis bzw. Weisung in Markt bzw. Hierarchie, wird in Netzwerken *Vertrauen* als Koordinationsinstrument verstanden. In diesem Sinne wird Vertrauen also das konstituierende Hauptmerkmal von Netzwerken.[232]

Danach wird im Rahmen der hier verwendeten Netzwerkdefinition der *Zustandsraum* verwendet: darin werden Netzwerke als Idealtyp, als dritter eigenständiger Koordinationsmechanismus neben Markt und Hierarchie verstanden. Der Raum, der durch diese drei Achsen entsteht, soll als Zustandsraum bezeichnet werden.

4.1 Netzwerke - empirische Tendenzen

Die Formen, Ursachen und Ausprägungen der Organisationsform Netzwerk und die Verwendung des Begriffes sind sehr vielfältig. Im Sprachgebrauch stehen Netzwerke für viele Arten von Kooperationen, Zusammenschlüssen und gegenseitig abhängigen Unternehmen. Entsprechend schwierig ist es, empirische Daten auf Netzwerke zu beziehen

---

[232] Sydow, J., Windeler, A., Steuerung, S. 13; Powell, W., Network forms, S. 300 - 304; Gerum, E., Achenbach, W., Opelt, F. Regulierung, S. 266 – 270.

oder statistische Daten auszuwerten. Die unten angeführten Zahlen sollen daher nur beispielhaft zeigen, daß Kooperation in vielfacher Art und Weise zunimmt und an Bedeutung gewinnt. Aufgrund der Vielfältigkeit der Ausgestaltung der Formen der Kooperation erscheint eine einheitliche theoretische Annäherung an das Thema zunächst schwierig. Daher erfolgt in dieser Arbeit eine Konzentration auf ein enges, abstraktes Netzwerkverständnis; über eine enge, abstrakte, idealtypische Definition des gedanklichen Konstruktes Netzwerk[233] wird gezeigt, daß in allen Realtypen, also in allen Unternehmen, stets sowohl Markt- als auch Hierarchie- als auch Netzwerk-Elemente gleichzeitig vorhanden sind. Diese drei-polige Betrachtung ermöglicht dann eine theoretische Einbeziehung von Kooperations-, bzw. Netzwerk-Überlegungen.

Die ökonomische Theorie bezüglich Netzwerken entwickelt sich, da Netzwerk-Überlegungen eine ständig wachsende Rolle für Unternehmens-Strategien spielen.
Die folgenden empirischen und statistischen Indizien werden angeführt, um zu zeigen, daß eine Entwicklung hin zu mehr Netzwerkelementen (bewußt oder unbewußt) in globalen Unternehmen stattfindet. Ausländische (Direkt-)Investitionen nehmen zu, sei es in Form von Joint Ventures, Übernahmen oder Fusionen: es entstehen immer mehr globale Firmen mit Netzwerkcharakter – zumindest in Teilen oder als Ziel. Da in dieser Arbeit Fusionen als Beispiel immer wieder angeführt und aus Netzwerk-Perspektive betrachtet werden, dominieren sie die folgenden Ausführungen.
'Multinationals' werden zunehmend wichtiger, sie stehen für einen wachsenden Teil der Produktion und Beschäftigung in OECD Ländern, so z.B. lag der Anteil der Multinationals an 'manufacturing output' in America 1996 bei 15.8%, gestiegen von 13.2% 1989 und 8.8% 1985.[234] Die Fakten sollen das Wachstum der multinationalen Unternehmensnetzwerke in ein positives Licht stellen. Fakt eins[235] zeige, daß ausländische Firmen in der Regel höhere Gehälter als der nationale Durchschnitt beträgt, zahlen. Fakt zwei sei, daß in den meisten Ländern Arbeitsplätze schneller durch ausländische Netzwerke als durch nationale Firmen geschaffen werden, Fakt drei sei, daß ausländische Firmen stark in Forschung und Entwicklung investieren und Fakt vier zeige, daß sie mehr exportieren als inländische Firmen. Die britische Zeitschrift 'The Economist' schließt aus

---

233 Die Definition des Begriffs Netzwerk (Analog zum hier verwendeten engen Verständnis von Markt und Hierarchie) findet unter Punkt 4.6 im Rahmen der Vorstellung des Zustandsraums statt.
234 Ohne Verfasser, Globalization, S. 87, Laut dem Economist vom 8.1.2000 sind die Zahlen von 1996 die neuesten verfügbaren Zahlen.
235 OECD Statisik in: Ohne Verfasser, Globalization, S.87.

diesen Fakten, daß sogar "most committed globaphobes... find it difficult to put a negative gloss on all this evidence. ... If facts have any power to persuade, globalization's harshest critics ought to be changing their minds...".[236]

Die Anzahl der globalen grenzübergreifenden Zusammenschlüsse ist mit ca. 5100 im Jahr 1999 zwar konstant geblieben, aber ihr Wert ist um 47 % auf eine Rekordhöhe von 798 Milliarden US$ gestiegen. Großbritannien (245 Milliarden US$), die USA (155 Milliarden US$) und Deutschland (93 Milliarden US$) sind dabei die Länder, die am meisten erwerben.[237] Im Jahr 2000 mit einem 'frenetic pace of mergers' ist der Wert auf eine neue Rekordhöhe von 3470 Milliarden US$ gestiegen.[238]

Dabei ist zu berücksichtigen, daß Fusionen oft inhaltlich-strategisch motiviert sind. Die Strategie der kompletten organisatorischen vertikalen Integration, wie sie z.B. in der konsumorientierten Branche zu finden ist, wo interorganisationale Informationssysteme eingesetzt werden können, verspricht dort Einsparungen und ROI Verbesserungen.[239] In dieser Branche fokussierte Kernkompetenzen sind also eher in den Bereichen der Distribution zu sehen. In technologisch orientierten Industrien ist eine organisatorische vertikale Integration problematisch: Sie kann dazu führen, daß eine Firma ihre Spitzenposition bei technologischen Entwicklungen verliert, weil eine Fokussierung auf eine Technologie stattgefunden hat und man sich von den Ergebnissen der Forschung und Entwicklung unabhängiger Lieferanten ausgeschlossen hat, indem man zum Konkurrenten wurde. Daher werden die Entwicklungen langfristiger Beziehungen mit Lieferbetrieben angestrebt,[240] die Lieferfirmen bleiben selbständig. Fusionen in technologischen Industrien finden gerade auch unter Firmen der gleichen Produktionsstufe statt. Forschung und Entwicklung werden in technolgie-orientierten Branchen zu den Kernkompetenzen gerechnet.

Dabei bleibt zunächst offen, wie der Aufbau und die Führung eines Netzwerkes aussehen können, wie Organisationsstrukturen und Beziehungen zu gestalten und ob über Eigentumsrechte, Besitzverhältnisse, Liefer- oder Lizenzverträge oder Anreiz–Beitrags Mechanismen zu führen sei, welches die relevanten Kriterien bei der Frage nach der Organisationsgestaltung sein sollen.

---

236 Ohne Verfasser, Globalization, S. 88.
237 Ohne Verfasser, Mergers, S. 24.
238 Ratner, J., Year, S. II.
239 Hayes, R., Abernathy, W., Managing, S. 72ff.
240 Hayes, R., Abernathy, W., Managing, S. 72-77.

4.2 Netzwerke und Kooperation

Frühere Ansätze, die sich mit Kooperation und Koordination auseinandersetzten, bevor das Schlagwort 'Netzwerk' allgegenwärtig wurde, waren Überlegungen zu Kooperativen. Im Folgenden wird kurz darauf eingegangen, welche Elemente die Netzwerk-Ansätze von den Überlegungen zu Kooperativen (bewußt oder unbewußt) übernommen haben, und wo sie sich unterscheiden.

Im weiteren Sinn sind betriebliche Kooperative all jene Formen der Kooperation, bei denen ein "aktionsorientierter Zusammenschluß von Wirtschaftssubjekten in der Errichtung einer zusätzlichen Operationseinheit, der sog. 'Organbetrieb', auch einen institutionellen Ausdruck mit spezifischen funktionalen Konsequenzen in der (zwischen-) betrieblichen Zusammenarbeit findet."[241] Wichtig ist in diesem Zusammenhang, daß von der Annahme Abstand genommen wird, eine einzelne Unternehmung verfolge ausschließlich das Gewinnziel. Als Ausgangs- und Orientierungspunkt unter-nehmerischen Handelns werden nun multivariable Zielsysteme angenommen,[242] gerade die Frage nach einer sinnvollen Auflösung gegenläufiger Interessen rückt in den Mittelpunkt. Ohne Kenntnis der Ziele eines Individuums wird es kaum möglich sein, seine Handlungsweise zu erkennen oder zu gestalten.[243] Die Existenz mehrerer Ziele kann darauf zurückzuführen sein, daß eine Person mehrere Ziele hat (intrasubjektive Multivariabilität) oder, daß mehrere Zielträger mit je einem Ziel vorhanden sind (intersubjektive Multivariabilität) oder, daß beides gleichzeitig gegeben ist.[244] Wie die Ziele einzelner miteinander in Beziehung stehen und wie das Zielsystem einer Organisation mit netzwerknahen Elementen aussehen kann, darauf wird in Kapitel 5.3.6 eingegangen.

Die Existenz eines gemeinsamen Ziels kann auch als der erste Punkt angeführt werden, wo sich das hier verwandte Netzwerk-Verständnis von Kooperativen unterscheidet. Während eine der Voraussetzungen zur Entstehung von Kooperativen ist, daß sich Personen mit mindestens einem gemeinsamen Ziel zusammenschließen,[245] wird hier davon ausgegangen, daß Ziele in Netzwerken erst zu definieren und zu schaffen sind. Da der Begriff 'Netzwerk' hier nicht als bestimmte reale Erscheinung verstanden wird, sondern als 'nicht-realer' Idealtyp, ist es eine der Aufgaben der Organisation, eine Struktur

---

241 Dülfer, E., Betriebswirtschaftslehre, S.18, 19.
242 Dülfer, E., Betriebswirtschaftslehre, S. 18.
243 Schiemenz, B., Betriebskybernetik, S. 117.
244 Schiemenz, B., Betriebskybernetik, S. 170.
245 Dülfer, E., Betriebswirtschaftslehre, S. 24.

zu finden, die es einem realen Unternehmen ermöglicht, sich dem Idealtyp anzunähern – zum Beispiel eben über entsprechende Gestaltung des Zielsystems. Diese präskriptive Ausrichtung der Arbeit ist Basis für die unter Kapitel 5 vorgestellten organisatorischen Methoden zur Förderung von Netzwerk-Charakteristika.

Organbetriebe, wie sie in Kooperativen üblich sind, gibt es in Netzwerken nicht. Ziel ist vielmehr mittels Kontextsteuerung zu erreichen, daß Selbstabstimmung untereinander vorherrscht, Aufgaben je nach Situation verteilt werden und nicht eine Institution stets bestimmte betriebswirtschaftliche Funktionen zu erfüllen hat.

Gemeinsam ist beiden Ansätzen, daß durch gemeinsame Aktionen und / oder gegenseitige Unterstützung die wirtschaftliche Lage verbessert werden soll.[246]

Obwohl die Begriffe Kooperation und Netzwerk also zu unterscheiden sind, gibt es dennoch Ansätze zu Kooperationen, die auch für Netzwerküberlegungen ihre Wichtigkeit behalten: die verhaltenswissenschaftlichen Überlegungen und ihre Auswirkungen auf Informations- und Kommunikationsverhalten. Nicht zuletzt aus diesem Grund rückt in beiden Bereichen die systemtheoretische Betrachtungsweise immer stärker in den Vordergrund. Überlegungen zu Zielsystemen, Motivation, Homogenität und Kohäsion der Mitglieder und 'benefit sharing' entsprechen im Rahmen von Netzwerktheorien in weiten Teilen jenen der Kooperationsansätze. Interpersonelle Beziehungen, Entscheidungsverhalten und Motivations- und Zielproblematiken spielen bei beiden eine große Rolle, was auch bedeutet, daß die organisationstheoretischen Entwicklungen hin zu z.B. 'human relations' und Motivationstheorien entsprechend wichtig sind. Dülfer stellt aus diesem Grund 'Mensch-Modelle' vor, die helfen, motivationale Ansätze der modernen Organisationstheorie zu berücksichtigen.[247] Auf diese Modelle wird in Kapitel 5 zurückgegriffen, wenn es darum geht, organisatorische Methoden zu entwickeln, die Netzwerkcharakteristika verstärken können, da die konkrete Ausfüllung eines Zielsystems die interpersonalen und inter-organisatorischen (im Sinne von Abteilungen, Bereichen) Interessen berücksichtigen muß.

---

[246] Dülfer, E., Betriebswirtschaftslehre, S. 24f.

[247] Dülfer, E., Betriebswirtschaftslehre, S. 164ff, z.B. Madsen mit primären und sekundären Motiven, Delhees mit biologischen und psycho-sozialen Motiven, McClelland und Herzberg mit den Zwei-Faktoren-Theorien oder Maslow mit der Bedürfnispyramide.

Für beide, Netzwerk- und Kooperationsansätze, gilt gleichermaßen, daß das Fließgleichgewicht des Kommunikationssystems abgestimmte Verhaltensweisen voraussetzt, daß ausreichender Interessenausgleich zwischen den Beteiligten gegeben sein soll. Während Dülfer diese Aufgaben bei Kooperativen in den Bereich von organisations- und zivilrechtlicher Ordnung und Verträgen plaziert (OKS),[248] wird bei Netzwerken diese Aufgabe über Kontextsteuerung und Strukturgestaltung der Organisation wahrgenommen. Die Frage der Organisationsgestaltung wird über organisatorische Methoden und Regeln in netzwerknahen Organisationen verfolgt. Auf Methoden und Maßnahmen der Organisationsgestaltung, die hier zur Verfügung stehen, wie personelle und finanzielle Verflechtungen, Öffnung der Kommunikation etc. wird in Kapitel 5 eingegangen.

4.3 Netzwerke als Verhandlungssysteme

Ein Netzwerk als Verhandlungssystem kann idealtypisch als polyzentrisch kollektiver Akteur definiert werden. Es handelt sich um quasi-institutionalisierte Formen autonomer Akteure, die sich selbst Ziele setzen.[249]

Zur idealtypischen Definition eines Netzwerks als Verhandlungssystem lassen sich folgende acht Punkte nennen:

1. Alle am Verhandlungssystem beteiligten Akteure sollten gleich mächtig sein.
2. Alle Akteure einigen sich auf einen Mediator (primus inter pares).
3. Teilnehmer an Verhandlungssystemen sind Agenten teilautonomer Einheiten, die die Macht besitzen, Verhandlungsergebnisse in ihren Korporationen durchzusetzen.
4. Die Anzahl der Akteure im Verhandlungssystem muß so begrenzt sein, daß face-to-face Interaktion möglich ist.
5. Ethische Fragen, im Sinne nicht kompromissfähiger Fragen, werden ausgeklammert.
6. Eine kontinuierliche Beteiligung gleicher Akteure ist zu gewährleisten, damit sich ein Verhandlungssystem als eigenständige Gruppe etablieren kann.
7. Verhandlungssysteme sind problemlösungs- und verhandlungsgegenstand-orientiert, das heißt die Themen sind gegeben; es geht nicht um die Verteilung von Organisationsgeldern.

---

248 Dülfer, E., Betriebswirtschaftslehre, S. 121ff, OKS = Organisationsrechtliches Kommunikationssystem.
249 Wilkesmann, U., Organisationen, S. 56.

8. Zwischen einzelnen Akteuren eines Verhandlungssystems müssen (zeitlich getrennte) Koppelgeschäfte möglich sein.[250]

Diese idealtypische Definition ist relativ weit entfernt von einer Organisation, in der hierarchische Elemente gegeben sind und sein müssen, um entscheidungs- und handlungsfähig zu bleiben und die sich lediglich an den Netzwerk-Charakter annähern möchte, um Information- und Kommunikationsvorteile zu erzielen. Dennoch kann im Rahmen von Integrations-Gestaltungsmaßnahmen und fusionsorganisatorischen Entscheidungen nicht auf Elemente verzichtet werden, die aus der Verhandlungssystem-Perspektive stammen, besonders die Punkte 3, 4, 6 und 7 sind hier zu nennen.

4.4 Netzwerke als methodische Kategorie zur Analyse von Interaktionsbeziehungen

Netzwerke können in Form von Soziogrammen oder Matrizen abgebildet werden. Ein totales Netzwerk wird definiert als "totality of all the units connected by a certain type of relationship."[251] Das heißt, die Einheiten und die zwischen ihnen existierenden Beziehungen konstituieren gemeinsam ein Netzwerk. Die Zentralität eines Akteurs kann in einem Netzwerk als die totale Anzahl direkter Verbindungen zu anderen Akteuren definiert werden.[252] Die Betrachtung eines partiellen Netzwerkes liegt vor, wenn einige bestimmte Beziehungsarten aus dem totalen Netzwerk herausgegriffen werden.[253] Bei der partiellen Betrachtung eines Netzwerkes ist es dann wichtig, die Netzwerkdichte bei der Bestimmung eines geeigneten Aggregationsniveaus zu berücksichtigen. Dabei spielt die Konnektivität eine große Rolle. Konnektivität bezeichnet die Anzahl der Beziehungen zwischen Elementen, bei n Elementen beträgt sie maximal $n \bullet (n-1)$. Das Aggregationsniveau ist bei einer Betrachtung dann so zu wählen, daß die Konnektivität innerhalb des partiellen Netzwerkes möglichst groß ist.[254]

---

[250] Wilkesmann, U., Organisationen, S. 56f.
[251] Jay, E., Network, S. 138.
[252] Aldrich, H., Whetten, D., Organization-sets, S. 398f. Aldrich / Whetten nützen dabei die sog. Pfaddistanz, Pfaddistanz 2 bedeutet z.B. daß zwei Punkte nur über einen Zwischenpunkt erreicht werden können. Dabei gilt, je länger der Weg von einem Akteur zum anderen, desto schwächer die Bindung.
[253] Wilkesmann, U., Organisationen, S. 59.
[254] Schiemenz, B., Handhabung, S. 107f.

Neben der Definition des Netzwerkbegriffs als Steuerungs- oder Verhandlungssystem kann er auch als Methode zur Analyse von Interaktionsstrukturen zwischen Akteuren verstanden werden. Akteure können dabei sowohl Individuen als auch kollektive Akteure sein. Das hat den Vorteil, daß sowohl Beziehungen zwischen Unternehmen als auch innerhalb eines Unternehmens erfaßt werden können.[255] Beziehungen zwischen Akteuren sind dabei alle Formen von Kommunikation, Affekten, Bewertungen, Handlungen und Gelegenheiten, die eine Verbindung herstellen.[256]

4.4.1 Netzwerke aus Sicht der Interorganisations-Beziehungen

Netzwerke werden hier als Gruppen von Firmen gesehen, die gemeinsam kollektive Strategien entwickeln und verfolgen.[257]
In der Wissenschaft gibt es zahlreiche Definitionen, die Netzwerke primär als eine Form interorganisationaler Beziehungen sehen. So definiert zum Beispiel Jarillo strategische Netzwerke als langfristige, absichtliche Verpflichtungen, die zwischen verschiedenen profitorientierten Organisationen bestehen und diesen somit einen Wettbewerbsvorteil gegenüber Konkurrenten außerhalb des Netzwerkes verschaffen.[258] Kaneko, Imai definieren Netzwerke als eine Form vielschichtiger, interorganisationaler Beziehungen, durch die neue Informationen entstehen. Johanson, Mattson sehen Netzwerke als eine Methode der Arbeitsteilung, bei der Firmen stark aufeinander angewiesen sind. Die Koordination zwischen Unternehmen erfolgt nicht über Markt oder Hierarchie, sondern über Interaktion und gegenseitige Verpflichtungen innerhalb eines Netzwerks. Gerlach betrachtet besonders japanische Firmen und stellt fest, daß ihre Allianzen eine institutionelle Alternative zu firmeninternen Verbindungen darstellen. Gegenseitige Verpflichtungen und dauerhafte Beziehungen sind Basis langfristiger Transaktions-beziehungen.[259] Türk untersucht in der Netzwerktheorie von Organisationen die unterschiedlichen Netzwerkstrukturen von Interorganisationsbeziehungen systematisch auf ihre Folgen für das Organisationshandeln.[260]

---

[255] Wilkesmann, U., Organisationen, S. 55.
[256] Pappi, F., Netzwerkanalyse, S. 17.
[257] Bresser, R., Harl, J., Strategy, S. 408.
[258] Jarillo, C., Networks, S. 32.
[259] Powell, W., Netzwerkartige, S. 261f.
[260] Türk, K., Organisationsforschung.

Zwischen Unternehmen bestehen Interdependenzen und Abhängigkeiten. Die daraus resultierende Unsicherheit, etwa aufgrund drohenden opportunistischen Verhaltens, wird um so größer, je schneller sich die Organisationsumwelt ändert, je schlechter Änderungen prognostiziert werden können, je stärker und je höher die Anzahl wettbewerblicher, vertraglicher und informeller Verbindungen zwischen und mit Umweltelementen ist.[261] Unternehmen versuchen, Umweltunsicherheit zu reduzieren um ihre Überlebens- und Gewinnchancen zu verbessern. Dieses Ziel kann durch die Einigung mehrerer Firmen auf eine kollektive Strategie verfolgt werden, wettbewerbliche Interdependenz sinkt, vertragliche und informelle Bindungen werden enger, was Kommunikationswege und die Möglichkeit von Prognosen bezüglich der Umwelt verbessert.[262] Dazu besteht die Notwendigkeit eines gemeinsamen Werte- und Gedankensystems und einer zentralen Kontrollinstanz.[263]
Kollektive Strategien über Netzwerke zu verfolgen, kann auch negative Seiten haben. Aufgrund bestehender Bindungen wird die Fähigkeit reduziert, unabhängig auf Veränderungen zu reagieren, innerhalb des Netzwerkes kann es Kanäle geben, durch die sich externe Störungen mit hoher Geschwindigkeit im Netzwerk ausbreiten können.[264]

Im Rahmen der Theorie der Interorganisations-Beziehungen werden Netzwerke als Mittel verstanden, Unsicherheit zu reduzieren. So wird die Entstehung eines Netzwerkes erklärt. Ein Problem dieser Theorie ist, daß nicht auf Interessenkonflikte zwischen Netzwerkmitgliedern eingegangen wird, oder darauf, wie Netzwerke in Bezug auf die Koordinationsformen Markt und Hierarchie zu positionieren sind. Ein Vorteil des Ansatzes ist, daß die Gefahren von Netzwerkbildungen thematisiert werden, dies ist besonders vor dem Hintergrund wichtig, daß es Tendenzen gibt, Netzwerke als Modeerscheinung zu *der* optimalen Organisationsform zu stilisieren.

Auf die Bedeutung von Kommunikation und die Verbesserung von Kommunikationswegen, sowie auf die Verbesserung der Informations- und Prognosemöglichkeiten weist auch dieser Ansatz explizit hin[265] und findet insofern auch Berücksichtigung im Rahmen der Gestaltungsdiskussion einer Organisation.

---

[261] Bresser, R., Kollektive, S. 548.
[262] Bresser, R., Kollektive, S. 549.
[263] Astley, G., Fombrun, C., Strategy, S. 585.
[264] Bresser, R., Kollektive, S. 551-553.
[265] Bresser, R., Kollektive, S. 549.

4.4.2 Netzwerke und Informations- und kommunikationsorientierte Theorie

In der Literatur wird immer wieder betont, daß Netzwerke vergleichsweise gut in der Lage sind, mit Information umzugehen.[266]
Es erfolgt ein kurzer Abriß über Informationen in verschiedenen Institutionen, zuerst wird auf Unterschiede zwischen Markt und Netzwerk eingegangen, anschließend auf Hierarchie und Netzwerk.

Die Koordination im Markt erfolgt über das Preissystem, es ist ein effizientes Mittel der Informationsverarbeitung. Eine Vielzahl für wirtschaftliche Akteure wichtige Informationen sind in Preisrelationen konzentriert.[267] In der Regel sind über Preise vermittelte Informationen für rationale Wirtschaftssubjekte ausreichend. Warum Knappheit herrscht ist nicht entscheidend, es reicht die Information, daß Knappheit besteht. Hier darf aber nicht übersehen werden, daß bei der Preisbildung, schon aufgrund der Definition Preis = Information, Informationen verloren gehen. Dieser Informationsverlust kann leicht zum Problem werden, wie sollen zum Beispiel die Integrationsanstrengungen zweier (oder mehrerer) Unternehmen mittels Preisen koordiniert werden.
Zudem bereitet der Handel mit Informationen Schwierigkeiten.[268] Für einen potentiellen Käufer ist es schwer, den Wert einer Information zu beurteilen, er kann erst feststellen wie nützlich sie ist, wenn er sie kennt. Dann aber braucht er sie nicht mehr zu kaufen. Außerdem besitzt der Verkäufer die Information auch nach dem Verkauf, wodurch es unmöglich ist, Information zurückzukaufen. Dementsprechend gering ist die Fähigkeit des Marktes, nicht-preisliche Informationen zu übertragen oder zu beurteilen. Innerhalb eines Netzwerkes unterliegt der Transfer von Informationen nicht diesen marktlichen Beschränkungen, es gibt viele Möglichkeiten der Kommunikation, da keine Bindung an den Preis als Signal besteht.

Das Problem, das in Hierarchien bezüglich Information besteht, liegt in erster Linie in der nur limitiert möglichen Zentralisierbarkeit von Wissen.[269] Je größer die Hierarchie wird, um so schneller wird es unmöglich, den Entscheidungsträger an der Spitze mit allen

---

266 Z.B.: Golden P., Dollinger, M., Cooperative, S. 52; Powell, W., Inter-Organizational, S. 208.
267 Hayek, F., Knowledge, S. 519 – 530.
268 Arrow, K., Knowledge, S. 1 – 10.
269 Hayek, F., Economics, S. 33 – 56.

relevanten Informationen zu versorgen. Allein schon an der Kapazität des Entscheiders kann dies scheitern.

Es liegen sozialpsychologische Studien zum Umgang von Individuen und Gruppen mit Information vor.[270] Dabei werden vier Kommunikationsmuster, je zwei für zentrale und dezentrale Kommunikationsstrukturen abgebildet.

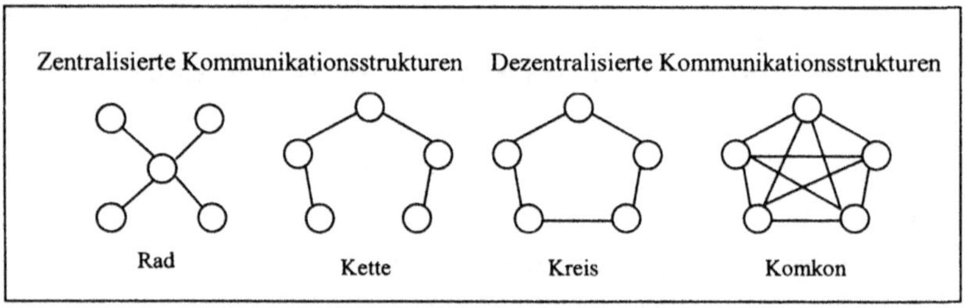

Abbildung 4-1: Kommunikationsnetzwerke nach Shaw, in: Shaw, M., Networks, S. 113.[271]

Gegenstand der Untersuchung waren zentralisierte und dezentralisierte Kommunikationsstrukturen. Hier wird davon ausgegangen, daß für Hierarchien zentralisierte Kommunikationsmuster und für Netzwerke dezentralisierte Kommunikationsmuster charakteristisch sind. Analog ergibt sich daraus die Annahme, daß für einfache Aufgaben Hierarchien leistungsfähiger sind, für komplexe Aufgaben Netzwerke. Begründet werden diese Aussagen bei Shaw mit den Konzepten der Unabhängigkeit und Saturation. Die Unabhängigkeit eines Individuums ist im Netzwerk höher als in der Hierarchie, wo eine starke Abhängigkeit vom zentralen Akteur gegeben ist. Folglich ist die Fähigkeit und der Wille des Einzelnen, sich einzubringen und mitzuarbeiten in Netzwerken höher als in Hierarchien. Saturation bedeutet, daß ein Akteur nicht mehr alle ihm zugehenden Informationen verarbeiten kann, er ist überfordert. Dies trifft insbesondere auf zentrale Akteure in Netzwerken zu, Saturation wird bei ähnlichen Aufgaben in Hierarchien eher erreicht als in Netzwerken.[272]

---

270 Shaw, M., Networks, S. 111 – 147.
271 Shaw, M., Networks, S. 113.
272 Leavitt, H., Communication, S. 38 – 50.

Ein Integrationsvorhaben im Rahmen einer Fusion ist mit Sicherheit als komplexe Aufgabe einzuordnen. Zudem wird aufgrund der Informationsflut, die als Folge der Kennenlern-, Integrations-, Umstrukturierungsmaßnahmen auftritt, die Saturation einzelner schnell erreicht. Netzwerk-Elemente scheinen also ein angebrachter Ausgangspunkt für Überlegungen des Fusions- und Gestaltungsmanagements, ebenso wie Überlegungen dazu, wo es angebracht scheint, daß Beziehungen netzwerkförmigen Charakter annehmen.

4.4.3 Netzwerke aus Sicht der Transaktionskostentheorie

Coase stellte in seinem Artikel 'The Nature of the Firm'[273] die Frage nach der Organisation von Austauschbeziehungen, dem Einsatz von Preis oder Weisung, Markt oder Hierarchie. In Anlehnung an diesen Ansatz ergeben sich verwandte Fragen. Werden alle Transaktionen über Markt oder Hierarchie geregelt oder gibt es noch eine andere Form der Organisation von Transaktionen und wann wird welche Form der Transaktion gewählt?

Netzwerke wurden als Zwischenform in das Markt-Hierarchie Kontinuum eingebaut. Sie wurden im Rahmen der Transaktionskosten-Theorie[274] als Hybrid betrachtet,[275] unter Bezugnahme auf mittlere Spezifität bestimmter Aktiva, rechtliche Grundlagen, Anpassungsfähigkeit und Anreizgestaltung, die jede der drei Formen charakterisieren.
Hierarchien kommen bei hoher Spezifität der Aktiva vor, Märkte bei geringer, Netzwerke dominieren bei mittlerer Spezifität der Aktiva.[276] Transaktionsspezifische Aktiva (z.B. standortspezifisch, anlagenspezifisch, spezifisches Humanvermögen ...) sind wichtig, sie schaffen zwischen den Transaktionspartnern eine besondere Abhängigkeit und führen dazu, daß die Investition bzw. Bindung einen höheren Ertragswert hat, als dies in alternativen Verwendungen (kurzfristig) möglich wäre, d.h. Quasi-Renten entstehen.[277] Bei hoher Spezifität der Aktiva ist vertikale Integration wahrscheinlich, um der Gefahr vorzubeugen, daß die Abhängigkeit opportunistisch ausgenutzt wird, indem ein Partner

---

[273] Coase, R., Firm, S. 386 – 405.
[274] Williamson, O., Economic, zu Basis und Annahmen vgl. Kap 2.1.1.1.
[275] Williamson, O., Organization, S. 269 - 296.
[276] Williamson, O., Organization, S. 283 – 286.
[277] Williamson, O., Organization, S. 281ff.

versucht, sich die Quasi-Rente anzueignen, wenn die (langfristige) Beziehung erst einmal aufgebaut wurde.[278]

Aktiva von niedriger Spezifität werden über Märkte getauscht.

Die rechtliche Grundlage der Markttransaktion ist der klassische Vertrag, in dem die Aspekte der Transaktion festgelegt sind. Hierarchien basieren auf Verträgen, die zumindest für einen Vertragspartner relativ unspezifiziert sind, wie z.B. Arbeitsverträge. Netzwerke basieren auf dem neoklassischen Vertragsrecht, Vereinbarungen werden nicht mehr unbedingt vollstreckt, wenn sich Rahmenbedingungen geändert haben, um Elastizität und Anpassungsfähigkeit zu gewährleisten. Damit nimmt das Netzwerk in Bezug auf die rechtliche Grundlage eine Mittelstellung zwischen Markt und Hierarchie ein.[279]

Was die Anpassungsfähigkeit an veränderte Umstände betrifft, so ist es zunächst wichtig zwischen Informationen zu unterscheiden, die in Preisen ausgedrückt werden können und solchen, die nicht in Preisen ausgedrückt werden können. Information in Form von Preisen kann offenbar sehr gut in Märkten und schlecht in Hierarchien verarbeitet werden. Informationen, die nicht in Form von Preisen ausgedrückt werden können, sind auf Märkten schlecht verteilbar. Hierarchien haben hier den Vorteil. Netzwerke, die auf langfristigen Verträgen beruhen, verfügen über Mechanismen, um Informationen zu übertragen. Nicht-preisliche Informationen können hier besser als im Markt übertragen und genutzt werden. Die Möglichkeit, Preis-Informationen zu verarbeiten sind jedoch eingeschränkt. Das Gegenteil gilt im Vergleich zu Hierarchien. Daraus folgert Williamson, daß Netzwerke eine Mittelstellung zwischen Markt und Hierarchie einnehmen, was die Anpassungsfähigkeit angeht.[280]

Schließlich werden noch Anreizstrukturen betrachtet. Im Markt sind Anreize sehr stark, dagegen dominieren in Hierarchien administrative Kontrollen. In Netzwerken herrscht eine Mischung aus beidem, so daß auch hier wieder Netzwerke zwischen Markt und Hierarchie einzuordnen sind.[281]

So argumentiert Williamson zunächst seine Einordnung von Netzwerk in das Markt-Hierarchie-Kontinuum. Später erkennt er die Bedeutung von Vertrauen und Reputation für Netzwerke und bindet diese Größen in seine Theorie ein. Netzwerke werden nun als

---

[278] Der Transaktionspartner wird aufgrund von Opportunitätskostenüberlegungen bereit sein, den Preis einer Leistung zu senken, bis das Erlösniveau der nächstbesten Verwendung erreicht ist.

[279] Williamson, O., Organization, S. 271 – 277.

[280] Williamson, O., Organization, S. 277 – 281.

[281] Williamson, O., Organization, S. 279 – 281.

nichthierarchische Vertragsbeziehung verstanden, in denen die Kommunikation von Reputationseffekten relativ schnell und akkurat stattfindet,[282] "... networks depend on rules, the enforcement of sanctions, and ... credibility ...".[283] Mit diesem Ansatz geht er über den Rahmen seiner vorherigen Theorie hinaus, Faktoren wie Vertrauen und Reputation kommen in neoklassichen (oder klassisch-theoretischen) Reflektionen über Märkte und Hierarchien nicht vor.

Jedoch ist es gerade die Berücksichtigung dieser Faktoren, die verlangt, daß von einer einfachen Plazierung der Netzwerke zwischen Markt und Hierarchie Abstand zu nehmen ist. Vielmehr wird verdeutlicht, daß Netzwerke eine eigenständige, neue Form der Organisation von Transaktionen sind. Demgegenüber vertritt Williamson die Meinung, daß der zusätzliche Erklärungsmehrwert einer Theorie, die explizit soziale Tatbestände berücksichtigt so gering ist, daß sie vernachlässigt werden könnten, das gelte auch für Reputationseffekte, die aufgrund ihrer eingeschränkten Leistungfähigkeit in Netzwerken von untergeordneter Bedeutung seien.[284]

Ökonomisches Handeln und Verhalten jedoch sind stets sozial eingebettet, daher ist es nicht nur korrekt, sondern wichtig, soziale Beziehungen und Situationen in ökonomischen Theorien zu berücksichtigen[285] und besonders auch bei der Entwicklung von Gestaltungsempfehlungen für eine Organisation.

Eine Kombination der Transaktionskostentheorie mit Faktoren wie Vertrauen und Information hat stattgefunden. In Inter-company Netzwerken gibt es eine 'hub firm', Mittelpunktfirma, die besondere Beziehungen zu den anderen Mitgliedern des Netzwerks hat. Diese Beziehungen zeichnen sich durch Faktoren aus, die üblicherweise Hierarchien zugeschrieben werden: relativ unstrukturierte Aufgaben, langfristige Orientierung, unspezifizierte Verträge. Das heißt, es gibt spezifische Aktiva, was den Umgang miteinander angeht – in diesem Sinn können die Beziehungen auch als Investitionen verstanden werden.[286]

Die Effizienz eines Netzwerkes kann danach beurteilt werden, ob EC (externe Kosten) + TC (Transaktionskosten) $\leq$ IC (interne Kosten). Eine Firma kann die Transaktionskosten

---

[282] Williamson, O., Organization, S. 290f.
[283] Williamson, O., Trust, S. 478.
[284] Williamson, O., Institutions, S. 159 – 187.
[285] Granovetter, M., Structure, S. 481 – 510; Institutions, S. 3 – 11.
[286] Jarillo, C., Networks, S. 34.

senken (z.B. über Reputation, Vertrauen in einem Netzwerk). Wenn es gelingt die TC bis zu einem Punkt zu senken, an dem gilt EC + TC $\leq$ IC des Wettbewerbers, so ist es gelungen, einen Wettbewerbsvorteil zu kreieren. In diesem Fall wird eine Aktivität nicht integriert, sondern als 'subcontract' an eine Netzwerkfirma gegeben. Als Vorteil ist auch zu nennen, daß der Markttest noch anwendbar ist, wenn langfristig bessere Konditionen mit anderen Firmen erzielt werden können. Dann muß entweder die Kostenstruktur angepaßt werden, oder das Arrangement könnte aufgelöst werden, 'networking' schafft Kostendisziplin. In der Regel wird versucht, das Netzwerk zu erhalten; langfristige Beziehungen sind selbstverstärkend da Investitionen, die Firmen in Beziehungen tätigen, dazu führen, daß Firmen eher den 'voice' Modus bei Problemen oder Verhandlungen nutzen, als den 'exit' Modus.[287]

Die Behauptung, daß 70 % aller Fusionen scheitern, stützt sich auf zu hoch eingeschätzte oder nicht realisierte Synergie-Effekte, zudem entstehen infolge einer Fusion zum Teil erhebliche Kosten bei internen Abstimmungsprozessen, die als internes Äquivalent zu Transaktionskosten zu berücksichtigen sind. Auch aus Fusions-Perspektive kann also das Kriterium EC + TC $\leq$ IC der Wettbewerber aufgestellt werden.

Opportunismus ist ein zentrales Konzept der Transaktionskostentheorie,[288] die Gefahr, daß die Kosten steigen, ist insbesondere dann sehr reell, wenn es möglich ist, Quasi-Renten spezifischer Aktiva zu erzielen. Kann opportunistisches Verhalten ausgeschlossen werden, so sinken die Kosten, "being able to generate trust, therefore, is the fundamental entrepreneurial skill to lower those costs and make the existence of the network economically feasible."[289] Vertrauen ist nach Jarillo zudem der Mechanismus, der dafür sorgt, daß 'fairness' im Aufteilen des erzielten Mehrwerts herrscht: "fairness in the sharing of the value added is achieved through the mechanism of trust."[290] Dabei ist zu berücksichtigen, daß das Verhältnis von Vertrauen und Fairneß ein gegenseitiges ist. Es gilt auch umgekehrt, daß Fairness für Vertrauen sorgt und dieses verstärkt. So kann es zu einer "self-reinforcing"[291] – zu einer sich selbst verstärkenden – Situation kommen.

Für die Bedeutung von Vertrauen für das effektive Funktionieren von Organisationen gibt es empirische Evidenz.[292] Dadurch, daß Entscheidungsträger es nicht nötig haben, sich vor

---

287 Jarillo, C., Networks, S. 37.
288 Williamson, O., Relations, S. 234.
289 Jarillo, C., Networks, S. 36.
290 Jarillo, C., Networks, S. 39.
291 Jarillo, C., Networks, S. 37.
292 Zand, D., Trust, S. 229 – 239; Jarillo, C., Networks, S. 36f.

dem opportunistischen Verhalten anderer zu schützen, wird Information schneller und freier ausgetauscht, mehrere mögliche Lösungen zu einem Problem können gefunden und diskutiert werden, letztendlich kommt es zu effizienterem Problemlösen.[293] Organisations-Gestaltungsempfehlungen sollten also Vertrauensförderung als ein Kriterium berücksichtigen.

4.4.4 Netzwerke aus Sicht der ressourcenorientierten Theorien

Eine mögliche Perspektive im Rahmen von Netzwerktheorien ist es, Unternehmensnetzwerke aus der Sicht ressourcenorientierter Ansätze zu diskutieren.

Unternehmen sind heterogen in Bezug auf ihre Ressourcen, ihre internen Fähigkeiten,[294] das heißt, daß Produktionsfaktoren in verschiedenen Unternehmen unterschiedlich produktiv sind. Grundsätzlich können Ressourcen erworben oder imitiert werden, es gibt jedoch Ressourcen, bei denen diese Übertragungsmechanismen versagen, so z.B. bei Reputation, Wissen[295] oder Organisationskapital.[296] Die Reputation einer Organisation kann bei deren Eingliederung in ein anderes Unternehmen verloren gehen und kann nicht ge- oder verkauft werden.[297] Know-how und Organisationskapital sind Ressourcen, die nur sehr bedingt transferierbar sind, auch Integration ist nicht generell praktikabel, da Träger von Wissen abwandern können und Organisationskapital gerade durch eine Eingliederung zerstört werden kann.[298] Gefahren, die besonders bei einer Fusion zu berücksichtigen sind. Chi nennt hier als Alternative das Konstrukt des Netzwerks, in dem Leistungen, die eine Ressource abgibt getauscht werden und die Beteiligten durch die Spezifität der gemeinsam genutzten Ressourcen aufeinander angewiesen sind.[299]

Ein Netzwerk kann als Ressourcenpool verstanden werden. Beteiligte Unternehmen bringen Rechte und Ressourcen ein und erhalten im Gegenzug einen Teil des Kooperationsgewinns und partielle Kontrolle über das Netzwerk. Damit wird aber

---

293 Jarillo, C., Networks, S. 37.
294 Peteraf, M., Resource, S. 179.
295 Hall, R., Resources, S. 138, 139.
296 Tomer, J., Capital, S. 2, 7.
297 Hall, R., Resource, S. 138.
298 Chi, T., Ressources, S. 277f.
299 Chi, T., Ressources, S. 284 – 286.

andererseits die Möglichkeit der Kontrolle jedes einzelnen Netzwerkmitglieds über seine Ressourcen eingeschränkt.[300]

Die Unternehmen können ihre Ressourcen auch jeweils individuell nutzen. Das Einbringen von Ressourcen in ein Netzwerk wird also nur erfolgen, wenn der erwartete Gewinn dann höher ist, als bei individuellem Einsatz bestimmter Ressourcen. Das heißt, auch in Netzwerkstrukturen werden sich Unternehmen weiterhin an ihrem Eigeninteresse orientieren, was zu Motivations-, Koordinations- und Verteilungsproblemen führen kann.[301] Wie diese zu lösen sind, sind Fragen, die vom Ressourcenpool–Ansatz unbeantwortet bleiben, ebenso wie die Frage, wie die Ressourcenpoolung zu koordinieren sei, ob mittels Hierarchische– oder ob mittels Netzwerk–Instrumenten.

Dies macht deutlich, daß Netzwerke im Sinne eines gedanklichen Konstruktes *neben* Hierarchien oder Märkten bestehen und, daß Elemente der drei Koordinationsformen gleichzeitig in bestimmten organisatorischen Strukturen auftauchen sollten, um bestimmte Probleme besser lösen zu können.

Ressourcenorientierte Ansätze spielen gerade bei der Frage nach organisatorischer Verschmelzung auch vor dem Hintergrund eine Rolle, daß Information oft als Ressource[302] bzw. als Produktionsfaktor verstanden wird, der – gerade auch in der Form von Wissen – besonders schwer transferierbar ist.

Die systemtheoretische Perspektive spielt im Rahmen der ressourcenorientierten Ansätze besonders in der Ressource – Dependence Theorie eine Rolle.

Ausgangspunkt ist die Annahme, daß das Verhalten von Unternehmen nur erklärt werden kann, wenn deren Umwelt einbezogen wird. Unternehmen können nicht autark sein, sie sind darauf angewiesen, Ressourcen aus der Umwelt zu akquirieren.[303] Durch Transaktionen können Beziehungen entstehen, die zu Abhängigkeiten von Transaktionspartnern führen, besonders wenn der Output einer Firma als Input gebraucht wird, was auch zu gegenseitiger Abhängigkeit der Ergebnisse führen kann.[304] Solche Abhängigkeiten beeinflussen das Verhalten von Organisationen, die versuchen, diese Abhängigkeiten zu beeinflussen oder zu steuern.[305]

---

[300] Coleman, J., Inequality, S. 757 – 758.
[301] Coleman, J., Macht, S. 100 – 104.
[302] Erichson, B., Hammann, P., Information, S. 153; Barney, J., Resources, S. 101.
[303] Pfeffer, J., Salancik, G., Organizations, S. 1, 2.
[304] Pfeffer, J., Organization Theory, S. 193.
[305] Pfeffer, J., Salancik, G., Organizations, S. 10 – 17.

Der Grad der Abhängigkeit einer Organisation ist wiederum abhängig von, zum ersten, der Wichtigkeit einer bestimmten Ressource, zum zweiten, der Möglichkeit anderer, die Ressource zu kontrollieren und, zum dritten, der Konzentration dieser Kontrollmöglichkeiten.[306] Effektivität ist hier definiert als die Fähigkeit eines Unternehmens, mit solchen Abhängigkeiten umzugehen und inwieweit es einem Unternehmen gelingt, Akzeptanz für sich und seine Handlungen zu schaffen.[307] Für den Umgang mit Abhängigkeiten gibt es verschiedene Möglichkeiten, z.B. die soziale Koordination der Aktivitäten oder eine Fusion.[308] Würde man nicht auf eine netzwerknahe Art mit Abhängigkeit umgehen, so kann man sich zum Beispiel vorstellen, daß im Rahmen einer marktlich basierten Handlungsweise die Preise entsprechend vertraglich gestaltet werden, daß also bei Vertragsbruch ein hoher Betrag als Strafe für die Nichteinhaltung des Vertrages zu zahlen ist. Entsprechend könnte in einer Hierarchie bei Nichtbefolgung oder Nichterfüllung, der Verlust von Status, Befugnissen, Kompetenzen oder Rechten als Folge festgelegt werden.

Es werden vier Vorteile genannt, die aus der sozialen Koordination, der Zusammenarbeit entstehen: Zugang zu potentiell bedeutenden Informationen von Netzwerkmitgliedern; wichtige Anliegen können besser kommuniziert werden; Unterstützung für Projekte oder Pläne kann erhalten werden; und Legitimationsvorteile.[309] Die Mechanismen, die helfen können, diese Vorteile zu realisieren sind sehr vielfältig und werden zum Teil in Kapitel 5 diskutiert. Als Beispiel kann hier genannt werden, daß soziale Normen helfen, Handlungen von Netzwerkmitgliedern zu koordinieren.[310]

Die Bedeutung von Ressourcen-Ansätzen für die Netzwerk-Perspektive und für das Beispiel Fusion wurde oben dargestellt. Ihre Bedeutung für Kommunikation, Information und Vertrauen leitet sich daraus ab, daß Information immer öfter als Produktionsfaktor, als Ressource verstanden wird.

Vertrauen spielt in diesem Zusammenhang insbesondere im Umgang mit Abhängigkeiten eine Rolle, die Komplexität einer Handlungssituation wird reduziert, der Vertrauende braucht sich nicht mehr auf *alle* Möglichkeiten des zukünftigen Handelns seines Gegen-

---

[306] Pfeffer, J., Salancik, G., Organizations, S. 45 – 52.
[307] Pfeffer, J., Salancik, G., Organizations, S. 11-12.
[308] Pfeffer, J., Salancik, G., Organizations, S. 143, 144.
[309] Pfeffer, J., Salancik, G., Organizations, S. 145.
[310] Pfeffer, J., Salancik, G., Organizations, S. 144.

übers einzustellen – in diesem Sinne wird also die Effektivität eines Unternehmens erhöht, mit Abhängigkeiten umzugehen.

4.4.5 Rekapitulation zu Netzwerken als methodische Kategorie

Zusammenfassend läßt sich aus den unter 4.4 vorgestellten Theorien ableiten, daß es die Tendenz zur Netzwerkentwicklung gibt, wenn das Umfeld einer Organisation hohe Informationsverarbeitungskapazität verlangt, oder wenn beziehungsspezifische Investitionen eine enge Zusammenarbeit nahelegen, oder wenn es um die gemeinsame Nutzung nicht-transferierbarer Produktionsfaktoren geht, und wenn die Erwartung herrscht, daß die Ertragsaussichten durch das Netzwerk-Engagement steigen.
Im Rahmen einer Fusion sind der Transfer von Wissen, die gemeinsame Nutzung (nicht oder schwer transferierbarer) Produktionsfaktoren und die Zusammenlegung von Ressourcen Faktoren, die zum Erfolg einer Fusion beitragen – diese Faktoren sollen helfen, Synergieeffekte zu realisieren. So scheint es sinnvoll, eine Fusion als Beispiel für eine Betrachtung aus netzwerktheoretischer Perspektive anzuführen.

Die Bedeutung der 'soften' Faktoren Kommunikation und Information kristallisiert sich heraus. Bei den vielen verschiedenen Bildern von Netzwerken, die in den oben vorgestellten Theorien herrschen, fällt auf, daß die Bedeutung von Kommunikation und Information als kleinster gemeinsamer Nenner immer wieder auftaucht.

4.5 Netzwerk als Koordinationsmechanismus

Transaktionen werden nicht allein gemäß der idealtypisch in Form von Markt, Hierarchie oder Netzwerk geregelt. Die Mechanismen Preis, Autorität und Vertrauen sind "these mechanisms do serve as the building blocks for the complex social structures so common in organizational life."[311] Die Idealtypen Markt und Hierarchie sind nützliche Startpunkte für Organisationsstudien, die Annahme jedoch, daß diese Mechanismen einander gegen-

---

[311] Bradach, J., Eccles, R., Ideal types, S. 277.

seitig ausschließen, erschwert Erkenntnis eher als sie zu erleichtern. Preis, Weisung und Vertrauen sind Mechanismen, die auf verschiedene Arten (overlapping, embedded, intertwined, juxtaposed, nested) in der empirischen Welt von Organisationen kombiniert werden.[312]

In dieser Arbeit wird das Verständnis von Netzwerken als dritter gedanklich-abstrakter Idealtyp neben Markt und Hierarchie verwendet. Die Herleitung dieser Definition über Williamson und Powell wird im Folgenden dargestellt.

4.5.1 Netzwerk als kollektiver Akteur höherer Ordnung

Teubner versteht Netzwerke als Steuerungskategorie, als eigenständigen kollektiven Akteur höherer Ordnung, also nicht als Steuerungsmechanismus zwischen Organisationen. Auch er legt zunächst die Differenz zwischen 'Markt' und 'Hierarchie' zugrunde, die Unterscheidung sieht er jeweils in den Handlungstypen 'Austausch' und 'Kooperation'. Netzwerke werden als Sozialsystem höherer Ordnung verstanden, da sie ein re-entry einer Unterscheidung in das durch sie Unterschiedene ermöglichen. Der Handlungstyp Hierarchie kann also den Handlungstyp des Marktes in sich aufnehmen und zum anderen kann der Handlungstyp des Marktes den der Hierarchie als Koordinationsmechanismus einsetzen.[313]
"Netzwerke als autopoietische Systeme resultieren aus einem re-entry der Unterscheidung von Markt und Hierarchie in diese selbst."[314] Der treibende Motor für ein neues Experimentieren mit institutionellen Arrangements, die sich als 're-entry' einer Unterscheidung in das durch sie Unterschiedene beschreiben lassen, ist nicht kluges Handeln rational sich gebender Akteure, sondern unkoordiniertes Zusammenspiel von Evolutionsmechanismen, z.B. Versuch und Irrtum. "Innerhalb des durch die institutionalisierte Unterscheidung Vertrag / Organisation definierten Arrangements wird die Unterscheidung Vertrag / Organisation noch einmal wiederholt. Verträge nehmen organisatorische Elemente in sich auf und Organisationen werden mit marktlichen Elementen durchsetzt. Sie sind damit in der Lage, institutionell zwischen der Sprache der Organi-

---

[312] Bradach, J., Eccles, R., Ideal types, S. 289.
[313] Wilkesmann, U., Organisationen, S. 55.
[314] Teubner, G., Netzwerke, S. 543.

sation und der des Vertrages zu unterscheiden. Ergebnis ist die 'Doppelkonstitution' von Vertrag und Organisation innerhalb eines institutionellen Arrangements ... 'Netzwerkoperationen' sind also gegenüber bloßen 'Vertragshandlungen' einerseits wie gegenüber bloßen 'Organisationsentscheidungen' andererseits emergente Phänomene, insofern sie *uno actu* den Vertragsbezug und den Organisationsbezug herstellen. Wenn diese Doppelattribution von Handlungen die Selbstbeschreibung des sozialen Arrangements eingeht und dort auch operativ verwendet wird, dann hat sich das Netzwerk als autonomes Handlungssystem selbst konstituiert."[315]

Dieser neue, kollektive Akteur entsteht in Form eines Marktnetzwerkes, wenn in den Markt die Kooperation als Hierarchiehandlungstyp mittels re-entry eingeführt wird, als Beispiele sind hier Zuliefersysteme und Franchising zu nennen. Die Form eines Organisationsnetzwerkes entsteht, wenn mittels eines re-entry der Austausch als Handlungstyp des Marktes in eine Organisation eingeführt wird, Beispiele hier sind Konzerne und Joint Ventures.

In der vorliegenden Arbeit steht gerade nicht die Differenz der Koordinationsmechanismen 'Austausch' und 'Kooperation' im Vordergrund, sondern die Möglichkeit, eine Kombination und Verflechtung der Koordinationsmechanismen Vertrauen, Tausch, Weisung, zu diskutieren, wobei die jeweiligen Ausgangspunkte Markt, Hierarchie und Netzwerke als gedankliches Abstrakt dienen, das es ermöglicht, Hypothesen über den Zusammenhang von organisatorischen Lösungen und Fusionsanforderungen zu formulieren.

4.5.2 Netzwerk als Hybrid zwischen Markt und Hierarchie

Der Markt entspricht in den vorliegenden Überlegungen einem Idealtyp, basierend auf neoklassisch-ökonomisch theoretischen Grundüberlegungen; Preiskoordination ist der Koordinationsmechanismus, die 'unsichtbare Hand' funktioniert, das heißt Preisfindung findet über Angebot und Nachfrage statt, soziale Beziehungen sind weder gewünscht noch nötig.

---

[315] Teubner, G., Netzwerke, S. 544.

Hierarchien als Organisationsform bauen auf dem Weisungsprinzip als Koordinationsmechanismus auf. Dabei ist die Grundlage der Macht, die Weisungen Geltung verschafft, in der Regel nicht an Personen, sondern an abstrakte Regeln gebunden, 'legale Herrschaft' ist der Glaube an die Legitimität der Regeln.[316] Soziale Beziehungen existieren logischerweise, werden aber – zumindest im Idealtyp – als unerheblich eingeschätzt.
Zu dem Pol Markt, in dem über den Preismechanismus der Tausch geregelt wird, gibt es das Gegenstück Hierarchie. Als deren Vorteile werden genannt: "advantages of internal organization are: ... to economize on bounded rationality ... to attenuate opportunism ... reduces uncertainty ... information impactedness are more easily overcome ... a satisfying trading atmosphere".[317]

Williamson unterscheidet drei Formen von Vertragsbeziehungen, (vgl. Kapitel 3.1.1.1) die klassische, die neoklassische und die relationale, die jeweils bestimmte institutionelle Arrangements begründen: Transaktionsabwicklung über den Markt, über Hybridformen und in Organisationen. Er nennt folgende vier Charakteristika institutioneller Arrangements als wichtige Einflußfaktoren auf die Effizienz der Organisation von Transaktionen: die Anreizintensität, die Kontrollmechanismen, die Anpassungsfähigkeit und die Kosten der Etablierung und Nutzung des institutionellen Arrangements selbst.[318]
Die zentrale These der Transaktionskostentheorie ergibt sich daraus: eine Transaktion kann um so effizienter organisiert werden, je besser die Charakteristika des institutionellen Arrangements den sich aus den Charakteristika der abzuwickelnden Transaktion (asset specifity, uncertainty, frequency) ergebenden Anforderungen entsprechen.[319]
"Summarizing, the hybrid mode is characterized by semi-strong incentives, an intermediate degree of administrative apparatus, displays semi-strong adaptions ... and works out of a semi-legalistic contract law regime. As compared with market and hierarchy, ... the hybrid mode is located between the two of these."[320]

---

316 Weber, M., Wirtschaft, S. 124ff.
317 Williamson, O., Markets, S. 39, 40.
318 Williamson, O., Organization, S. 277ff.
319 Ebers, M., Gotsch, W., Organisation, S. 218.
320 Williamson, O., Organization, S. 281.

Charakteristika alternativer institutioneller Arrangements			
		Governance structure	
Charakteristika	Markt	Hybrid	Hierarchie
Anreizintensität	++	+	-
Admin. Kontrolle	-	+	++
Anpassungsfähigkeit, autonom	++	+	-
bilateral	-	+	++
Kosten des institut. Arrangements	++	+	-
++ = stark; + = mittel; - = schwach			

Abbildung 4-2: Charakteristika alternativer institutioneller Arrangements, aus Williamson, O., Organization, S. 281.

"As described above, the hybrid mode is located between market and hierarchy ..."[321] – Williamson formuliert die Kontinuum-Konzeption mit den Polen Markt und Hierarchie und geht davon aus, "daß Transaktionen im mittleren Bereich viel üblicher seien,"[322] als bisher angenommen.

Dieser Sichtweise von Netzwerken als "intermediäre Organisationsform *zwischen* Markt und Hierarchie, die sowohl marktliche und hierarchische, kompetitive und kooperative Elemente miteinander vereint"[323] schließt sich Sydow an. Er plaziert in Anlehnung an Thorelli Netzwerke auf einem Markt-Hierarchie-Kontinuum, das "from loose to tight, from arm's-length bargaining to total integration, from spot transaction via standing relations to the internalization of markets"[324] reicht.

321 Williamson, O., Organization, S. 283.
322 Williamson, O., in: Powell, W., Netzwerkartige, S. 216.
323 Sydow, J., Netzwerke, S. 102.
324 Thorelli, H., Networks, S. 37.

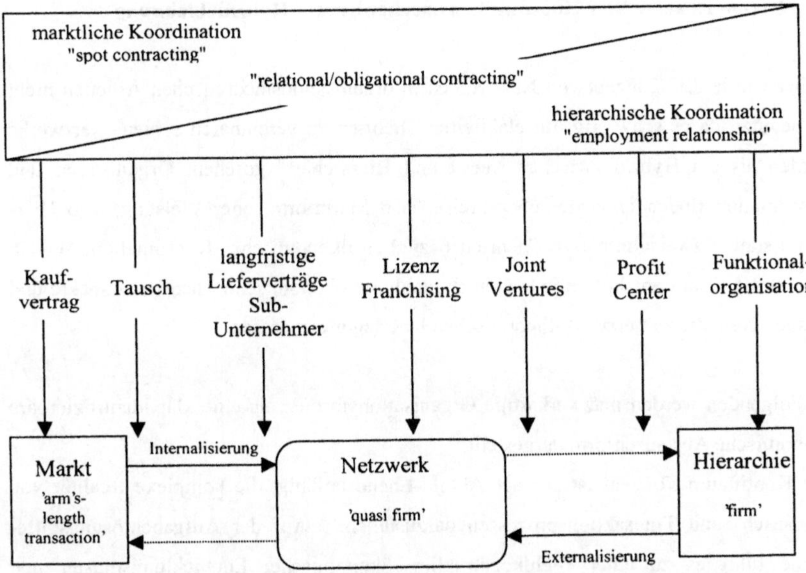

Abbildung 4-3 Koordinationsmechanismen ökonomischer Aktivitäten, aus: Sydow, J., Netzwerke, S. 104.

Netzwerke werden also nicht als Alternative zu Markt und Hierarchie gesehen, mit der Begründung, daß Netzwerke, mehr noch als Märkte oder Hierarchien, sowohl marktliche als auch hierarchische Elemente enthalten. Was jedoch fehle, sei eine grundsätzlich neue, zusätzliche Qualität dieses Koordinationsmechanismus.[325]

Bevor weiter unten auf Vertrauen als eben diese Qualität des Koordinationsmechanismus Netzwerk mit neuem, zusätzlichem Charakter eingegangen wird, wird Powell's Konzept von "netzwerkartigen Organisationsformen (als) eine klar identifizierbare ... ökonomische Austauschform"[326] vorgestellt.

---

[325] Sydow, J., Netzwerke, S. 102.
[326] Powell, W., Netzwerkartige, S. 213.

4.5.3 Netzwerk als dritter Koordinationsmechanismus - Hybridablehnung

Bisher wurde das Konzept von Netzwerken in organisationstheoretischen Arbeiten nicht oft benutzt, da es schwierig mit etablierten Theorien zu vereinbaren schien. Netzwerke wurden als ein Hybrid zwischen Markt und Hierarchie[327] gesehen; Organisation und Koordination finden entweder über Preise, also Marktform, oder Weisung, also Hierarchie statt – zwei alternative Theorien bezüglich ökonomischer Koordination. Wie in Kapitel 4.4 diskutiert, liefern jedoch auch etablierte ökonomische Theorien Aspekte und Perspektiven, die zu netzwerk-theoretischen Überlegungen passen.

Im Folgenden werden netzwerkartige Organisationsformen als eine klar identifizierbare ökonomische Austauschform dargestellt.
Das Kontinuum-Konzept ist auf der Abbild-Ebene unfähig, die komplexe Realität von Austausch- und Transaktionsprozessen darzustellen.[328] Auf der Aufgabenlösungshilfe-Ebene führt es zu einer "Fehlkonstruktion ökonomischer Entwicklungsmuster und verdeckt die Rolle der Reziprozität und Kooperation als alternative Steuerungs- und Regelungsmechanismen."[329]

Powell identifiziert eine Reihe von zusammenhängenden Faktoren, die es ermöglichen, über Netzwerke als abgegrenzte Koordinationsmechanismen zu sprechen: Es bestehen langfristige, ständig wiederkehrende Beziehungen zwischen den Transaktionspartnern, es wird schwierig die Parteien als eigenständige Einheiten zu betrachten, Qualität und Wert der getauschten Güter ist nicht einfach zu messen, das Geflecht von Verpflichtungen hat einen Grad erreicht, an dem die Parteien voneinander abhängig werden, die stattfindenden Transaktionen sind eher undefiniert und sequentiell, Sanktionen sind typischerweise eher normativer als rechtlicher Natur.[330]

---

327 Thorelli, H., Networks, S. 37-51.
328 Powell, W., Netzwerkartige, S. 218 und Macneil, I., Contract, S. 496.
329 Powell, W., Netzwerkartige, S. 218.
330 Powell, W., Netzwerkartige, S. 219f.

Idealtypen der Koordination, neben Markt und Hierarchie: Netzwerk

Hauptmerkmal	Markt	Hierarchie	Netzwerk
Commitment / Kontakthäufigkeit	gering	mittel bis hoch	mittel bis hoch
Fristigkeit	kurzfristig	langfristig	langfristig
Normative Basis	Vertrag (Eigentumsrechte)	Anstellung (Weisungsbefugnis)	Komplementarität (Austausch)
Entscheidungen / wirtschaftliche Abhängigkeit	unabhängig	abhängig	gegenseitig
Flexibilitätsgrad	hoch	niedrig	mittel
Kommunikationswege	Preise (Markt)	Routine (Regelkommunikation)	Beziehungen (gemeinsamer Superzeichenvorrat)
Koordination	*Preis*	*Weisung*	*Vertrauen*

Abbildung 4-4: Idealtypen der Koordination, neben Markt und Hierarchie: Netzwerk, Darstellung in Anlehnung an Powell, W., Network forms, S. 300ff.

Der hier wichtigste Unterschied ist das Hauptmerkmal Vertrauen: daß Vertrauen als Koordinationsmechanismus im Idealtyp Netzwerk eingesetzt wird, analog zu den Koordinationsmechanismen Preis im Markt und Weisung in der Hierarchie.
Bevor das Hauptmerkmal Koordination aufgegriffen wird, geht es im Folgenden zunächst um Erläuterungen zu den einzelnen Hauptmerkmalen.

Hauptmerkmal 'Commitment / Kontakthäufigkeit' und 'Fristigkeit'

Bei den Hauptmerkmalen Commitment / Kontakthäufigkeit und Fristigkeit stimmen die Ausprägungen 'mittel bis hoch' und 'langfristig' des Netzwerks noch mit denen der Hierarchie überein. Bei den weiteren Hauptmerkmalen konstituiert sich der Unterschied von Netzwerk sowohl zu Markt als auch zu Hierarchie.

Hauptmerkmal 'Normative Basis'

Zum Punkt normative Basis läßt sich sagen, daß es sich beim Begriff des Netzwerks im üblichen Sprachgebrauch um eine Metapher handelt, "die für eine wechselseitige, nicht bloß kurzfristige Beziehung zwischen mehreren Akteuren steht. Da hierüber weithin

Einigkeit herrscht, ist damit ein streitfreier Startpunkt gewonnen."[331] Die Austauschtheorie führt die Evolution von Netzwerken auf das Streben von Organisationen zurück, einen die Kosten des Austausches überschreitenden Nutzen zu erzielen. Austausch wird definiert als Aktivitäten von Organisationen zum Zweck der besseren Zielerreichung. Das heißt, daß eine intentionale Form von Beziehungen vorliegt und die mögliche Netzwerkrente als höher eingeschätzt wird als bei kompetitivem Handeln im Alleingang.[332] Der Begriff Austausch ist hier vom transaktions-kostentheoretischen Begriff Transaktion zu unterscheiden, der den 'transfer of legal control' bezeichnet; Austausch umfaßt auch den Tausch von "Ressourcen, Informationen, Wertvorstellungen, Gefühlen."[333] Als die drei wesentlichen Determinanten von Austauschbeziehungen werden erstens der Zugang zu externen Ressourcen, zweitens die Ziele und Funktionen der Netzwerkunternehmungen und drittens 'domain consensus' genannt. Die dritte Determinante bezeichnet das Ausmaß, in dem Ziele der am Netzwerk Beteiligten als konfliktär, überlappend oder komplementär zueinander wahrgenommen werden. Untersuchungseinheit in der Austauschtheorie sind dementsprechend nicht (isolierte) Transaktionen, sondern *soziale* Austauschbeziehungen durch deren Verknüpfungen untereinander sich das Netzwerk formiert.[334]

Im Rahmen austauschtheoretischer Überlegungen werden auch Machtprozesse in Netzwerken berücksichtigt. Machtungleichgewicht resultiert vor allem aus der Kontrolle über kritische Ressourcen. Als mächtig gilt, wer eine zentrale Position einnimmt und über diese den Ressourcenfluß steuert.[335]

Dies ist ein Problem, das es im Rahmen von Fusionen üblicherweise zu lösen gilt. Information ist in einer Fusionssituation eine Ressource, über die Machtpositionen verteidigt und ausgebaut werden sollen. Hier handelt es sich also um einen Fall, in dem durch die Implementation netzwerknaher Charakteristika in einem Unternehmen – wie offene Informationspolitik und hierarchieübergreifende Regelkommunikation – ein Zusammenwachsen positiv beeinflusst werden kann.

---

[331] Gerum, E., Unternehmensnetzwerke, S. 5f.
[332] Gerum, E., Unternehmensnetzwerke, S. 7.
[333] Sydow, J., Netzwerke, S. 193.
[334] Sydow, J., Netzwerke, S. 194.
[335] Sydow, J., Netzwerke, S. 194.

Hauptmerkmal 'Entscheidungen / wirtschaftliche Abhängigkeit'

Das Prinzip der Gegenseitigkeit der Interaktion wird auch bereits in der Theorie der Kooperative festgestellt. Einzelne können die eigene Situation durch Inanspruchnahme von Ressourcen der anderen Gruppenmitglieder verbessern. Der erlangte individuelle Vorteil bedingt die Bereitschaft, vice versa eigene Ressourcen zur Verfügung zu stellen. Somit resultiert der Vorteil aus der Anwendung des Prinzips der Gegenseitigkeit.[336]
Zum Hauptmerkmal wirtschaftliche Abhängigkeit sagt Powell, daß, wenn das Geflecht von Verpflichtung und Reputation einen Punkt erreicht, an dem die Parteien voneinander abhängig werden, wir dann einen neuen 'Werkzeugkasten' brauchen, um die Beziehungen zu beschreiben und zu analysieren, dieses Arrangement, das weder ein Markt ist noch eine hierarchische Regelungsstruktur, bezeichnet er als spezifischen Tauschmodus mit eigener Logik, als Netzwerk.[337] Als grundlegende Annahme von Netzwerken sieht er – analog zur oben erwähnten Theorie der Kooperative - daß Parteien von Ressourcen anderer abhängig sind und durch die Kombination der Ressourcen Vorteile erzielt werden können. Gegenseitigkeit ist also mit Nutzenäquivalenz verbunden, die 'verwobenen Fäden' gegenseitiger Abhängigkeit werden integrale Elemente der Beziehung.[338] Dabei ist zu berücksichtigen, daß sich aus der wechselseitigen Abhängigkeit ein "spezifisches Netzwerkrisiko"[339] ergibt. Somit ist Gegenseitigkeit ein "zentrales Thema der Debatte über die Netzwerkform von Organisationen."[340]

Hauptmerkmal 'Flexibilitätsgrad'

Laut Powell ist der Flexibilitätsgrad am Markt hoch, der stereotype Wettbewerbsmarkt ist das Paradigma der individuellen, uneingeschränkten, unkooperativen für alle offenen sozialen Interaktionen, der Markt bietet Auswahl und Flexibilität. Produktion und Tausch wird durch Preise bestimmt, also wird auch keine Anleitung durch andere (z.B. Vorgesetzte) benötigt, wodurch auch die Notwendigkeit eines Steuerungs- und Kontrollorgans entfällt.[341] In Hierarchien handeln Individuen in einem Rahmen administrativer Verfahren und Rollen. Eine Institution mit hierarchischer Struktur hat eigene Routinen, klare Abteilungsgrenzen und Autoritätslinien, detaillierte Berichtswege und formale

---

336 Dülfer, E., Betriebswirtschaftslehre, S. 51f.
337 Powell, W., Netzwerkartige, S. 219f.
338 Powell, W., Netzwerkartige, S. 224f.
339 Gerum, E., Unternehmensnetzwerke, S. 7.
340 Powell, W., Netzwerkartige, S. 225.
341 Powell, W., Netzwerkartige, S. 223.

Prozeduren – die konstante Aufmerksamkeit eines Führungsteams ist nötig.[342] Bei unerwarteten Änderungen zeigen sich die Schwächen von Hierarchien.
Netzwerke sind 'leichtfüßiger' als Hierarchien, Ressourcenallokation findet weder über marktliche Tauschprozesse noch über administrative Weisung statt, sondern "innerhalb von Netzwerken von Individuen, die in wechselseitige ... Handlungszusammenhänge involviert sind. Netzwerke können sehr komplex sein: sie beinhalten weder die expliziten Kriterien des Marktes noch den üblichen Paternalismus von Hierarchien."[343]

Hauptmerkmal 'Kommunikationswege'

Zum Hauptmerkmal Kommunikationswege: sie sind von hoher Bedeutung. Die Folgen bestimmter Kommunikationsmuster können Netzwerkbildung fördern, beziehungsweise lassen Netzwerkstrukturen wünschenswert erscheinen. Kommunikationsmuster beeinflussen die Genauigkeit, gesamte Aktivität und Zufriedenheit der Mitglieder ebenso wie die Organisation, die Geschwindigkeit der Problemlösung, die Tendenz zu Selbst-Korrekturen und die Dauerhaftigkeit einer Gruppe.[344] "Communication lies at the heart of the group interaction process. No group ... can function ... unless its members can communicate with facility. ... The free flow of information ... determines to a large extent the efficiency of the group"[345]
Im Verhältnis zu den Idealtypen Markt und Hierarchie werden Informationen in Netzwerken als 'dicker' beziehungsweise 'freier' betrachtet.[346] Laut Powell sind für bestimmte Güter und Dienstleistungen bestimmte Austauschformen besonders geeignet. Zum Beispiel, je allgemeiner, ersetzbarer, tangibler die Ressource ist, desto wahrscheinlicher ist die Form der Markttransaktion. Der Austausch spezifischer Kompetenzen oder Fertigkeiten ist eher in Netzwerken zu finden. Ihre Fähigkeit, Information zu verarbeiten und zu interpretieren ist einer ihrer Hauptvorteile. Netzwerke werden als besonders geeignet angesehen in Situationen, die effiziente und verläßliche Informationen erfordern. Als die brauchbarsten Informationen werden ohnehin selten jene eingestuft, welche über Preisveränderungssignale übermittelbar sind oder die den formalen Befehlsketten einer

---

342 Powell, W., Netzwerkartige, S. 223f.
343 Powell, W., Netzwerkartige, S. 224.
344 Leavitt, H., Communication, S. 50.
345 Shaw, M., Networks, S. 111f.
346 Powell, W., Netzwerkarige, S. 225.

Organisation folgen. Insbesondere qualitative Themen wie Innovationsbereitschaft, Produktionsstile, Know-how oder eine Null-Fehler-Philosophie können demnach weder über marktliche noch hierarchische Strukturen erfolgreich kommuniziert werden. Die offenen, relationalen Merkmale eines Netzwerks verstärken die Fähigkeit zur Kommunikation, gerae auch von qualitativen Angelegenheiten.[347]

Die bessere Fähigkeit von Netzwerken mit Informationen umzugehen, wird auch unter den Aspekten Unabhängigkeit und Saturation deutlich. Unabhängigkeit ist dabei die Zugänglichkeit von Information und die persönliche Einschätzung der Situation durch das Mitglied. Je geringer diese Unabhängigkeit, desto geringer sind die Möglichkeiten für Aktivitäten und die Motivation der Mitglieder. Generell gilt laut Shaw, daß in dezentralisierten Netzwerken diese Unabhängigkeit höher ist als in anderen Organisationsformen, also der Zugang zu Informationen besser ist, der mögliche Aktivitätsraum größer und die Bereitschaft der Mitglieder sich einzusetzen höher.[348] Saturation bedeutet, daß ab einem bestimmten Niveau von Informationsflut Überforderung eintritt und der Einzelne den daraus resultierenden Anforderungen nicht mehr gerecht werden kann. Dabei gilt, daß je zentraler eine Position ist, um so eher Saturation eintreten wird. In Organisationen wird ein einzelner, an dem viele Fäden einer Berichtskette zusammenlaufen also schneller den Saturationspunkt erreichen, als einzelne in Positionen in einem (dezentralen) Netzwerk.[349]

Es existieren Definitionen von 'Netzwerk', die sich begrifflich auf den Kommunikationsaspekt und die Beziehungen der Netzwerkbeteiligten fokussieren: Ein Netzwerk wird verstanden als "a specific set of linkages among a defined set of actors, with the additional property that the characteristics of these linkages as a whole may be used to interpret the social behavior of the actors involved."[350] Anders formuliert heißt das, daß ein Netzwerk hilft, unter den Beteiligten einen gemeinsamen Superzeichenvorrat zu schaffen. Wie bereits an früherer Stelle (Kapitel 2.2) erwähnt, kann der Komplexitätsbegriff in dem Sinne erweitert werden, daß Komplexität als subjektive Größe im Hinblick auf einen bestimmten Akteur mit seinem Superzeichenvorrat verstanden wird.[351] Das Funktionieren von Kommunikation wird durch einen gemeinsamen, geteilten Superzeichenvorrat positiv beeinflußt. Da Netzwerke dazu beitragen unter den Beteiligten einen gemeinsamen Superzeichenvorrat zu schaffen, reduzierzen sie Komplexität im oben

---

[347] Powell, W., Netzwerkartige, S. 225.
[348] Shaw, M., Networks, S. 124 – 127.
[349] Shaw, M., Networks, S. 126f.
[350] Mitchell, J., Networks, S. 2.
[351] Schiemenz, B., Handhabung, S. 110.

genannten Sinne. Nutzt man diese Auffassung, daß Netzwerke auch Aufschluß über den Grad des Verstehens und der Zustimmung geben können und kommt es im Netzwerk zu einer Konvergenz von Interpretation, so können diese 'semantischen' Netzwerke auch als Möglichkeit der Operationalisierung von Unternehmenskultur dienen.[352]

Hauptmerkmal 'Koordination'

Vertrauen: es ist das Hauptmerkmal, das entscheidend mit zur Konstitution von Netzwerken als eigenständigem, idealtypischen Koordinationsmechanismus neben Markt und Hierarchie beiträgt, das Netzwerke als eigenständige, idealtypische Organisationsform auszeichnet,[353] das als Strukturmerkmal am häufigsten herausgestellt wird.[354]
Erfolgt die Koordination der Teilnehmer im Markt idealtypisch über den Preis und in der Hierarchie über die Weisung, so wird als das *zentrale Koordinationsinstrument* in Netzwerken *Vertrauen* genannt:[355] Die ökonomischen Aktivitäten in Netzwerken "werden durch Vertrauen koordiniert; als Durchsetzungsmechanismus dient Reputation."[356] Die Untersuchung der Entstehung und Wirkung von Vertrauen erfährt mit der Herausbildung von Organisationsformen, die unter dem Begriff Netzwerk diskutiert werden, wachsende Aufmerksamkeit,[357] und zum Teil herrscht schon das Verständnis von Vertrauen als Ressource.[358]
Nach Jarillo kommen Netzwerke zustande, wenn Güter, Leistungen zu besseren Konditionen, zu geringeren Kosten erbracht werden können als durch Wettbewerber, durch alternative Transaktionsformen (siehe Kapitel 3). In diesem Rahmen stellt die Gefahr opportunistischen Verhaltens einen entscheidenden Kostenblock dar, der mittels

---

[352] Theis, A., Organisationskommunikation, S. 247.
[353] Sydow, J., Windeler, A., Steuerung, S. 13.
Während Sydow 1993 noch "eine grundsätzlich neue, zusätzliche Qualität dieses Koordinationsmechanismus" – Netzwerk – nicht zu erkennen vermag, führt er 2000 unter 'Ansatzpunkte der Netzwerksteuerung' an, daß "Netzwerke in der Literatur durch verschiedenste strukturelle Besonderheiten bestimmt" werden. "Unternehmensnetzwerke ... können, wie die einschlägige Literatur belegt, durch eine Vielzahl von Strukturmerkmalen gekennzeichnet und darüber von (rein) marktlichen und (rein) hierarchischen Koordinationsformen unterschieden werden." Sydow, J., Netzwerke, S. 102 zu 1993 und Sydow, J., Windeler, A., Steuerung, S. 11 zu 2000. Klammern aus dem Original übernommen.
[354] Z.B. in Powell, W., Network forms; S. 300 – 304, Gerum, E., Achenbach, W., Opelt, F., Regulierung, S. 266 – 270.
[355] Gerum, E., Unternehmensnetzwerke, S. 14, italics aus Original übernommen; Axelsson, B., Corporate, S. 198; Dubois, A., Hakansson, H., Realationships, S. 47.
[356] Gerum, E., Achenbach, W., Opelt, F., Regulierung, S. 269.
[357] Sydow, J., Vertrauen, S. 179.
[358] Beckert, J., Metzner, A., Roehl, H., Vertrauenserosion, S. 58.

Vertrauen eliminiert werden kann. "Being able to generate trust, therefore, is the fundamental entrepreneurial skill to lower those costs and make the existence of the network economically feasible."[359] Vertrauen funktioniert als Mechanismus, der "komplexe Realität sehr viel schneller und ökonomischer als Voraussage, Autorität oder Verhandlung"[360] reduziert. Vertrauen erweitert den Handlungsspielraum. Durch die Neutralisierung von Gefahren (wie Opportunismus) werden Handlungsmöglichkeiten möglich und attraktiv, die sonst unattraktiv blieben. Hier liegen der Gewinn und die Rationalität vertrauenvollen Handelns,[361] das ein Netzwerk konstituiert. Diese Sichtweise vertreten auch König und van Wijk, "the emergence of alliances is related to mutual experience, reputation or opportunity, more than environmental scanning and rational choice."[362] Demnach wird Vertrauen nicht bedingungslos gewährt, es ist vielmehr "ein Mittel zur Erreichung *ökonomischer* Zwecke und muß als solches immer wieder von Neuem im Vergleich zu alternativen Optionen als geeignet ausgewiesen werden."[363] So wird gezeigt, daß "zahlreiche Autoren ... betrachten vertrauensvolle Beziehungen als äußerst bedeutungsvoll für die Netzwerkentstehung, –reproduktion und –integration ... Vertrauen wird hierbei nicht nur als personales, unmittelbar auf Personen gerichtetes Vertrauen angesprochen, sondern vor allem als ... Systemvertrauen ... [es] trägt entscheidend zur Stabilisierung von Netzwerkbeziehungen bei."[364]

Im Zusammenhang mit dem Hauptmerkmal Vertrauen wird verdeutlicht, daß die Ausprägungen verschiedener Hauptmerkmale interdependent sind und zum Teil aufeinander aufbauen. So sind Beziehungen und Informationsaustausch, Gegenseitigkeit und Langfristigkeit von hoher Bedeutung im Zusammenhang mit Vertrauen, sie sind die Hauptmerkmale, die gemeinsam Netzwerke als eigenständigen, dritten Koordinationsmechanismus neben Markt und Hierarchie etablieren. Dieses Netzwerk-Verständnis wird in der vorliegenden Arbeit genutzt.

---

359 Jarillo, J., Networks, S. 36.
360 Powell, W., Netzwerkartige, S. 226.
361 Luhmann, N., Vertrauen, S. 25f.
362 König, C., Wijk, G., v., Inter-firm, S. 180; in, Wurche, S. Vertrauen, S. 147.
363 Wurche, S., Vertrauen, S. 156, italics aus dem Original übernommen.
364 Loose, A., Sydow, J., Vertrauen, S. 162f. Zu Systemvertrauen siehe auch Kap 3.3.1.

4.5.4 Netzwerk als Mikrostrukturkategorie von Organisationen

Hier soll der Netzwerk-Gedanke helfen, die Mikrostruktur einer Organisation zu beschreiben, ein Zusammenhang zwischen Struktur und Verhalten der Organisationsmitglieder wird hergestellt. Die Beeinflußbarkeit einer Organisation ist abhängig von der Transformation individuellen Handelns in kollektives Handeln; dieses wird durch die Netzwerkstruktur festgelegt, wenn ihre Struktur 'constraints' des individuellen Handelns darstellen, diese 'constraints' jedoch (auch) durch individuelles Handeln veränderbar sind.[365] Ein gemeinsames Verständnis von "Superzeichen" dient dabei als Basis für kollektives Handeln, das dank Kommunikation verstärkt wird, d.h. je größer der gemeinsame Superzeichenvorrat ist, desto eher wird kollektives Handeln möglich, desto größer ist die Beeinflußbarkeit der Organisation.

Wird die Mikrostruktur-Betrachtung für Netzwerke gewählt, so rücken zwei Probleme in den Mittelpunkt: das motivationale Problem, also wie die Divergenz von individuellen und kollektiven Interessen zu überbrücken ist, und das Problem der Entscheidungsfähigkeit, wie kollektive Handlung in Organisationen generiert wird.[366] Beispielsweise Kommunikations-, Anreiz- und Zielstruktur werden hierzu später (Kapitel 5) diskutiert.

Die Struktur eines Netzwerkes hat großen Einfluß auf das Verhalten der Akteure und die Ergebnisse ihrer Interaktion.[367] Grundsätzlich lassen sich in der Netzwerkanalyse die beiden Ebenen der Struktur des Netzwerks und des Inhalts der Beziehungen unterscheiden. Auf die Strukturdimensionen von Netzwerken wird weiter unten eingegangen. Als Beziehungsdimensionen werden folgende Punkte genannt: Transaktionsrelationen, grenzüberschreitende Relationen, instrumentelle Relationen, Gefühlsrelationen, Machtrelationen, Verwandtschaftsrelationen und Kommunikations-relationen.[368]

Der Vorteil der Betrachtung einer Organisation als Netzwerk mit (mikro-)politischer Struktur besteht zudem noch darin, daß Koalitionen, 'Seilschaften' berücksichtigt werden können. Eine Position kann durch Allianzen verbessert werden, durch Förderung anderer (Akteure) langfristig gesichert werden. Wichtig ist dieser Gedanke, da nach Sabatier Änderungen in Organisationen von der bestimmenden 'Advocacy-Koalition' getragen

---

[365] Wilkesmann, U., Organisationen, S. 61.
[366] Wilkesmann, U., Organisationen, S. 63.
[367] Schubert, K., Netzwerke, S. 18.
[368] Wilkesmann, U., Organisationen, S. 64.

wird oder diese durch eine neue 'Advocacy-Koalition' abgelöst wird oder dieser Zugeständnisse macht. Die Machtfrage ist also berücksichtigbar.[369] Ein Problemfeld, das gerade im Zusammenhang mit dem Beispiel Fusionen hohe praktische Relevanz hat.
Der Vorteil der Betrachtung der mikrostrukturellen Gestaltung von Netzwerk-Organisationen liegt also darin, daß die Auswirkungen von Struktur und Beziehungen auf die Akteure und vice versa berücksichtigt werden können.

Durch die Zusammenführung der beiden Ansätze: erstens, Netzwerke als eigenständiger Koordinationsmechanismus und zweitens, Netzwerke aus mikrostrukturtheoretischer Perspektive wird in dieser Arbeit der Blick darauf gelenkt, wie netzwerknahe Elemente in Organisationen implementiert oder gefördert werden können.
Das ist als Ergänzung zu den idealtypischen Überlegungen zu sehen. Da keine Organisationsform, weder Markt noch Hierarchie noch Netzwerke in ihrer Reinform vorkommen, wird hier auf die strukturell-normativen Überlegungen, die Netzwerke generieren, eingegangen. So funktionieren zum Beispiel auch Hierarchien nur aufgrund ihrer informellen Netzwerke.[370] Tatsächlich sind stets Elemente jeden Idealtyps in einer real existenten Organisation zu finden. In dieser Arbeit wird die Bedeutung und die Möglichkeit der Förderung von Netzwerk-Elementen (gegenüber Markt – oder Hierarchie-Elementen) thematisiert.

4.6 Zustandsraum Markt, Hierarchie, Netzwerk

Die phänomenologische Ebene eines Netzwerkes ist streng von der theoretischen Ebene zu trennen.
Auf der Theorie-Ebene sprechen wir von einem Netzwerk als eigenständigem Koordinationsmechanismus neben Markt und Hierarchie.
Auf der phänomenologischen Ebene wird die Theorie hier angewandt, um zu untersuchen, wie der netzwerkartige Charakter von Unternehmen zu beeinflussen ist. Auf einzelne Methoden hierzu wird in Kapitel 5 eingegangen.
Im Folgenden wird zunächst der Zustandsraum Markt, Hierarchie, Netzwerk etabliert und

---

[369] Sabatier, P., Advocacy-Koalition, S. 116-148.
[370] Wilkesmann, U., Organisationen, S. 61.

auf strukturelle Besonderheiten von Netzwerken eingegangen – verstärkt im Hinblick auf Vertrauen, Information, Kommunikation. Der Zustandsraum wird zum Zweck der theoretischen Modellierung eingeführt und ermöglicht die Abbildung der Idealtypen Markt, Hierarchie und Netzwerk.

Dabei ist das Netzwerk als methodisches Konstrukt zu verstehen, das es als eine der Achsen des Zustandsraums ermöglicht, daß der Untersuchungsgegenstand Unternehmen aus einer Perspektive betrachtet wird, in der Netzwerk-, Markt- und Hierarchie-Charakteristika einer Unternehmung gleichzeitig, nebeneinander berücksichtigt werden können. Dabei werden idealtypische Märkte "faceless buyers and sellers meet for an instant to exchange standardized goods"[371] und idealtypische Hierarchien als rein regelgebundener, legalisierter Herrschaftstypus im Sinne der Bürokratie relativ eng definiert. Der dritte definierte Idealtyp, das Netzwerk, zeichnet sich aus durch Komplementarität als normative Basis, gegenseitige wirtschaftliche Abhängigkeit, mittleren Flexibilitätsgrad, Beziehungen (gemeinsamer Superzeichenvorrat) als Kommunikationswege und Vertrauen als Koordinationsmechanismus. Zwischen diesen drei Achsen entsteht der Zustandsraum.

Hier wird wie folgt vorgegangen:

1. Jedes Unternehmen, als Realtyp, kann in dem Raum zwischen diesen drei begrifflichen Idealtypen, dem Zustandsraum, je nach Ausprägung seiner Charakteristika eingeordnet werden. Ein Unternehmen ist im Raum ansiedelbar, Netzwerk-Elemente können betont werden - ebenso wie das mit Hierarchie oder Markt-Elementen denkbar wäre.
   Preise, Weisung und Vertrauen werden als Steuerungsformen in vielfältiger Weise miteinander kombiniert, um Handlungen zu koordinieren.[372] So ist etwa ein fusioniertes Unternehmens lediglich eine denkbare Sonderform eines Realtyps, die als ein Punkt im Zustandsraum abgebildet werden kann und die entsprechenden Ausprägungen auf den Achsen Markt-, Hierarchie- und Netzwerk-Intensität widerspiegelt.
2. Durch die Zusammenführung organisationstheoretischer und steuerungskategorischer Ansätze zu Netzwerken wird es möglich, den Blickwinkel sowohl auf den

---

[371] Lorenz, E., Networks, S. 196.
[372] Kappelhoff, P., Netzwerkansatz, S. 26.

Zusammenhang von Struktur, Prozessen und Akteuren zu lenken, als auch die Bedeutung einzelner organisatorischer Maßnahmen (unter Kapitel 5) zu diskutieren. So kann zum Beispiel Identitätsbildung von Netzwerken mittels einer Betrachtung der gemeinsamen Verhaltens- und Sprachnormen (Superzeichenvorrat) thematisiert werden. Eine Betrachtung der Ausgestaltung der Kommunikationsstrukturen und Kommunikationsgewohnheiten kann ebenfalls helfen, die Identitätsbildung besser zu verstehen. Da in Netzwerken langfristige Beziehungen und Vertrauen wesentliche Merkmale sind, rücken soziale Beziehungen in den Mittelpunkt, werden zum Koordinationsmechanismus.

Dies stellt einen für die Praxis wichtigen Brückenschlag zwischen abstraktem Netzwerk-Theoriegebäude und der Anwendbarkeit und praktischen Relevanz der Diskussion dar.

Das stellt die Basis für den im nächsten Abschnitt entwickelten Zustandsraum und für die Frage, wie sich eine Unternehmung an den Idealtyp 'Netzwerke' annähern kann, welche organisationalen, strukturgestaltenden, verhaltenswirksamen Methoden abgeleitet werden können. Bevor auf die praktischen Methoden und Maßnahmen eingegangen wird (Kapitel 5), werden zunächst Vorteile von Netzwerken, der Zustandsraum und die Strukturdimensionen von Netzwerken vorgestellt.

4.6.1 Netzwerk und Information, Kommunikation, Vertrauen

Oben wurde als kleinster gemeinsamer Nenner die Bedeutung von Information und Kommunikation für die theoretischen Ansätze zu Netzwerken gezeigt. In der vielfältigen heterogenen Literatur zu Netzwerk-Themen herrscht Einigkeit darüber, daß Information und Kommunikation von hoher Wichtigkeit sind.[373]

Bereits an früherer Stelle, insbesondere Kapitel 4.5.3 unter dem Hauptmerkmal 'Kommunikationswege', wurde auf die Bedeutung von Netzwerken im Zusammenhang mit Informationen hingewiesen. "Networks are particularly apt for circumstances in which there is a need for efficient, reliable information. .. information passed through

---

[373] Z.B.: Golden, P., Dollinger, M., Cooperative, S. 52; Powell, W., Inter-Organizational, S. 208; Bresser, R., Kollektive, S. 549.

networks is thicker than information obtained in the market, and freer than communicated in a hierarchy. Networks, then, are especially useful."[374] Netzwerke schaffen Anreize zur Verbreitung von Information und liefern wirksame Mittel zur Erweiterung intangibler Ressourcen wie implizitem Know-how.[375]
Kommunikation, Information und Vertrauen sind interdependente Faktoren, die nicht nur zur Funktion eines Netzwerks wesentlich sind, sondern die einander verstärken: "The most useful information ... is that which is obtained from someone you have dealt with in the past and found to be reliable."[376] Auch die Kommunikation von Reputationseffekten findet in Netzwerken relativ schnell und akkurat statt,[377] wobei Reputation als Durchsetzungsmechanismus in Netzwerken funktioniert und Vertrauen als Koordinationsmechanismus.[378] Des weiteren gibt es empirische Evidenz, daß in "an atmosphere of trust ... information is exchanged more freely".[379]

Vertrauen ist eine notwendige, wenngleich nicht hinreichende Bedingung, um Kooperation nutzbar zu machen.[380] Es hat große Bedeutung für die Entstehung und Integration von Netzwerken und trägt entscheidend zur Stabilisierung von Netzwerkbeziehungen bei,[381] deren Existenz durch personale Veränderungen und interpersonelle Konflikte gerade auch in einer Fusionssituation bedroht sind. Da es zudem das entscheidende konstituierende Merkmal von Netzwerk als Idealtyp ist,[382] wird im Folgenden kurz auf einige Vorteile vertrauenvollen Verhaltens eingegangen.
Vertrauen reduziert Transaktionskosten, es trägt zum Beispiel in hohem Maß dazu bei, den bürokratischen Koordinations- und Kontrollaufwand zu senken und offenen Informationsaustausch zu praktizieren.[383]
Das erwartete Verhalten der Netzwerkmitglieder wird durch Vertrauen vorhersehbarer, Risiken wie opportunistisches Verhalten und Defektion werden vermindert.[384] Insofern nimmt Vertrauen Zukunft vorweg und reduziert somit Unsicherheiten. Da einzelne nicht

---

374 Powell, W., Network forms, S. 304.
375 Powell, W., Network forms, S. 322.
376 Powell, W., Network forms, S. 304.
377 Williamson, O., Organization, S. 290f.
378 Gerum, E., Achenbach, W., Opelt, F., Regulierung, S. 269.
379 Jarillo, C., Networks, S. 37.
380 Wurche, S., Vertrauen, S. 142.
381 Loose, A., Sydow, J., Vertrauen, S. 162f.
382 Gerum E., Unternehmensnetzwerke, S. 14; Sydow, J., Windeler, A., Steuerung, S. 13.
383 Loose, A., Sydow, J., Vertrauen, S. 165.
384 Luhmann, N., Vertrauen, S. 34.

das Gefühl haben, sich vor dem opportunistischen Verhalten anderer schützen zu müssen, werden Informationen freier ausgetauscht und mehrere Lösungsmöglichkeiten für ein Problem gefunden und diskutiert. Diese Argumente behandeln die Funktion von Vertrauen in Organisationen, haben aber ebenso Gültigkeit bei Netzwerk-Überlegungen[385] und sind von Bedeutung bei einem Unternehmen, das sich Netzwerk-Überlegungen in einer Fusionssituation zunutze machen will.

Des weiteren ermöglicht der Akt der Vertrauensvergabe Handlungen, die ansonsten nicht durchführbar wären. Der Vertrauende überträgt zum Beispiel Ressourcen, die in seinem eigenen, in beiderseitigem oder im Interesse des Vertrauen Empfangenden genutzt werden können. Es liegt eine Entscheidung unter Risiko vor. Unterstellt man Nutzenmaximierung, so werden die Ressourcen dann vergeben, wenn der erwartete Nutzen mal der Nutzenchance größer ist als der mögliche Verlust mal der Verlustchance.[386]

Auch im Sinne von Vertrauen als riskanter Vorleistung werden Handlungsspielräume erweitert. Eine auf Vertrauen gestützte Entscheidung wird gefällt, obwohl der mögliche Nachteil bei Vertrauensbruch größer ist als der Vorteil, der durch Vertrauenserfüllung realisiert wird. Hier wird auf den Zusammenhang zwischen Risiko und Vertrauen eingegangen, jedoch wird nicht notwendigerweise eine rationale (nutzenmaximierende) Abwägung unterstellt, sondern Vertrauen kann auch unbedacht oder routinemäßig erwiesen werden. So ist Vertrauen nicht abschließend rational begründbar und kommt immer durch ein Überziehen der vorhandenen Informationen zustande.[387] Wird das Vertrauen dann aber honoriert, so wirken Reputationseffekte weiter vertrauensstiftend und es können weitere Handlungsmöglichkeiten attraktiv werden, die sonst unattraktiv geblieben wären.

4.6.2 Fusion und Markt-, Hierarchie-, Netzwerk-Elemente

Eine Fusion ist oft die Reaktion von Unternehmen auf externen Druck. Die langfristige Sicherung oder Verbesserung der Wettbewerbssituation soll über die Realisierung von 'economies of scale' und Synergieeffekten erfolgen. Dabei wird die Entscheidung für oder gegen eine Fusion oft von einer Gruppe getroffen, die sich zusammensetzt aus Vertretern der Kapitaleigner, des Aufsichtsrats und der obersten Führungsebene.

---

385 Jarillo, J., Networks, S. 37.
386 Coleman, J., Sozialtheorie, S. 115 – 125; Loose, A., Sydow, J., Vertrauen, S. 167.
387 Luhmann, N., Vertrauen, S. 1-26.

Die Betrachtung über mehrere Unternehmensebenen kann auch über die Diskussion der Intersystemhierarchie verdeutlicht werden, Inter- und Intrasystemhierarchie sind zu unterscheiden. Von dem Begriff der Weisungshierarchie[388] wird in dieser Arbeit der Begriff der der Intrasystemhierarchie nach Simon unterschieden: "By a hierarchic system, or hierarchy, I mean a system that is composed of interrelated subsystems, each of the latter being, in turn, hierarchic in structure until we reach some lowest level of elementary subsystem."[389] Systemhierarchien haben die Eigenschaft annähernder Zerlegbarkeit, dies erleichtert die Beschreibung und Konstruktion von Systemen.[390] Eine Fusion wird Folgen sowohl für die Inter- als auch für die Intra-Systemhierarchie einer Unternehmung haben. Es sind demzufolge beide parallel zu berücksichtigen.

Zunächst wird hier auf die Intersystemhierarchie-Gliederung einer Unternehmung eingegangen. Sie kann hier zum Beispiel eine Gliederung in Vorstand, Top-, Senior-, Middle-, und Lower-Management sein.

Das in dieser Arbeit angeführte Beispiel setzt sich nicht mit der Frage der Entscheidungsfindung auf der obersten Intersystemhierarchie-Ebene (Vorstand) auseinander, sondern konzentriert sich auf die darunter angeordneten Ebenen und deren Möglichkeiten, nachdem die Fusionsentscheidung gefallen ist. Die Umsetzung - und damit der Erfolg der Fusion - muß dann ins gesamte Unternehmen, in alle System-Ebenen getragen werden. Die Intersystem-Ebenen, also Top-, Middle- und Lower-Management müssen über Kompetenz und Kapazität zur Umsetzung der Fusion verfügen. Die Fusionsentscheidung wird dort in der Regel als Krise oder externer Druck wahrgenommen, auf den 're'-agiert werden muß: es geht um die neue Gestaltung der Organisation, Strukturen und Prozesse, um die Motivation des Managements und der Mitarbeiter.

Parallel werden auch die Intrasystem-Ebenen einer Unternehmung betrachtet werden müssen. Die Intrasystem-Hierarchie wird sich als Folge der Fusion ändern müssen. Da zwei verschiedene funktionale Gliederungen der Organisationen nun zu einer zusammenwachsen sollen, werden in allen Ressorts der Unternehmung die Strukturen und Prozesse zu überdenken sein.

Es wird geschätzt, daß Dreiviertel aller Fusionen scheitern. Außerdem werden Konglo-

---

388 Das Hierarchie-Verständnis dieser Arbeit ist generell das einer Weisungshierarchie, es sei denn es wird explizit von Systemhierarchie gesprochen.

389 Simon, H., Complexity, S. 468.

390 Schiemenz, B., Hierarchie, S. 287.

merate an Börsen schlechter beurteilt: "stockmarkets have applied a conglomerate discount: they value diversified manufacturing conglomerates at some 20% less, on average, than the value of the sum of their parts."[391] Dies kann als Indiz dafür gewertet werden, daß heute im Rahmen der Fusionswelle eine Glaube herrscht, wie er früher bezüglich der IT-Systeme gegeben war: Man müsse nur die Informationssysteme bereitstellen, dann laufe alles von selbst. Tatsächlich läuft nach einer Fusion ebenso wenig alles von selbst, wie dies bezüglich der Informationstechnologie der Fall war.[392] Eine Fusion ist eine Situation, in der das Zusammenwachsen aktiv betrieben werden muß – jenseits von Überlegungen zu kurzfristigen Kostenersparnissen. Die Förderung von Netzwerk-Charakteristika ist aktiv zu betreiben.

Eine Fusion ist eine Situation, in der extrem hoher Entscheidungs-, Koordinations-, Abstimmungs- und damit Kommunikations- und Informationsbedarf entsteht. Eine Organisation mit einem relativ hohen Anteil an Netzwerk-Elementen wird also vergleichsweise besser in der Lage sein, die Fusionsanforderungen zu handhaben.

Zunächst wird diskutiert, ob eine Darstellung der idealtypischen Koordinationsformen Markt, Hierarchie und Netzwerk in Form eines Dreiecks sinnvoll erscheint. Auf der Abbild-Ebene stellen A, B und C (Abb. 4-5) Unternehmungen als Realtypen dar, mit jeweils unterschiedlicher Ausprägung von Markt-, Hierarchie- und Netzwerk-Elementen, z.B. in der Form existenter Verrechnungspreissysteme, Weisungshierarchien oder vertrauensvoller Beziehungen. Die Realtypen könnten zwischen den idealtypischen Polen Markt, Hierarchie und Netzwerk entsprechend ihrer Ausprägung angeordnet und verschoben werden.

[391] Ohne Verfasser, Choice, S. 71.
[392] Vgl. hierzu Kapitel 5.3.5.

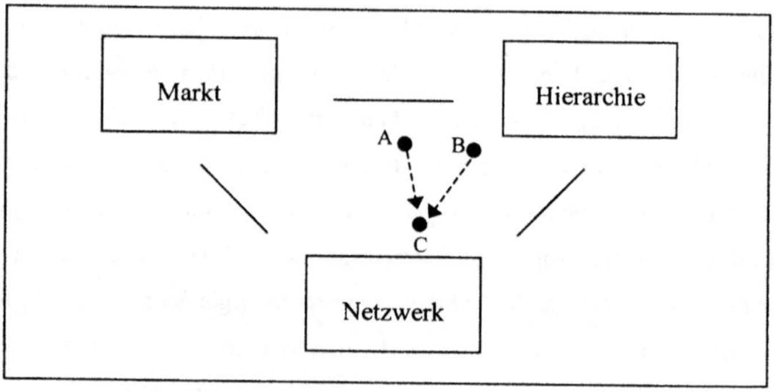

Abbildung 4-5: Realtypen-Bewegungen.

Das würde zunächst nahe legen, daß die Unternehmen A und B eine Bewegung hin in Richtung C (Abb. 4-5) anstreben sollten, um ebenfalls eine höhere Informations- und Kommunikationsverarbeitungs-Kapazität zu erreichen.
Das scheint weder theoretisch sinnvoll noch praktisch durchführbar. Ein Organisationspraktiker wird kaum bereit sein, auf einmal eingeführte Profit-Center (Beispiel für Markt-Element) oder Report-Strukturen (Beispiel für Hierarchie-Element) zu verzichten, noch erscheint das als nötige Voraussetzung für die Einführung von Netzwerk-Elementen.

Auch eine zweidimensionale Abbildung mit den Achsen Netzwerk-Intensität und Markt-Hierarchie-Kontinuum würde dem Anspruch nicht gerecht, daß in einer Organisation jeweils Markt-, Hierarchie- und Netzwerk-Elemente einzeln und unabhängig voneinander gefördert werden können. Auf der Abszisse (Abb. 4-6) werden jeweils einzelne Kombinationen aus Markt und Hierarchie abgebildet. Eine Links-Verschiebung (bzw. Rechts-Verschiebung) auf der Achse würde ein Mehr an Markt-Elementen auf Kosten der Hierarchie-Elemente (und umgekehrt bei einer Rechts-Verschiebung) bedeuten.
Wie in Abbildung 4-6 zu sehen ist, können für Kombinationen aus Markt und Hierarchie die Netzwerkcharakteristika einer Unternehmung gefördert werden.

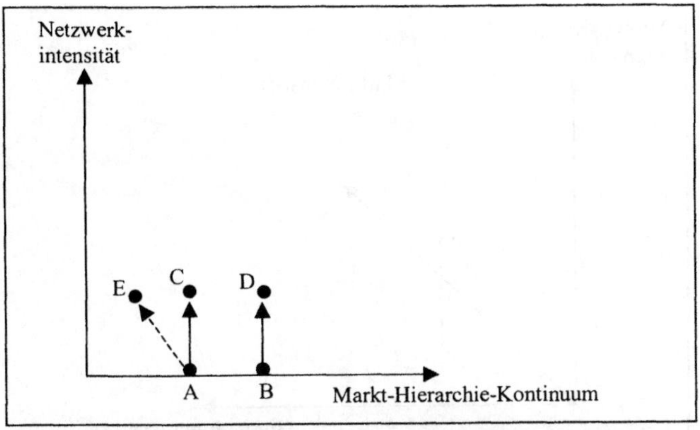

Abb. 4-6: Realtypen-Bewegungen mit Markt-Hierarchie-Kontinuum.

Die Bewegungen von A nach C und von B nach D stellen dar, wie für zwei Kombinationen aus Markt- und Hierarchie-Elementen die Netzwerkintensität steigt. Das Problem liegt hier darin, daß bei der Annahme eines Markt-Hierarchie-Kontinuums stets eine entweder-oder Entscheidung zwischen Markt- und Hierarchie-Elementen nötig wird, für jede wählbare Kombination. Die Unternehmung A hat in Abb. 4-6 weniger Hierarchie- und dafür mehr Markt-Elemente als die Unternehmung B. Wäre die Absicht für das Unternehmen A ein 'mehr' an Netzwerk- und an Markt-Elementen einzuführen und darzustellen, so würde dies einen Verzicht auf Hierarchie-Elemente bedeuten. Eine Verschiebung von A im Koordinationsystem nach oben (auf der Ordinate, Netzwerk-Intensität) und links (auf dem Markt-Hierarchie-Kontinuum, der Abszisse) nach E würde ein Minus an Hierarchie-Elementen bedeuten.

Will man nun darstellen, daß eine Unternehmung die Ausprägung der Netzwerk- und der Markt-Elemente ändern kann, ohne daß dies die Ausprägung der Hierarchie-Elemente notwendigerweise ändert, so wird eine dreidimensionale Betrachtung nötig.
Für die Förderung von Netzwerkcharakteristika bedeutet dies, daß das vorhandene Ausmaß an Markt- und Hierarchie-Elementen erhalten bleibt, und die Netzwerk-Elemente *zusätzlich* eingeführt werden können. Stellen die Punkte D und F (Abb. 4-7) einen Realtyp eines Unternehmens dar, so ist die Bewegung von D nach F also ein Plus an Netzwerk-Elementen ohne ein Minus oder eine Verschiebung an Markt- oder Hierarchie-Elementen. Man könnte auch sagen, daß der Zustandsraum die Abbildung einer win-win-win Situation ermöglicht, was das Vorhandensein von Koordinationsinstrumenten in einer Organisation angeht.

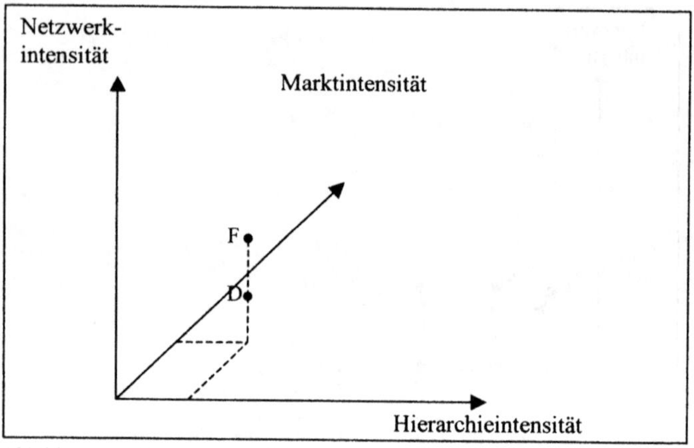

Abbildung 4-7: Zustandsraum D → F.

Unten wird die Abbildung einer Steigerung von Netzwerk- *und* Markt-Elementen in einer Unternehmung gezeigt, *ohne* daß notwendigerweise die Hierarchie-Elemente beeinflußt werden: Die Bewegung von D nach G. Dies wird kurz eingefügt um zu verdeutlichen, daß eine Darstellung mittels einer Bewegung auf einem Markt-Hierarchie-Kontinuums (vgl. Abb. 4-6), die stets ein entsprechendes Minus bzw. Plus bei Markt- bzw. Hierarchie-Elementen – je nach Verschiebung in die eine oder andere Richtung – nach sich ziehen würde, hier nicht ausreicht. Die Bewegung von D nach G wäre in dieser Form nicht darstellbar.

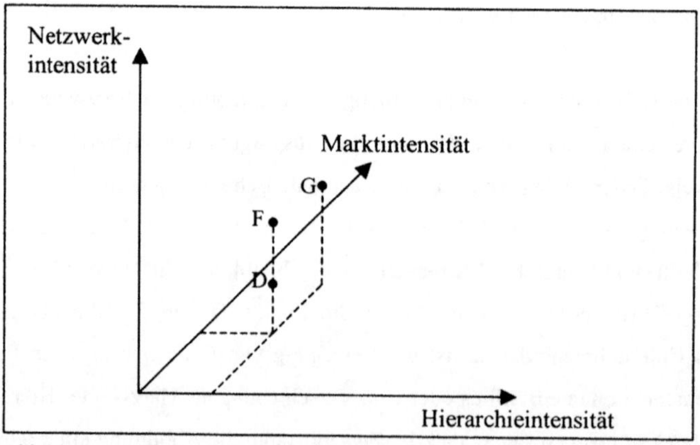

Abbildung 4-8: Zustandsraum D → G.

In dieser Arbeit wird eine Fokussierung auf die dritte Dimension, in Richtung Netzwerk vorgenommen, auf die anderen beiden Dimensionen, Markt und Hierarchie, wird nicht detailliert eingegangen.
Dies erscheint auch gerade deswegen sinnvoll, weil sich Markt-, Hierarchie- und Netzwerk-Elemente nicht immer auf die gleichen Subsysteme im Unternehmen beziehen. Bei einer Förderung von Markt-Elementen in Form einer Annäherung an den idealtypischen Pol Markt (Koordinationsmechanismus Preis[393]), wäre mit einer Fokussierung auf die Preisgestaltung in einem Unternehmen, z.B. in Form von Verrechnungspreisen und Cost-Centern ein anderes Vorgehen mit anderen Schwerpunkten nötig, als bei einer Förderung von Hierarchie-Elementen mit einer entsprechenden Annäherung an den idealtypischen Pol Hierarchie (Koordinationsmechanismus Weisung[394]). Hier müßte z.B. stark auf Reporting- und Weisungs-Strukturen eingegangen werden. Bei einer Fokussierung auf die Netzwerk-Elemente wird, entsprechend dem Koordinationsmechanismus Vertrauen,[395] eine Konzentration auf das soziale Subsystem einer Unternehmung erfolgen.
Maßnahmen und Methoden, die helfen, den Netzwerk-Charakter einer Organisation zu verstärken, also die Bewegung von D nach F zu fördern, werden in Kapitel 5 diskutiert.

Zunächst jedoch wird auf Strukturkomponenten von Netzwerken eingegangen, da die Struktur helfen soll, das Verhalten der Netzwerkmitglieder und die Ergebnisse ihrer Interaktion zu erklären.[396] Zudem stellen viele der Komponenten die Grundlage für wichtige Stellhebel bei der Förderung von Netzwerk-Elementen dar, wie zum Beispiel große Zielkongruenz (SK # 13) oder Personaltransfer (SK # 11).[397]

4.6.3 Strukturkomponenten eines Netzwerks

Strukturbildung leistet generell für ein soziales System die Definition der Arbeitsteilung, der Rollen, der Regeln und der Verantwortlichkeiten.[398]

---

393 Siehe dazu auch Kapitel 4.5.3 und Abbildung 4-4.
394 Siehe dazu auch Kapitel 4.5.3 und Abbildung 4-4.
395 Siehe dazu auch Kapitel 4.5.3 und Abbildung 4-4.
396 Schubert, K., Netzwerke, S. 18.
397 Siehe Kapitel 4.6.3.
398 Willke, H., Interventionstheorie, S. 207.

Die Struktur eines Netzwerkes trägt maßgeblich zur Erklärung des Verhaltens der Netzwerkakteure und des Ergebnisses ihrer Interaktion bei, eine Relation die auch umgekehrt gilt.[399] Hier gilt auch, daß viele der Strukturdimensionen, wie sie heute bei Netzwerken ein Rolle spielen, schon vorher in der Kooperationstheorie zu finden waren, so zum Beispiel Mitgliedermerkmale, Kooperationsintensität, Verteilung der Zielsetzungs- und Entscheidungskompetenz, Formalisierungsgrad und Stabilität der Kooperation.[400]

Strukturkomponenten helfen zum einen zu beurteilen, wie stark der Netzwerk-Charakter einer Organisation ausgeprägt ist und liefern zum anderen Stellhebel, die Organisationsgestalter beeinflussen können, wenn es darum geht, Netzwerk-Elemente in Organisationen zu implementieren oder zu verstärken.

Ein erster Überblick über Strukturkomponenten folgt unten. Dabei ist jedoch zu beachten, daß Strukturkomponenten voneinander abhängig sein können, und daß in Zukunft weitere Komponenten aufgedeckt werden können, die neue Ansatzpunkte bezüglich der Beeinflussung und Steuerung von Netzwerken auftun werden.[401]

Es handelt sich also um eine Herausarbeitung von Komponenten, die theoretisch relevant scheinen und nach ihrer Ausprägung in netzwerk-nah oder nicht netzwerk-nah zuordenbar sind und die als Basis für operationalisierbare Strukturen dienen, aus denen denkbare Stellhebel der Beeinflussung erkennbar werden. Dabei ist der Anspruch nicht, sich einem 'normativem Ideal-Netzwerk' anzunähern, sondern es geht darum, Netzwerk-Elemente in einem Realtyp zu verstärken, Netzwerkcharakteristika in einem Unternehmen aufzubauen und zu fördern.

Man könnte gleichermaßen davon sprechen, daß analog zum Marktversagen in einem Markt, in dem zum Beispiel der Preismechanismus nicht (mehr) funktioniert, in einer erstarrten Unternehmung 'Netzwerkversagen' vorliegt,[402] zum Beispiel da der Vertrauensmechanismus nicht mehr funktioniert, weil das Netzwerk von einseitiger Interessenbeherrschung geprägt ist. Ziel ist es nun, über Strukturbeeinflussung und Organisationsgestaltung Netzwerk-Charakteristika (wieder) einzuführen oder nach Strukturen zu forschen, die die Gefahr zumindest tendenziell vermindern.

---

399 Wilkesmann, U., Organisationen, S. 64.
400 Dülfer, E., Betriebswirtschaftslehre, S. 267ff.
401 Sydow, J., Windeler, A., Steuerung, S. 17.
402 Dabei ist zu berücksichtigen, daß im Realtyp Unternehmung auch 'Marktversagen' vorstellbar ist, z.B. in Form falscher Verrechnungspreise oder auch 'Hierarchieversagen' etwa in Form dysfunktionaler Regeln oder Anordnungen, da stets alle drei Koordinationsmechanismen in einem Realtyp existieren. Der Fokus dieser Arbeit liegt auf der Netzwerk-Perspektive.

Netzwerke: Struktur-Komponenten und ihre Ausprägungen

Strukturkomponente	Ausprägung	SK #[403]
Intensität des Leistungsaustausches	gering / groß	1
Richtung des Leistungsaustausches	einseitig / wechselseitig	2
Machtstruktur	konzentriert / verteilt	3
Formalisierungsgrad	hoch / niedrig	4
Standardisierungsgrad	hoch / niedrig	5
Kommunikation	zentralisiert / dezentralisiert	6
Hierarchiedenken	hoch / gering	7
räumliche Distanz	groß / gering	8
verfügbare Ressourcen zur Koordination	wenig / viel	9
Vertragsgestaltung	hart / weich	10
Personaltransfer	selten / häufig	11
Erwartungen	unklar / klar	12
Zielkongruenz	gering / groß	13
Identitäten	eigene / gemeinsame	14
Kohäsion	niedrig / hoch	15
geteilte Werte	wenig / viel	16
Vertrauen	gering / groß	17

Abbildung 4-9: Strukturkomponenten und ihre Ausprägungen,
in Anlehnung an: Sydow, J., Netzwerke, S. 85.

Die Strukturkomponenten Erwartungen, Zielkongruenz, Identitäten, Kohäsion, Werte und Vertrauen (SK # 12 – 17) können unter den Begriff 'kulturelle Strukturkomponenten' subsumiert werden.[404]

Strukturkomponenten-Nummern (SK #) werden hier zugewiesen, um den Zugang zum Text zu erleichtern: In Kapitel 5 werden einzelne Strukturkomponenten unter Angabe ihrer SK # wieder aufgegriffen, wenn es um den Zusammenhang von Netzwerknähe und Gestaltungsempfehlungen geht.

---

[403] Strukturkomponenten-Nummern (SK#) werden vergeben, um den Zugang zum Text zu erleichtern. In Kapitel 5 werden einzelne Strukturkomponenten unter Angabe ihrer SK# aufgegriffen.

[404] In Anlehnung an: Sydow, J., Netzwerke, S. 85.

Das Netzwerk als soziales Gebilde, als Handlungszusammenhang höherer Ordnung verstanden, kann zum Bezugspunkt werden: Prozesse der Entwicklung im sozialen Netzwerk rücken ins Zentrum, durch die, angetrieben von Handlungen strukturell eingebundener Akteure, die Dynamik sozialstruktureller und kultureller Netzwerk-komponenten bestimmbar werden.[405]

Viele der Komponenten sind interdependent und nicht gezielt steuerbar, somit sind lediglich Tendenzaussagen denkbar, wie zum Beispiel, daß durch häufigen Personaltransfer Netzwerk-Charakteristika wie geteilte Werte, gemeinsame Identitäten, hohe Kohäsion und großes Vertrauen tendenziell gestärkt werden. Die Komponenten liefern also eine Bezugsebene für die Diskussion von Methoden und Maßnahmen im folgenden Kapitel 5.

Folgen für die Organisation können dabei übergreifend auf und zwischen allen Ebenen der Intersystemhierarchie sein: Top-, Senior-, Middle- und Lower-Management sowie einzelne Mitarbeiter.

Der Zusammenhang zwischen einzelnen Ebenen oder zwischen Komponenten und Maßnahmen ist jedoch nicht einfach, linear und kausal, sondern diskontinuierlich, nicht-linear und kontraintuitiv. Zudem gibt es in sozialen Systemen negative und positive Rückkoppelungen und so gut wie keine isolierbaren Ursache-Wirkungs- Beziehungen.[406]

Denken in uneindeutigen Zusammenhängen kann Systemdenken bedeuten: so kann verhindert werden, daß ein Teil für das Ganze genommen wird, von der Veränderung einer Komponente linear auf die Veränderung des Ganzen geschlossen wird. Insbesondere der häufige Trugschluß kann hier angeführt werden, daß die Steigerung der Effizienz eines Teils, einer Funktion oder einer Komponente des Systems auch die Effizienz des Systems steigere[407] oder analog, daß die Beeinflussung einer Komponente in Richtung Netzwerk-Element das ganze Unternehmen im Sinne der Zustandsraum-Platzierung netzwerk-näher brächte.

In diesem Sinne ist eine zweifache Selektionsleistung nötig: Zum einen die Wahl der oben genannten Strukturkomponenten von Netzwerken, weil sie die Beurteilung wahrgenommener Beziehungen in Netzwerken reduzieren und damit die ungeheure Komplexität der Achse 'Netzwerkintensität' des Zustandsraums reduzieren. Zum zweiten werden Methoden und Maßnahmen gewählt, die im Rahmen des üblichen Intersystemhierarchie-Verständnisses von Unternehmen helfen, die wahrgenommene Komplexität

---

405 Kappelhoff, P., Netzwerkansatz, S. 41.
406 Willke, H., Systemtheorie, S. 208.
407 Willke, H., Systemtheorie, S. 207.

auf eine für das Top-Management zugängliche Betrachtungsebene herunterzubrechen; zudem sind sie von der oberen Intersystem-Ebene Top-Management beeinflußbar, sind Managern in Teilen oder zumindest in Worten vertraut.
Dennoch bedeutet dies für die folgende Diskussion von Komponenten und Methoden, daß stets nur Tendenzaussagen zu Gestaltungsempfehlungen getroffen werden, daß es sich nicht um die Nennung eindeutiger Entwicklungen handeln kann.

Kurz zu den Zwischenergebnissen des vierten Kapitels.
Information, Kommunikation und *Vertrauen* tauchen unter den Hauptmerkmalen des dritten idealtypischen Koordinationsmechanismus *Netzwerk* wieder auf und liefern einen zentralen Beitrag zu dessen Identifikation.
Auf der theoretisch konzeptuellen Betrachtungsebene wurde dann der *Zustandsraum* eingeführt. Er veranschaulicht die Möglichkeit der Förderung von Netzwerk-Elementen in einer Organisation, ohne daß bereits etablierte Markt- und Hierarchie-Elemente beeinträchtigt würden.
Auf der praktisch anwendungsorientierten Betrachtungsebene wurden die *Strukturkomponenten* vorgestellt. Anhand ihrer Ausprägungen kann die *Anpassungsrichtung* einer Organisation zu mehr Netzwerknähe angegeben werden. Darüber hinaus können sie Organisationsgestaltern Hinweise dafür liefern, wie eine Entwicklung in Richtung Netzwerk begünstigt werden könnte.
Darauf wird im folgenden Kapitel eingegangen.

5 Netzwerknahe Organisationen

Angesichts der steigenden Dynamik und Komplexität der Wettbewerbsumwelt von Unternehmen wird die Kapazität bezüglich Information, Kommunikation und Vertrauen zunehmend wichtig. Wie bisher gezeigt, eignen sich *netzwerknahe Organisationen* besonders gut für den Umgang mit den Faktoren *Information, Kommunikation und Vertrauen.*

Im Folgenden sollen nun handlungsorientierte Maßnahmen entwickelt werden, die den Organisationsgestaltern helfen, Netzwerkelemente in Unternehmen zu fördern.
Bedenkt man die weitreichenden, langfristigen und ökonomischen Konsequenzen einer Organisationsgestaltung, so zeigt sich die Bedeutung der Frage nach den Kriterien, die zur Orientierung zur Verfügung stehen. Welche (organisations)theoretischen Erkenntnisse sind zu berücksichtigen, welche Restriktionen liegen vor. Systemtheoretisch könnte man hier von einem Systemschnitt reden, der dafür sorgen soll, daß Organisationsgestalter eine Einheit Unternehmen mit Merkmalen, Komponenten und Kriterien identifizieren können.

Das vorgestellte Theoriegerüst aus den Strukturkomponenten und den Effizienzkriterien wird aufgegriffen, um Maßnahmen zu entwickeln, die die Netzwerknähe einer Organisation fördern helfen. Die *Strukturkomponenten* geben dabei die *Anpassungsrichtung* vor, die *Effizienzkriterien* dienen als *Selektionsmechanismus.*
Bei der Einführung von Gestaltungsmaßnahmen ist allerdings Sensibilität bezüglich denkbarer Steuerung von Entwicklungsprozessen gefragt. Als Konsequenz wird mit der *Implementation zweiter Ordnung* ein Hilfskonstrukt eingeführt, das voreilige Kausalitätsbehauptungen vermeidet, ohne den Anspruch der praktischen Gestaltbarkeit aufzugeben.

Bevor mögliche Organisationsgestaltungs-Maßnahmen hergeleitet werden, werden Grundannahmen zum Organisationsgegenstand Unternehmen vorgestellt. Anschließend wird auf die Definition der (Struktur-)Komponenten und (Effizienz-)Kriterien eingegangen, die Vorgehensweise der Implementation zweiter Ordnung wird danach eingeführt und schließlich erfolgt die Diskussion der Gestaltungsfelder.

5.1 Grundannahmen zum Organisationsgegenstand Unternehmen

Ein Unternehmen schafft seine Umwelt selbst, das heißt 'die' Umwelt an sich existiert nicht, Umwelt wird selektiv wahrgenommen und ist insofern Derivat des jeweiligen Systems. 'Die' Realität kommt in unserer phänomenalen Wirklichkeit nicht vor. Unsere Erlebnis-Wirklichkeit, das heißt unsere phänomenale Welt beruht allein auf kognitiven, erfahrungsabhängigen Selbstdifferenzierungsprozessen. Damit rücken neben den Anpassungs- auch die Selektionsmechanismen in den Vordergrund, wenn es darum geht, Reaktionsmuster eines Unternehmens festzustellen[408] und Gestaltungsempfehlungen geben zu wollen.

Jegliche Wirklichkeit ist demnach subjektiv konstruiert. Soziale Systeme schaffen ihre eigene Umwelt und können von außen nicht *gezielt* beeinflußt, sondern lediglich gestört werden. So ist auch, was in üblichen 'common sense' Vorstellungen als Hinweis oder Lehrimpuls verstanden wird, nichts als eine Störung, die interne Selbst-Hilfe-Aktionen hervorrufen kann – jedoch nicht muß. Die Beziehungen, die ein System mit seiner Umwelt unterhält, sind also nicht in Form von Ursache-Wirkungs-Ketten zugänglich. Sie sind lediglich ein Impuls, der Reaktionen hervorrufen kann – oder auch nicht. Lehrinhalte, Kontrollen oder gar Verbesserungen können von außen demzufolge nicht initiiert werden. Jede Art von Information, die an ein Unternehmen bzw. ein System, heran getragen wird, kann nur dann relevant werden, wenn es zu Selbstwissen wird, das heißt, wenn es aktiv erarbeitet wird, wenn es intern entsteht.[409]

Im unternehmerischen Alltag besteht ein hoher Bedarf nach Alternativvorschlägen, nach dem Aufzeigen von möglichen Vorgehensweisen und Programmen. Eine Theorie, die postuliert, daß Vorhersagen nicht möglich sind, wird der 'Adäquat–Aufgaben–lösen' Anforderung an Wissenschaft nicht gerecht. Die theoretische Fundierung auf der Abbild-Ebene, die Frage des Kausalitätsprinzips ist für Entscheidungsträger in Unternehmen nicht bedeutend. Systemische Ansätze sehen eine mögliche Lösung des Problems der Unvollständigkeit des Wissens darin, daß eben durch den Umgang mit der sich im Nichtwissen manifestierenden Komplexität sich soziale Institutionen entwickelt haben: als Anpassungen an das Nichtwissen.[410]

---

408 Morgan, G., Organization, S. 253.
409 Röpke, J., Unternehmer, S. 53.
410 Malik, F., Systeme, S. 43.

Diese Arbeit konzentriert sich auf die Innenperspektive des Unternehmens, auf soziale Institutionen im Unternehmen – Gestaltungsempfehlungen, die Beteiligung externer Störfaktoren oder Impulsgeber, wie Berater oder Change Agents vorsehen, werden also nicht berücksichtigt; da Unternehmen - als soziale Systeme betrachtet - nicht *gezielt* von außen instruiert bzw. gesteuert werden können.[411]

Diese Wahl des Systemschnitts[412] scheint theoretisch sinnvoll, da interne Gestaltungsempfehlungen im und aus dem System Unternehmen höhere Prognostizierbarkeit und Erfolgswahrscheinlichkeit haben als externe Impulsgeber. Dies gerade auch, weil die intersubjektive Wahrnehmung im Unternehmen verstärkt werden soll. Aus der Praxisperspektive scheint diese Wahl sinnvoll, da die Organisationsgestaltung nach einer Fusion die Hauptaufgabe des, logischerweise internen, Top-, Senior- und Middle-Managements ist (und nicht die des 'Fusionsentscheidungs-Gremiums', das neben dem Vorstand externe Mitglieder wie Aufsichtsrat, Kapitaleigner oder Analysten hat).[413]

Die Erkenntnismöglichkeiten, die sich ergeben, wenn wir davon ausgehen, daß komplexe Sozialsysteme wie Unternehmen ihre eigene Realität schaffen, beruhen auf der Besonderheit der verwendeten Elementeinheit: der Kommunikation.[414] Je höher die intersubjektive Wahrnehmung oder Realität in einem Unternehmen ist, um so höher ist dort die Erkenntnis-Möglichkeit zu beurteilen – geteilte Weltsicht und Erwartungen bedeuten untereinander eher abschätzbare Beurteilungen und Handlungen. Hier wird auch der Anknüpfungspunkt zum Netzwerk geliefert: mit seiner höheren Kapazität in den Bereichen Kommunikation, Information und Vertrauen und mit seinen Strukturkomponenten–Ausprägungen klare Erwartungen, große Zielkongruenz, gemeinsame Identitäten, hohe Kohäsion, viele geteilte Werte und großes Vertrauen[415] - die für eine um so höhere Intersubjektivität der Wahrnehmung in einem Unternehmen sorgen, je stärker ihre Ausprägung ist.

---

[411] Röpke, J., Unternehmer, S. 53.

[412] Systemschnitt hier in Anlehnung an Schiemenz: im Zuge der Bildung eines Systemmodells erfolgt eine Abgrenzung des zu untersuchenden Realitätsausschnitts, die relative Isolation des Betrachtungsgegenstandes dient der Findung eines Niveaus, auf dem der Gegenstand studiert werden kann. Schiemenz, B., Schönert, O., Entscheidung, S. 4.

[413] Falls diese Manager die Wahl treffen, externe Berater zu konsultieren, so ist die Frage des Wissens-Transfers auf diese Ebene und die konkrete Beziehung zwischen dem jeweiligen Berater und Manager verschoben. Hier wäre nur der Teil des Beratungsergebnisses relevant, von dem der Manager dann entscheidet, ihn ins Unternehmen zu tragen – und insofern liegt die Umwandlung des Inputs zu internem Wissen bei dem betroffenen Manager.

[414] Willke, H., Interventionstheorie, S. 57.

[415] Siehe Abbildung 4-8, Strukturkomponenten, Kapitel 4.

Gestaltungsempfehlungen werden also so zu formulieren sein, daß die berechtigte Erwartung besteht, das Unternehmen im Zustandsraum der Achse Netzwerkintensität anzunähern.

5.2 Strukturkomponenten und Effizienzkriterien

Der Orientierungsrahmen für Gestaltungsempfehlungen sind Strukturkomponenten und Effizienzkriterien.

Struktur ist gewählt, da sie eines der konstituierenden Merkmale eines Systems ist. "Struktur besteht ... in der Einschränkung der im System zulässigen Relationen. ... Sie ist nicht der produzierende Faktor, nicht Ur-Sache, sondern ist selbst nichts anderes als das Eingeschränktsein der Qualität und Verknüpfbarkeit der Elemente."[416] Die Struktur bestimmt also die andauernde Produktion von Elementen, indem sie bestimmte Elemente wahrscheinlicher macht als andere. Indem in einem System, einem Unternehmen, Erwartungsstrukturen entstehen, wird erreicht, daß nicht alle möglichen Nachfolgeelemente gleich wahrscheinlich sind. Erwartungen schränken also gleichzeitig den Möglichkeitsspielraum ein und halten den eingeschränkten Möglichkeitsspielraum offen.[417]

Hier wird auf organisatorische Strukturierungsmethoden eingegangen, die helfen, Netzwerk-Charakteristika eines Systems zu verstärken. Es wird also darum gehen, die Strukturkomponenten so auszugestalten, daß die Reaktion eines Unternehmens eine Tendenz aufzeigen wird, vermehrt Netzwerk-Charakteristika herauszubilden.

Der Anpassungsmechanismus wird über die Strukturkomponenten[418] repräsentiert, die Anpassungsrichtung wird über die Ausprägung der Komponenten in Richtung Netzwerk vorgegeben – so zum Beispiel 'Personaltransfer (SK # 11): eher oft als selten'.

Der Selektionsmechanismus wird hier im Orientierungsrahmen in Form der Effizienzkriterien[419] repräsentiert. Ohne die Zahl der zu berücksichtigenden Einflußfaktoren nach-

---

[416] Luhmann, N., Systeme, S. 384f.
[417] Kneer, G., Nassehi, A., Systeme, S. 93f.
[418] Vgl. Kapitel 4.6.3.
[419] Vgl. Kapitel 3.2.3: Koordinationseffizienz (Interdependenz-, Potential-, Delegations-) und Markteffizienz (Autonomie-, Position-, Gruppen-, Entbürokratisierung).

haltig zu reduzieren, ist eine Bewertung nicht möglich.[420]

Effizienzkriterien werden gewählt, da sie sowohl theoretisch als auch praktisch gut in den vorliegenden Rahmen einzugliedern sind: ein zentraler Stellenwert bei Verhaltenserwartungen kommt der These zu, daß die Zugehörigkeit zu einem Teilsystem die Einstellung und das Verhalten der Mitglieder beeinflußt.[421] Den Anforderungen ihrer Aufgabe entsprechend konzentrieren sich Organisationsmitglieder auf bestimmte Informationen und Stimuli, die ihre Interpretation der Realität prägen. Deren Abgrenzung beeinflußt demnach die Wahrnehmungsmuster und den Lösungs- und Handlungsspielraum der Mitglieder in hohem Maße.[422] Die Effizienzkriterien, die sich durch einen hohen Grad der Abstraktion auszeichnen, sind als 'Sammelbecken' für mehrere Betrachtungsperspektiven geeignet – zum Beispiel Ziele, Aufgabenstruktur, Inhalte, Führung, Anreizsysteme. Somit eignen sie sich dafür, organisatorische Gestaltungsüberlegungen abzuleiten und zu bewerten.[423]

Eine praxisnahe, anwendungsorientierte Gestaltungskonzeption kommt nicht ohne vereinfachende Annahmen, auch bezüglich der Anpassungs- und Selektionsmechanismen, aus. Effizienzkriterien dienen hier als heuristisches Prinzip, da sie die z.B. auch in einer Fusionssituation zentrale Frage nach der Gestaltung des Spannungsfeldes von Autonomie versus Interdependenz, von Dezentralisierung versus Zentralisierung, widerspiegeln können. Koordinationseffizienz thematisiert das Spannungsfeld zwischen Autonomie- und Abstimmungskosten.[424]

Anpassungs- und Selektionsmechanismen gemeinsam geben den Rahmen für die Definition und Beurteilung der organisatorischen Gestaltungsfelder, die Strukturkomponenten sind Orientierungsrahmen für die Richtung, in die sich die Organisation bewegen soll (Netzwerknähe), und die Effizienzkriterien[425] liefern das Beurteilungskriterium für die

---

[420] Frese, E., Organisation, S. 246, 248.
[421] Frese, E., Organisation, S. 247.
[422] Simon, H., March, J., Organizations, S. 152ff; Frese, E., Organisation, S. 247.
[423] Frese, E., Organisation, S. 257.
[424] Frese, E., Organisation, S. 262 – 270.
[425] Exkurs zu Effizienz und Effektivität: Hierzu ist kurz anzumerken, daß Effizienz (doing things right) [in: Frese, E., Organisation, S. 254] Auswirkungen auf die Frage der Effektivität (doing the right things) [in: Frese, E., Organisation, S. 254f] haben kann. Wird aufgrund der Effizienzkriterien eine Maßnahme als ökonomisch unsinnig, zum Beispiel weil zu teuer, eingeschätzt, so kann das dazu führen, daß die Maßnahme ganz fallen gelassen wird – also zu Auswirkungen auf der nächsten Auflösungsebene führt. In diesem Sinn kann Effizienz = Effektivität auf der nächsten Auflösungsebene verstanden werden (Schiemenz, B.). Auf die Problematik der Effektivität – Effizienz – Begriffe wird hier jedoch nicht weiter eingegangen, die Effizienzkriterien werden hier als "Grundstruktur der Bewertung der Organisationbewertung" angewandt. Vgl.: Frese, E., Organisation, S. 257.

Sinnhaftigkeit organisatorischer Gestaltungsmaßnahmen. Auf diese wird im nächsten Kapitel eingegangen.

5.3 Gestaltungsfelder und Organisationsgestaltung

Organisationsgestalter können die Dynamik eines komplexen Unternehmens nicht in einem Umfang verstehen, der es ermöglichen würde, erfolgreich in die Systemdynamik zu intervenieren, um bestimmte Organisationsziele zu erreichen.[426] Das 'wenn-dann Verständnis' gegenüber Organisationen bedarf dringend der Revision: keine eindeutige Veränderung einer Organisation ist als Ziel organisatorischer Möglichkeiten machbar. Systemische Sicht bedeutet, daß es um die Transformation der Organisationsform geht, um das Gestalten von Struktur und Regeln in der Art, daß tendenziell mehr Netzwerk-Charakteristika in der Organisation existieren.

Ein Großteil organisatorischen Verhaltens, Entscheidungen eingeschlossen, besteht mehr aus dem Befolgen von Regeln als aus dem Abschätzen von Konsequenzen.[427] Eine Organisation bzw. ein Unternehmen kann versuchen, Mitarbeiter zu motivieren und weiterzuentwickeln. Das hat sehr wohl seinen Sinn und hilft bei der Anpassung an neue Herausforderungen. Es genügt jedoch nicht, um die Organisation zu entwickeln. Ohne eine Änderung der geltenden Regeln verpufft der größte Teil der Anstrengungen, es kommt also auf die Regelsysteme von Organisationen an.[428] Daher müssen Regeln geändert oder neu geschaffen werden. Bei Weiterbildungs-, Kultur- oder ähnlichen Programmen ohne Regeländerung ist die Enttäuschung sonst vorprogrammiert.[429]

Eine Revision der Regeln des Systems Unternehmen in Form von Strukturbildung, mit Regeln, Rollen, Verantwortungen,[430] wird diskutiert. Dabei wird besonders auf die Gestaltungsfelder 'personelle Maßnahmen', 'Anreize', 'Führung', 'Kommunikationssystem', und 'Zielsystem' eingegangen.

---

[426] Willke, H., Interventionstheorie, S. 179.
[427] March, J., Organisation, S. 9.
[428] Willke, H., Interventionstheorie, S. 190f.
[429] Willke, H., Interventionstheorie, S. 191.
[430] Willke, H., Interventionstheorie, S. 209.

Das Organisationsgestaltungskonzept nennt bei der Entscheidung über organisatorische Regeln als wichtige Komponenten: die Ausgangssituation, die Gestaltungsinstrumente und die Verhaltenswirkungen.[431]

Mittels organisatorischer Umgestaltung soll ein Unternehmen mehr Netzwerk-Elemente erhalten. Gestaltungsempfehlungen, die dieses Ziel haben, müssen die Ausgangssituation einbeziehen, die zur Verfügung stehenden Gestaltungsinstrumente finden und Tendenzaussagen über Verhaltenswirkungen treffen können.

Bei einer Fusion beispielsweise werden in der Ausgangssituation in beiden Unternehmen organisatorische Maßnahmen eingesetzt, wenn auch sicherlich in verschiedenen Ausprägungen. Die Gestaltungsinstrumente, die in ihnen zur Verfügung stehen, sind zum Teil in einem der Unternehmen bereits eingesetzt und können somit entweder voneinander oder aus der Literatur übernommen werden. Über Verhaltenswirkungen gibt es zum Teil in den Unternehmen empirische Erfahrungen. Zudem können Einschätzungen aus der Literatur konsultiert werden. Im Rahmen dieser Gestaltungsfelder sind zumindest Tendenzaussagen möglich. Sie werden im Folgenden auf ihre Eignung zur Förderung von Netzwerk-Elementen hin diskutiert.

Dabei wird wie folgt vorgegangen:

Im ersten Schritt erfolgt eine Beschreibung des jeweiligen Gestaltungsfeldes.

Im zweiten Schritt wird eine Gestaltungsempfehlung gegeben, die als Orientierungspunkt von der abstrakt-idealen Achse Netzwerkintensität des Zustandsraums ausgeht. Die Strukturkomponenten und ihre Ausprägung liefern Hinweise auf mögliche Stellhebel, die den Organisationsgestaltern zur Verfügung stehen. Zudem dienen sie als Beurteilungsgröße über die Netzwerknähe, als Leitfaden für die Anpassungsrichtung der Empfehlung.

Im dritten Schritt dienen die Effizienzkriterien als Beurteilungsgröße für die Wirtschaftlichkeit der Empfehlung. Effizienzkriterien dienen als Selektionsmechanismus im Hinblick auf die ökonomische Sinnhaftigkeit der Empfehlungen.

---

[431] Vgl.: Kapitel 3.2.2.

Daran schließt sich im vierten Schritt ein Abgleich, theoretische Empfehlung – betriebliche Praxis, bezüglich der Machbarkeit der Gestaltungsempfehlung. Dort wird jeweils auf die Vorgehensweise bei der Einführung von Maßnahmen eingegangen.

5. 3. 1 Implementation zweiter Ordnung

Die angesprochenen Gestaltungsmöglichkeiten legen die behavioristische Handlungstheorie und Theorien rationaler Entscheidungen mit Input-Output Beziehungen zwischen Reiz und Reaktion, Intervention und Veränderung, Beeinflussung und Verhalten zugrunde.[432] In den einzelnen Gestaltungsfeldern werden 'Wirkmechanismen' unterstellt, die bestimmte Verhaltensweisen der Mitarbeiter nach sich ziehen sollen. In jedem der Gestaltungsfelder werden Impulse gegeben, die dann unternehmensweite Folgen haben können, auch in anderen Gestaltungsfeldern. Es existieren Interdependenzen und Parallelen zwischen den möglichen Maßnahmen. Aus systemischer Sicht kann bei der Implementation einfacher Mechanismen nicht gesagt werden, ob die erwartete Folge eintritt – oder eine andere oder gar keine.

Organisationen sind nicht-triviale Systeme; sie sind nicht einfach zu verändern oder zu beeinflussen. Bedenkt man, daß nicht der Intervenierende ein zu veränderndes nichttriviales System verändert, sondern dieses sich nur selbst verändern kann,[433] so bleibt die Frage, wie sich dies auf die Gestaltungsempfehlungen bei Organisationen auswirkt.

Wird nun der Versuch unternommen, Gestaltungsmaßnahmen einzusetzen, so ist zunächst zu prüfen, wie eine Organisation ihr Problem formuliert. Wird eine Fusion zum Beispiel als ein Problem der Differenz von Tradition und Neuerung beschrieben, so gelten hier Maßstäbe, die mit denen der Fusionserwartung (z. B. Effektivitätssteigerung, Profitabilität, Synergieeffekte) in Konflikt stehen. Zunächst muß also deutlich gemacht werden, daß es verschiedene Maßstäbe gibt, wovon ein geeigneter zu wählen ist. Dabei kann es nicht darum gehen, auf die 'falsche' Differenz Tradition - Neuerung hinzuweisen. Es geht vielmehr darum, einen Lernprozeß in Gang zu setzen, der es sowohl ermöglicht, geeignete Maßstäbe zu wählen, als auch das System Organisation stimuliert, sich selbst zu ver-

---

[432] Willke, H., Interventionstheorie, S. 35.
[433] Willke, H., Interventionstheorie, S. 30.

ändern. Im genannten Beispiel ist zu erkennen, daß die Differenz Tradition – Neuerung zu ersetzen ist, daß ein anderer Maßstab zu finden ist.
Soziale Systeme wie Organisationen sind Sinn-basierte Systeme, die zuerst und zunächst in ihrer je eigenen Sinnwelt leben. Die Prozesse, die das Verhalten des Systems bestimmen, laufen im Inneren des Systems ab.[434] Das Innere eines Systems, seine Identität, wird gebildet aus jeweils spezifischen kognitiven, semantischen und sozialen Strukturen. Es entsteht eine komplexe Sozialstruktur mit einem spezifischen Zusammenspiel zwischen Kommunikationen und Handlungen sowie Erwartungen und Entscheidungen.[435]

Analog zum Begriff des Beobachters zweiter Ordnung[436] wird hier der Begriff der Implementation zweiter Ordnung geprägt, die Implementation der Implementation.
Im Rahmen der Implementation zweiter Ordnung herrscht Bewußtsein darüber, daß das implementierende System um viele Folgen von eingeführten Maßnahmen nicht weiß. Die Implementation zweiter Ordnung weiß um den Glauben an Kausalzusammenhänge im implementierenden Unternehmen. Sie weiß auch um die Tatsache, daß ein Instruieren im Sinne einer einfachen Input-Output-Kausalität nicht funktioniert.[437] Hier ist zu berücksichtigen, daß es im Rahmen von Fusionsmanagement und bei der Einführung von Netzwerk-Elementen nicht um einfache Instruktionen gehen kann, sondern daß es darum geht, Lern- und Entwicklungsprozesse im Unternehmen anzustoßen. Eine Instruktion bzw. Weisung eines Vorarbeiters an einen Arbeiter, eine bestimmte Aufgabe zu erfüllen, wird dieser fast immer erfüllen. Für die Diskussion unternehmerischer Zusammenhänge dieser Art kann die Betrachtung von Unternehmen als sozio-technische Systeme gewählt werden. Da diese Arbeit die Fusions- und Netzwerk-Thematik aus der Managementperspektive fokussiert, erfolgt eine Konzentration auf das soziale Subsystem des soziotechnischen Systems Unternehmen.[438] Konkrete Arbeitsanweisungen und Instruktionen, wie sie z.B. in der Produktion üblich sind und angewendet werden, sind ausgeblendet: das

---

434 Willke, H., Interventionstheorie, S. 30f.

435 Siehe Abbildung 3-5: Nicht-triviales, komplexes Systemmodell und Willke, H., Interventionstheorie, S. 34.

436 Beobachtung kann nicht sehen, was sie nicht sehen kann: Nur die Beobachtung zweiter Ordnung (= der Beobachter des Beobachters) kann sehen, daß das beobachtete System nicht sehen kann, was es nicht sehen kann. Daher weiß der Beobachter zweiter Ordnung, um die Kombination von Blindheit und Sehen. Und er weiß, daß dies auch auf ihn selbst zutrifft, daß er ebenfalls an einen 'blinden Fleck' gebunden ist. Der Beobachter zweiter Ordnung weiß um die Relativität seiner Beobachtung. Ein Beobachter zweiter Ordnung kann sehen, daß er nicht sehen kann, was er nicht sehen kann. Luhmann, N., Wissenschaft, S. 68 – 121.

437 Röpke, Unternehmer, S. 53.

438 Siehe auch Kapitel 2.1.

Thema fokussiert das Anstoßen von Lern- und Entwicklungsprozessen, z.B. im Management und in der (Haupt-)Verwaltung.

Es geht darum, die folgenden vorgestellten organisatorischen Maßnahmen nicht einfach einführen zu wollen. Nicht ein Manager oder eine Gruppe fällt die Entscheidung, bestimmte organisatorische Maßnahmen einzusetzen. Statt dessen steht die aktive Auseinandersetzung mit bereits existierenden organisatorischen Instrumenten im Mittelpunkt: mit den historischen und unternehmensspezifischen Gegebenheiten, aus denen sie gewachsen sind; mit den Voraussetzungen, unter denen sie funktionieren können; mit den Erwartungen, die an ihren Einsatz geknüpft wären; mit den Entscheidungen, die für sie nötig sind.

Je höher die an dieser Interaktion,[439] bezüglich der Gestaltungsmaßnahmen, beteiligte Anzahl der Teilnehmer ist, und je intensiver die Interaktion ausfällt, um so mehr sozialisiert sich eine Gruppe. Dadurch steigt das geteilte Wissen und damit die Wahrscheinlichkeit, daß Kommunikation erfolgreich wird. Organisationsmitglieder nehmen in dieser Situation idealerweise zwei Positionen ein. Sie sind einerseits Positionsinhaber und beteiligen sich aus dieser Position heraus an der Interaktion. Gleichzeitig sind sie Mitglieder des Systems in dem Sinne, daß sie verstehen, was das System will und das System sie versteht – hier also, daß sie verstehen, was für Kommunikationen zu und Erwartungen über organisatorische Gestaltungsinstrumente herrschen. Gleichzeitig versteht das System ihre Äußerungen, z.B. Befürchtungen oder Hoffnungen, das heißt ihre Erwartungen, die sie zu den Gestaltungsinstrumenten äußern. Je erfolgreicher dieses 'Mehr an Interaktion' praktiziert wird, um so eher wird sich eine Identität der kognitiven, semantischen und sozialen Strukturen eines Systems herausbilden, die dann von um so mehr Systemteilnehmern verstanden wird. Mit anderen Worten: die eigene Sinnwelt des jeweiligen Systems Organisation konstituiert sich. Damit steigt tendenziell die Wahrscheinlichkeit erfolgreicher Kommunikation und, daß Erwartungen klar und offen liegen. Die Handlungen und Entscheidungen, die in einem solchen System gefällt werden, sind vergleichsweise absehbarer,[440] "überraschend ist das Verhalten des Systems nur für einen Beobachter, der ... dem System keine eigene Logik und Autonomie zubilligt."[441] Es geht

[439] Mittels Interaktion werden überdauernde Aspekte einer Person vermittelt, das Erleben und Verhalten sowie Handlungen und Erfahrungsbildung der Teilnehmer werden füreinander ersichtlich, Tomaszewski, T., Bewußtsein, S. 11 – 21.

[440] Siehe Abbildung 3-5, Nicht-triviales, komplexes Systemmodell, Willke, H., Interventionstheorie, S. 34.

[441] Willke, H., Interventionstheorie, S. 31.

folglich darum, dem System die Möglichkeit zu geben, seine eigene Operationsweise und Logik zu erkennen.
In den vierten Abschnitten der Gestaltungsfelder wird jeweils auf die 'Implementation 2. Ordnung' eingegangen. In diesem Sinne kann die Anschlußfähigkeit Theorie und Praxis in Unternehmen so verstanden werden, daß organisatorische Maßnahmen, jenseits der bis dato üblichen behavioristischen Zuschreibungen und Folgen, als Keimzelle dienen können und müssen, von denen aus neue Ideen im Unternehmen diffundieren – in diesem Fall die Netzwerk-Idee.

Der Grundgedanke des *sinn-basierten* sozialen Systems, der Ausgangspunkt für das Vorgehen der Implementation zweiter Ordnung ist, wird auch in Checklands Soft Systems Methodology gespiegelt: "Members of organizations, for example, tend to see the world in a particular way, to attribute at least partially shared meanings to their world."[442]
Da der Ausgangspunkt der Implementation zweiter Ordnung konkret im Vorgehen der Soft Systems Methodology zu finden ist, wird diese Methodik als ein Beispiel kurz vorgestellt, das bereits häufig auf verschiedenste Problemsituationen in Unternehmen angewendet worden ist.[443] "The principle is ... : find out about a situation in the real world which has provoked concern, select some relevant human activity system, make models of them, use the models to question the real-world situation in a comparison phase, and *use the debate initiated* by the comparison to define purposeful action which would improve the original problem situation."[444]
SSM ist als zyklisch ablaufendes Lernsystem zu verstehen, das zusammen mit den Beteiligten in der Problemsituation ihre Wahrnehmungen dieser Situation und ihre Bereitschaft zur Entscheidung für eine zweckgerichtete Aktion erforscht, die wiederum die Wahrnehmung und die Werte verschiedener Beteiligter mit einbeziehen soll. Die folgende kurze Zusammenfassung beschreibt eine Schrittfolge, in die geübte Anwender in der Praxis aber beliebig einsteigen können, und es kann sogar vorkommen, daß sie in entgegengesetzter Richtung des normalen Ablaufs vorgehen. Von Bedeutung sind hier die einzelnen Phasen und nicht die genaue Sequenz ihrer Durchführung.[445]

---

[442] Checkland, P., Soft Systems, S. 2.
[443] Checkland, P., Systemdenken, S. 218.
[444] Checkland, P., Soft Systems, S. 6, eigene Hervorhebung.
[445] Checkland, P., Systemdenken, S. 224.

Der Aufbau der SSM ist in Abbildung 5-1 festgehalten. In den Phasen 1 und 2 wird eine Situation als vorläufig problematisch ausgedrückt. Das 'vorläufig' ist von Bedeutung, da im Rahmen der Methodik gelernt wurde ein Problem nicht 'scharf' zu definieren. Solche Festlegungen implizieren Lösungen und verhindern den Lernprozeß, den Wechsel von Einschätzungen, der gerade von der SSM bezweckt wird; oder es kann dazu führen, daß ausgefallene Gedankengänge nicht zugelassen werden.[446]

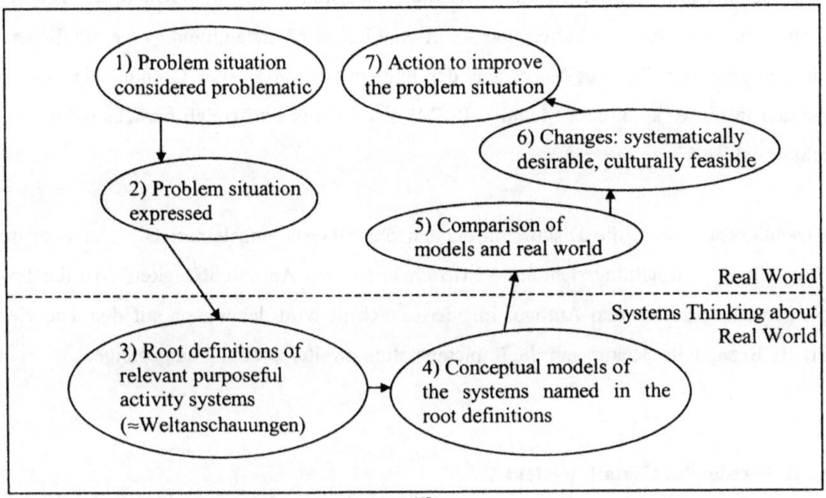

Abb. 5-1: Das Sieben-Phasen Modell der SSM.[447]

In der Phase 3 beginnt das formell organisierte Systemdenken über die Problemsituation, Root-Definitionen stellen Weltanschauungen dar.[448] In Phase 4 werden die Definitionen der Phase 3 dazu verwendet, Modelle zweckgerichteter Aktivitäten zu entwickeln, die in den Root-Definitionen angesprochen wurden. Diese "Modelle sind weder normativ noch Gestaltungsvorschläge; ihr *Zweck besteht einzig darin, die Diskussion über die Problemsituation zu orchestrieren*. Dieser Vergleich in Phase 5 führt oft zu einer Neubestimmung der relevanten Systeme, manchmal solcher, die neue Aspekte miteinbringen, und manchmal solcher, die Weltanschauungen ausdrücken, die den bisherigen entgegen-

---

446 Checkland, P., Systemdenken, S. 225.

447 Checkland, P., Soft Systems, S. 27; Zu Weltanschauungen siehe dort auch S. 57, 35, 52.

448 Root-Definitionen am Beispiel des Gefängnismanagements beziehen sich etwa auf 'Wiedereingliederung', 'Schutz der Gesellschaft', 'Bestrafung', oder 'Ausbildung von Strafgefangenen', Checkland, P., Systemdenken, S. 226.

laufen."[449] Die Diskussion ist dann abgeschlossen, wenn es in Phase 6 möglich wird, eine *Annäherung* (nicht notwendigerweise einen Konsens) zwischen den verschiedenen Interessen, Wahrnehmungen, Werten und Ideologien zu erreichen. Phase 7 wird bestimmt durch Realisierungsaktivitäten. Diese verändern die Situation selber wieder, und eine neue Problemsituation kann angenommen werden – der zyklische Lernprozeß kann von neuem beginnen.[450]
Die Bedeutung der Kommunikation und die Diskussion von Sachverhalten, um geteilte Sinnzuschreibungen zu schaffen und somit eine bessere Verständigung zu ermöglichen, die den Hauptaspekt eines Vorgehens der Implementation zweiter Ordnung darstellen, werden in dieser konkreten Methode (SSM) also bereits erfolgreich berücksichtigt und praktiziert.[451]

Anschließend erfolgt die Diskussion der einzelnen Gestaltungsfelder: Die vier Schritte 'Darstellung – Gestaltungsrichtung – Effizienzkriterien – Anschlußfähigkeit' (Art der Implementation) liefern den Aufbau. Im vierten Schritt wird dabei stets auf den Theorie-Praxis-Bezug unter Rekurs auf die Implementation zweiter Ordnung eingegangen.

5.3.2 Personelles Gestaltungsfeld

Im Folgenden wird die Managementfunktion Personal zunächst beschrieben, dann wird darauf eingegangen, welche Faktoren und Methoden hier in Frage kommen, um eine Organisation mit Hilfe der personellen Gestaltungsmöglichkeiten verstärkt von Netzwerk-Charakteristika geprägt zu haben. Anschließend wird deren Sinnhaftigkeit unter Effizienzkriterien diskutiert. Zum Abschluß wird auf die Anschlußfähigkeit von Theorie und Praxis eingegangen.

---

449 Checkland, P., Systemdenken, S. 226, eigene Hervorhebung.
450 Checkland, P., Systemdenken, S. 226.
451 Checkland, P., Systemdenken, S. 218.

5.3.2.1 Darstellung des Gestaltungsfeldes Personal

Die Managementfunktion Personal bezieht sich auf Aktivitäten, die einen qualifizierten und engagierten Personalbestand sicherstellen sollen und ist zu trennen von der Sachfunktion Personal. Die Sachfunktion bezieht sich auf die peripheren Aufgaben der Personalwirtschaft wie Datensammlung, Rechnungslegung, Formalitätenabwicklung etc. und schafft die prozessualen und rechtlichen Voraussetzungen für die Managementfunktion Personal, für die zentralen Aufgaben.[452]
Die Kernaufgaben der Managementfunktion Personal sind die Personalbereitstellung und Personalbeeinflussung zur Sicherung eines adäquaten Personalbestands. Die zunehmende Bedeutung der Personalfunktion spiegelt sich in ihren steigenden Aufgabengebieten. Veränderungen in der Personalfunktion sind wesentlich auf neue Zielvorstellungen und geänderte Einschätzungen der Umwelt oder der Instrumentalität der Managementfunktion Personal zurückzuführen. Die Rolle des Managements und des betrieblichen Handlungsspielraums rücken folglich in den Mittelpunkt.[453] Die geänderten Umwelteinschätzungen, höhere wahrgenommene Komplexität und Dynamik, zum Beispiel in Form von größerer Wettbewerbsintensität und –qualität, führen auch dazu, daß eher eine dezentrale, flache, flexible, selbstorganisierte Organisationsform angestrebt wird[454] – die Organisation soll also näher an den Netzwerk-Idealtyp gerückt werden.

Bei der Funktionalität des Personals geht es darum, daß das Personal so handelt, wie es handeln soll, das heißt, spezifische Handlungserwartungen erfüllt, Handlungsbeschränkungen einhält und Handlungsspielräume nutzt. Dabei spielt das unmittelbar aufgabenbezogene Verhalten von Mitarbeitern ebenso eine Rolle, wie das Verhalten gegenüber anderen Personen, Gegenständen und Institutionen der Organisation.[455]
Die Möglichkeiten der Auswahl und des Einsatzes personeller Instrumente unterliegen bestimmten Bedingungen, in Beziehung zu möglichen personalwirtschaftlichen Maßnahmen sind sie die relevante Umwelt. Nutzt man das Schichtenmodell nach Dülfer,[456] so sind z.B. in einer Fusionssituation besonders die dritte, vierte und fünfte Ebene von besonderer Relevanz. Kulturell bedingte Wertvorstellungen und soziale Beziehungen

---

[452] Kossbiel, H., Personalwirtschaft, S. 327; Steinmann, H., Schreyögg, G., Management, S. 613.
[453] Steinmann, H., Schreyögg, G., Management, S. 616.
[454] Beckert, J., Metzner, A., Roehl, H., Vertrauenserosion, S. 58.
[455] Kossbiel, H., Personalwirtschaft, S. 323f.
[456] Dülfer, E., Management, S. 261 und Abbildung 3-2.

können in verschiedenen Ländern und Unternehmenskulturen stark unterschiedlich ausgeprägt sein. Das trifft auch auf die rechtlich-politischen Normen zu; exemplarisch wird hier angeführt, daß eine Verpflichtung bestehen kann, keine Arbeitnehmer zu entlassen oder der Kündigungsschutz in zwei Unternehmen unterschiedlich ausgestaltet sein kann. Umweltbedingungen nehmen Einfluß auf die Wahlmöglichkeiten, also auf die zur Verfügung stehenden personellen Instrumente und auf ihre möglichen Folgen. Bei den Folgen noch zu berücksichtigen ist, daß nur ein Teil aufgrund von Erfahrungen oder begründeten Vermutungen überhaupt prognostizierbar ist, und daß neben den beabsichtigten Folgen auch unerwartete, negative Folgen eintreten können.[457]

Angesichts der Fülle möglicher und praktizierter personalwirtschaftlicher Instrumente scheint es hoffnungslos, einen vollständigen Instrumentenkatalog entwickeln zu wollen.[458] Im Folgenden wird auf eine Reihe personeller Instrumente eingegangen, wobei das Kriterium der Auswahl die potentielle Eignung zur Förderung von Netzwerk-Elementen in einer Organisation ist.
Es wird auf die Kernaufgaben Personalbereitstellung und Personalbeeinflussung zur Sicherung eines adäquaten Personalbestands eingegangen, deren Maßnahmen sich zum Teil überschneiden.

Im Rahmen der Personalbereitstellung wird hier sowohl interne - also aus anderen Bereichen des Unternehmens - als auch externe Rekrutierung gemeint. Maßnahmen, die im Personalauswahlprozeß zur Verfügung stehen, sind Eignungstests und die Profil-Methode.
Eignungstests sind "wissenschaftliche Routineverfahren zur Untersuchung ... empirisch abgrenzbarer Persönlichkeitsmerkmale."[459] In Anlehnung an Lienert können drei Testarten unterschieden werden, nämlich Leistungs-, Intelligenz- (oder Begabungs-) und Persönlichkeitstests. Leistungstests prüfen berufsspezifische Fähigkeiten und Fertigkeiten, Intelligenztests sollen geistige Kapazität und die Fähigkeit, Interdependenzen zu erkennen messen und Persönlichkeitstests sollen persönliche Merkmale (z.B. Eigenschaften, Einstellungen) des Mitarbeiters erfassen.[460]

---

[457] Kossbiel, H., Personalwirtschaft, S. 327 – 330.
[458] Kossbiel, H., Personalwirtschaft, S. 325.
[459] Lienert, G., Testaufbau, S. 7.
[460] Steinmann, H., Schreyögg, G., Management, S. 649.

Bei der Profilmethode wird das Anforderungsprofil mit dem Fähigkeitsprofil potentieller Mitarbeiter verglichen und ein Eignungsprofil erstellt.[461] Das Anforderungsprofil wird dabei in der Regel auf der Grundlage der Stellenbeschreibung und der entsprechend wahrzunehmenden Aufgaben erstellt.[462] Hier ist das Anforderungsprofil um persönliche Merkmale des Kandidaten zu erweitern. Im Sinne der 'Mensch-Modelle' Dülfers, "... erweist sich der Rückgriff auf die motivationstheoretischen Mensch-Modelle als ... unerläßlich, ... [da] die multidimensionale Aufgliederung der menschlichen Handlungsmotivation eine erheblich präzisere Antwort auf die Frage nach der Motivation zum Beitritt bzw. zum Verbleib in der ... Gruppe geben kann."[463] Das Anforderungsprofil wird zu einem Zwei-Stufen-Profil erweitert: Erstens bleibt das bekannte Personen-Job-Fit, der Aufschluß geben soll, wie gut die Fähigkeiten des potentiellen Mitarbeiters den Anforderungen der Stelle entsprechen. Zweitens wird nun ein Personen-Organisations-Fit hinzugefügt, der Aufschluß geben soll, wie gut die Persönlichkeit, Werte und Interessen eines potentiellen Mitarbeiters mit der Organisation zusammenpassen. Die Ergebnisse der beiden Profile werden kombiniert und liefern so den Kandidaten mit dem 'best fit'.[464]

Im Rahmen der Personalbeeinflussung zielen die Maßnahmen auf "Internalisierung organisationaler Verhaltensnormen."[465] Auf Entlohnung und Führung wird in zwei gesonderten Abschnitten weiter unten eingegangen.

Im Folgenden werden im besonderen die Maßnahmen Personal-Rotation, -Tausch, -Transfer, -Union und -Training diskutiert. Bei Rotation wechseln (mehrere) Mitarbeiter ihre Arbeitsplätze durch bis hin zu einem totalen Rundumwechsel.[466] Personaltausch meint den Austausch zweier Mitarbeiter gegeneinander, z.B. aus jeweils einer der fusionierten Firmen; und Transfer meint die Entsendung eines Mitarbeiters ohne, daß im Gegenzug ein anderer Mitarbeiter entsandt wird. Personalunion bezeichnet die Unterstellung von bisher getrennnten Funktionen oder Abteilungen unter eine Person. Personaltraining meint hier insbesondere Maßnahmen der Weiter- und Fortbildung. Gerade in diesem Bereich tritt in den letzten Jahren in der betrieblichen Praxis in zunehmendem

---

461 Cabrera, E., Bonache, J., HR system, S. 51-60; Steinmann, H., Schreyögg, G., Management, S. 639.
462 Steinmann, H., Schreyögg, G., Management, S. 639.
463 Dülfer, E., Betriebswirtschaftslehre, S. 170.
464 Cabrera, E., Bonache, J., HR system, S. 58.
465 Kossbiel, H., Personalwirtschaft, S. 373.
466 Steinmann, H., Schreyögg, G., Management, S. 490.

Maße neben die rein berufsfachliche Weiterbildung die Vermittlung sozialer Kompetenzen – spezielle Verhaltensweisen sollen verstärkt werden.[467]

5.3.2.2 Gestaltungsrichtung – Anpassungsmechanismus Strukturkomponenten

Die Maßnahmen der Personalbereitstellung und –beeinflussung dienen hier der Durchsetzung eines 'mehr' an Netzwerk-Elementen in einer Organisation. Auf der Abbild-Ebene soll eine Organisation im Zustandsraum näher an die Achse Netzwerkintensität gerückt werden.
Auf der Aufgaben-Ebene werden für den Orientierungsrahmen die Anpassungs- und Selektionsmechanismen: Strukturkomponenten und Effizienzkriterien zur Entwicklung und Beurteilung der Gestaltungsempfehlungen aufgegriffen. Im Folgenden wird darauf eingegangen, wie das oben vorgestellte personelle Instrumentarium idealtypisch ausgestaltet sein müßte, um Netzwerk-Charakteristika einer Organisation zu fördern, um die Ausprägung relevanter Strukturkomponenten zu beeinflussen.

Ziel ist also die Förderung von folgender Ausprägung der Strukturkomponenten: eine intensive, wechselseitige Form des Leistungsaustausches (SK # 1 und 2), verteilte Machtstruktur (SK # 3) und Kommunikation (SK # 6), niedriger Formalisierungs- und Standardisierungsgrad (SK # 4 und 5), geringes Hierarchiedenken (SK # 7), geringe räumliche Distanz (SK # 8), viele verfügbare Ressourcen zur Koordination (SK # 9), weiche Vertragsgestaltung (SK # 10), häufiger Personaltransfer (SK # 11), klare Erwartungen (SK # 12), große Zielkongruenz (SK # 13), gemeinsame Identitäten (SK # 14), hohe Kohäsion (SK # 15), geteilte Werte (SK # 16) und großes Vertrauen (SK # 17).

Im Rahmen der Personalbereitstellung ist hier mit Hilfe der Eignungstests und der Profilmethode ein Filter zu entwickeln, der hilft, die Eignung von Personen für eine Netzwerk-Organisation zu bestimmen. In das Anforderungsprofil können neben den Stellenanforderungen, d.h. dem Personen-Job-Fit, zusätzliche Punkte aufgenommen werden, wie teamfähig, offen, flexibel, kommunikativ etc., d.h. ein Personen-Organisations-Fit. Im Rahmen der Feststellung des Fähigkeitsprofils sind dazu von Betriebspsychologen Persönlichkeitstests zu entwickeln, die diese Punkte prüfen und helfen zu beurteilen, ob

---

[467] Steinmann, H., Schreyögg, G., Management, S. 621.

eher eine Neigung zu einem organisatorischem Umfeld mit geringem Hierarchiedenken (SK # 7), Formalisierungs- und Standardisierungsgrad (SK # 4 und 5) besteht oder eher zu starker Macht- und Dominanzorientierung (SK # 3). Gerade bei der Feststellung des Kandidaten mit dem 'best fit' für einen Job ist hier also explizit berücksichtigt, daß ein "match between individuals' personality, values and interests and the organizational culture, in addition to the necessary match between individuals' knowledge, skills and abilities and the job requirements"[468] besteht. Diese Idee des Personen-Organisations-Fit ergänzt sich gut mit den Anforderungen einer Netzwerk-Organisation, da gerade diese auch über kulturelle Komponenten, wie klare, geteilte Erwartungen (SK # 12), gemeinsame Identitäten (SK # 14), hohe Kohäsion (SK # 15) und geteilte Werte (SK # 16) entsprechend der idealtypischen Ausprägung der Strukturkomponenten festgeschrieben wird. Auch der Personen-Organisations-Fit bezieht sich auf die Kultur und Werte einer Organisation, "P-O fit refers to compatibility between employees and the organization, ... [it] is ... measured in terms of congruence between individual and organizational values."[469]

Daß diese Idee bereits lebhaften Eingang in die Praxis der Personalbereitstellung gefunden hat, zeigt sich an der Einführung der Assessment Center. Dieses stellt ein systematisches Verfahren zur qualifizierten Ermittlung von Verhaltensleistungen dar, das in Einzel- und Gruppenübungen gespaltet ist und in dem Teilnehmer von mehreren speziell geschulten Kräften auf vorher definierte Anforderungen hin beobachtet und beurteilt werden.[470] Gerade kulturelle Eigenschaften wie Beharrlichkeit, Unabhängigkeit, Sensibilität oder Risikobereitschaft sollen über verschiedene Übungen in Assessment Centern gut beobachtbar sein; Kommunikationsfähigkeit kann in ihnen aufgespaltet betrachtet werden, in Form von mündlichem Ausdruck und Präsentation, schriftlichem Ausdruck und Zuhören können.[471]

Als Beispiel zur Veranschaulichung kann man sich vorstellen, im Rahmen eines Assessment Center, das netzwerkfördernde Eigenschaften prüft, die Anforderung 'Durchsetzungsfähigkeit' zu ersetzen oder zumindest zu ergänzen mit den Anforderungen 'Kommunikations- und Konsensfähigkeit'. Ein Assessment Center, das sich für die

---

[468] Cabrera, E., Bonache, J., HR system, S. 56.
[469] Cabrera, E., Bonache, J., HR system, S. 56.
[470] Gebert, D., Rosenstiel, L., v., Organisationspsychologie, S. 221 - 231.
[471] Jeserich, W., Mitarbeiter, S. 123.

Auswahl von Personen eignet, die gut in Netzwerk-Organisationen passen, sollte nicht nur speziell für die Anforderungen einer Netzwerk-Organisation (z. B. in Anlehnung an die Strukturkomponenten) entwickelt werden, sondern auch jeweils an die einzelne Organisation angepaßt sein, das heißt Spezifika der jeweiligen Organisationskultur aufgreifen. Nur so kann als Grundlage ein passendes Anforderungsprofil gewährleistet werden.

Im Rahmen der Personalbeeinflussung wird hier auf Maßnahmen eingegangen, die nicht auf einmalige Problemfälle ausgerichtet sind, sondern von solchen singulären Situationen abgehoben sind. Diese Maßnahmen werden deshalb auch als präsituative oder strukturelle Maßnahmen der Verhaltensbeeinflussung bezeichnet.[472]

Dabei ergänzen sich sozialisatorische und organisatorische Maßnahmen, das heißt es geht ebenso um die Sozialisation von Mitarbeitern, wie um ihre organisatorische Einbindung. "Administrative control", aber insbesondere die "normative-cultural control"[473] sollen gemeinsam darauf abzielen, die Anspruchskonformität des Verhaltens der einzelnen zu fördern, organisationale Verhaltensnormen zu internalisieren, Selbstverpflichtung und Selbstkontrolle zu verstärken.[474] "Individuals do not leave their shared values at the door when they enter a new subsidiary. The rotation or personnel consequently makes it difficult to implement and sustain differing ... values."[475]

Personal–Rotation, –Tausch, –Transfer, –Union und –Training sind konkrete Maßnahmen, deren Zusammenhang mit den sozialen und organisatorischen Gruppenaspekten zur Förderung von Netzwerk-Elementen diskutiert wird. Gruppen sind wichtige Einheiten in Organisationen, sie dienen als Intermediäre zwischen Organisation und Individuum.[476] Das ist besonders vor dem Hintergrund wichtig, daß Mitarbeiter und Manager parallel Mitglied in mehreren Gruppen sein können, und dadurch zu intra- und intersystem-übergreifender Kommunikation beitragen können. Gruppen sind besonders geeignet, wenn es darum geht, hohe Intensität des Leistungsaustausches (SK # 1) und Wechselseitigkeit des Leistungsaustausches (SK # 2) zu schaffen.[477] Gruppenbeziehungen sind dafür so zu gestalten, daß reziproke Interdependenz (SK # 2) besteht, das heißt, daß sich die Arbeitsprozesse der Gruppen gegenseitig bedingen, die Arbeitsergebnisse jeder Gruppe Input für

---

[472] Kossbiel, H., Personalwirtschaft, S. 373.
[473] Nohria, N., Differentiated, S. 114.
[474] Kossbiel, H., Personalwirtschaft, S. 373.
[475] Nohria, N., Differentiated, S. 114f.
[476] Steinmann, H., Schreyögg, G., Management, S. 505.
[477] Gebert, D., Rosenstiel, L., v., Organisationspsychologie, S. 127 – 145.

die jeweils andere sind.[478] Je mehr die Gruppen im Arbeitsprozeß aufeinander angewiesen sind, um so höher wird die wechselseitige Interdependenz (SK # 2) und die Intensität des Leistungsaustausches (SK # 1).[479] Um so mehr sind die Strukturkomponenten in Richtung des Idealtyps Netzwerk ausgeprägt.

Gruppen können nach formeller und informeller Gruppenzugehörigkeit unterschieden werden.[480]

Ergeben sie sich aus der organisatorischen Gliederung und / oder einer Projekt-, Aufgabenerfüllung, so heißen sie formale Gruppen. Informelle, sozioemotionale Gruppen entstehen primär über persönliche Sympathiegefühle und Wünsche. Sie sind formal-organisatorisch nicht vorgesehen und entwickeln sich neben den formalen Kontakten. Oft sind formelle und informelle Beziehungen so eng miteinander verwoben, daß eine klare Trennung nur schwer möglich scheint, und zudem insofern nicht nötig ist, als formale Gruppen in der Regel um so besser funktionieren, je mehr sie in informelle Gruppen eingebunden sind und über einzelne Mitglieder mit informellen Gruppen in Beziehung stehen.[481]

Formelle und informelle Gruppen können jeweils als Teilsysteme betrachtet werden. Innerhalb des Teilsystems Gruppe vollzieht sich Kommunikation reibungsloser als zwischen Teilsystemen.[482]

Besonders die kulturellen Strukturkomponenten (SK # 12-17) sind im Zusammenhang mit Gruppen in Organisationen wichtig. Klare Erwartungen (SK # 12) werden in Gruppen gefördert, da Verhaltenskorrektur über Sanktionierung (z.B. Isolierung, Beschimpfung) von Abweichungen stattfindet.[483] Normen und Standards sind ein Mechanismus, eine Gruppe aufrecht zu erhalten. Normen geben an, was in einer Gruppe an Denk- und Verhaltensweisen erwartet wird, die Erwartungen (SK # 12) sind allen Mitgliedern bekannt. Standards haben einen höhere Bewußtseinsgrad als Normen und liefern Richtwerte für das faktische Verhalten in Gruppen. Sie werden erstellt, um die faktische Zielausrichtung (SK # 13) von Mitgliedern zu erleichtern.[484] Abweichungen von Standards werden in

---

478 Thompson, J., Organizations, S. 54f.
479 Steinmann, H., Schreyögg, G., Management, S. 535.
480 Schneider, H.-D., Kleingruppenforschung, in: Steinmann, H., Schreyögg, G., Management, S. 535.
481 Steinmann, H., Schreyögg, G., Management, S. 507.
482 Frese, E., Organisation, S. 248.
483 Steinmann, H., Schreyögg, G., Management, S. 516.
484 Steinmann, H., Schreyögg, G., Management, S. 515.

Gruppen ebenso sanktioniert, wie Abweichungen von Normen, so tragen sie zu Zielkongruenz (SK # 13) bei.
Im Rahmen der Untergliederung von Organisationen kommt es zu 'Kommunikationsverdünnung', das heißt es stellt sich die Tendenz ein, nur noch innerhalb des eigenen Bereichs, der eigenen Gruppe Informationen auszutauschen.[485] Die Zugehörigkeit zu informellen Gruppen, in denen jenseits der formellen Gruppen Informationen ausgetauscht werden, führt zu breiterer Informationsverteilung und erhöhter Kommunikation (SK # 6). Kommunikation wird in Gruppen auch dadurch erleichtert, daß es dank Normen und Standards eher klare Erwartungen (SK # 12), geteilte Werte (SK # 16) und geteilte Ziele (SK # 13) gibt. Das macht Mißverständnisse eher unwahrscheinlich als bei Kommunikation zwischen oder in fremden, heterogenen Gruppen.
Personal-Rotation, –Tausch, –Transfer, und –Union sind personalwirtschaftliche Instrumente, die es ermöglichen Gruppenzugehörigkeit nicht nur zu den jeweils aktuellen formellen, sondern auch zu (dann) informellen Gruppen zu fördern.
Im Rahmen der Personalunion werden bis dato getrennte Funktionen in einer Person vereinigt, so daß diese dann zum Mitglied zweier formeller Gruppen wird. Dadurch haben beide Gruppen Zugang zu den Informationen des neuen Mitgliedes und dieses ist in die Regelkommunikation einer zusätzlichen Gruppe eingebunden, wodurch sich das Informationsniveau erhöht, die Kommunikation (SK # 6) verbessert wird.
Bei Personal-Rotation wird es den Gruppenmitgliedern, je nach Sympathie, ermöglicht informelles Mitglied in allen bereits durchlaufenen Gruppen zu sein. Nach einem totalen Rundumwechsel ist es denkbar, daß alle Gruppen und alle Gruppenmitglieder untereinander persönliche Beziehungen aufgebaut haben.[486] In so einem Fall wären dann alle "netzwerkartig miteinander verbunden".[487] Beim Personal-Transfer kann dieser Effekt für eine Gruppe gelten. Das heißt, daß derjenige, der im Rahmen eines Transfers seine Position verläßt, seiner bisherigen formellen Gruppe in Zukunft informell angehört. Im Rahmen des Personaltauschs kann dieser Effekt informeller Gruppenzugehörigkeit dann von zwei Mitarbeitern für zwei Gruppen realisiert werden.

Geschlossenheit und Festigkeit von Gruppen variieren. Kohäsion bezeichnet das Ausmaß, in dem eine Gruppe eine Einheit bildet. Auf das einzelne Mitglied bezogen bezeichnet

[485] Steinmann, H., Schreyögg, G., Management, S. 395.
[486] Kossbiel, H., Personalwirtschaft, S. 373.
[487] Steinmann, H., Schreyögg, G., Management, S. 507.

Gruppenkohäsion den Attraktivitätsgrad einer Gruppe, Mitglieder hochkohäsiver Gruppen engagieren sich stärker für die Gruppe.[488] Generell läßt sich also bezüglich der informellen Gruppen sagen, daß sie tendenziell hochkohäsiv sein müssen, da sie nur existieren, weil die Mitglieder sich privat dafür entscheiden, Mitglied zu werden und in ihnen zu verbleiben und sich privat zu engagieren. Im Gegensatz zu formellen Gruppen. Hier wird die Mitgliedschaft organisatorisch vorgegeben und somit läßt sich über deren Gruppenkohäsion keine generelle Aussage treffen.

Gerade bei den personalwirtschaftlichen Maßnahmen Personal–Rotation, –Tausch, und –Transfer geht es nicht nur um den Transfer von berufsfachlichem Know-how, sondern auch um die Förderung informeller Gruppen. So wird z.B. erwartet, daß ein Mitarbeiter, der in einem dieser Programme eine neue Position einnimmt, die Kontakte der alten formellen – jetzt informellen – Gruppe nutzt, und diese idealerweise für die neue formelle Gruppe öffnet.

Je mehr Mitarbeiter also Mitglieder in je mehr informellen Gruppen werden, um so größer wird die Kohäsion (SK # 15), die durch das gesamte Unternehmen diffundiert. Je kohäsiver Gruppen sind, um so besser funktioniert in ihnen die Kommunikation (SK # 6) und um so größer ist die Wahrscheinlichkeit, daß Mitglieder ihre Meinungen, Normen und Ziele anpassen.[489] Folglich wird es mehr gemeinsame Erwartungen, (SK # 12) Werte (SK # 16) und Identitäten (SK # 14) geben und eine um so größere Zielkongruenz (SK # 13).

Personaltraining ist eine weitere Methode der Personalbeeinflussung. Neben der Vermittlung von berufsfachlichen Kenntnissen und Fähigkeiten gewinnt die Vermittlung sozialer Kompetenzen und sogenannter 'softer skills' zunehmend an Bedeutung.[490] "Management training ... has become a big business, ... approximately $ 12 billion is devoted to executive education."[491] Diese Tendenz spiegelt sich in der Seminaristik der Praxis wieder. So gab es zum Beispiel im Weiterbildungsprogramm der DaimlerChrysler AG 2000, unter anderen, folgende Workshops, Seminare oder Kolloquien: >Das Management von Integrationsprozessen<, >Führen als Kunst<, >Das Management von Widersprüchen<, >Führung – Körpersprache und Persönlichkeit<, >Die Sprache des Unter-

488 Friedlander, F., Groups, S. 305.
489 Tannenbaum, A.S., Organization, S. 86ff.
490 Steinmann, H., Schreyögg, G., Management, S. 621.
491 Fulmer, R., Paradigm, S. 59.

nehmens<, >Interkulturelle Beziehungen – das Problem der Rollenzuweisung<, >Emotional Intelligente Kommunikation in Führungssituationen<, >Herausbildung einer transnationalen kulturellen Identität<. Der in der Literatur betonte Anspruch, daß "... learning is self-directed. Individuals ... must develop the ability to access information.."[492] hat sich in der Praxis durchgesetzt. Daran, daß Kommunikation (SK # 6) bei der DCAG eine eigene Trainingssparte mit acht wählbaren Seminaren darstellt, so z.B. >Erfolgs-faktor Kommunikation<,[493] kann man die hohe Bedeutung, die der Strukturkomponente Kommunikation in der Praxis bereits zugestanden wird, erkennen.

Hier ist zu sehen, daß grundsätzlich an die Möglichkeit geglaubt wird und sie genutzt wird, mittels Personaltraining die kulturelle Disposition von Mitarbeitern zu beeinflussen, "... to create a culture of speed, simplicity and self-confidence ... expected results include: boundaryless, cross-functional teamwork, empowered employees, building of trust ..."[494] (SK # 12-17, bes. Vertrauen, SK # 17). Die Beeinflussung kann in Richtung einer idealtypisch netzwerknahen Organisation geschehen, indem Seminarinhalte so gestaltet werden, daß sie die Existenz einzelner oder verschiedener Strukturkomponenten von Netzwerken in der Organisation fördern sollen. Besonders deutlich wird das in der DCAG am Beispiel >Herausbildung einer transnationalen kulturellen Identität<. Es ist schon aus dem Titel zu erkennen, daß eine gemeinsame Identität (SK # 14) gewünscht ist, auf dem Weg dahin und mittels gemeinsamer Identität sollen auch geteilte Werte (SK # 16), eine hohe Kohäsion (SK # 15) und klare Erwartungen (SK # 12) gefördert werden.

Auch die Förderung der Zugehörigkeit zu informellen Gruppen ist ein Aspekt des Personaltrainings. Trainingsteilnehmer werden aus verschiedenen Unternehmens-bereichen und –hierarchieebenen ausgewählt, "... recognition that drawing participants from many vertical slices of the organization, rather than from one thin horizontal slice, yields more significant impact."[495] Die Wahl des Veranstaltungsortes, etwa in Form eines Hauses außerhalb der alltäglichen Arbeitsumgebung und die Teilnahme an 'evening events' sollen den Zusammenhalt der Trainingsgruppe fördern. Oft schließen einige der Teilnehmer sich zu einer informellen Gruppe zusammen, die über das Training hinaus weiter existiert. Wie oben diskutiert besteht in informellen Gruppen hohe Kohäsion (SK # 15) und mittels bereichsübergreifender Teambildung im Rahmen von Trainings soll zudem eine

---

[492] Fulmer, R., Paradigm, S. 63f.

[493] Die Veranstaltungen sind dem Fort- und Weiterbildungsprogramm 2000 der DaimlerChrysler AG, Bereich OMP (= Organisations-Management und Personalentwicklung) entnommen.

[494] Fulmer, R., Paradigm, S. 63f.

[495] Fulmer, R., Paradigm, S. 60ff.

Diffundierung der Normen und Werte (SK # 16) des Unternehmens, das heißt eine Förderung der kulturellen Strukturkomponenten (SK # 12 – 17) erreicht werden.

Nachdem nun Maßnahmen der Personalauswahl und –beeinflussung vorgestellt wurden, die geeignet scheinen, in einer Organisation netzwerknahe Elemente zu verstärken, wird im Folgenden auf die Sinnhaftigkeit dieser Maßnahmen, unter dem Selektions-mechanismus Effizienzkriterien, eingegangen.

5.3.2.3 Effizienzkriterien - Selektionsmechanismus

Für eine anwendungsorientierte Gestaltungskonzeption sind vereinfachende Annahmen über die Gestaltungsmaßnahmen und deren Folgen nötig, eine Reduzierung der Komplexität erfolgt hier zunächst über die Aufspaltung der Gestaltungsproblematik der Organisation in Koordinations- und Motivationseffizienz[496] – siehe dazu auch vorne unter Kapitel 3.2.3.

Im Rahmen der Koordinationseffizienz ist zu prüfen, inwieweit mittels Personalauswahl und Personalbeeinflussung Autonomie- bzw. Abstimmungskosten verringerbar sind.
Autonomiekosten beruhen darauf, daß die Qualität arbeitsteiliger Einzelentscheidungen unter einer geringeren Informationsbasis leidet. Aktivitäten zur Verbesserung der Informationsbasis und damit der Entscheidungsqualität setzen den Einsatz von Ressourcen voraus und verursachen so Abstimmungskosten. Koordinationseffizienz besteht also in der Abwägung der jeweiligen Autonomie- und Abstimmungskosten.[497]
Die Kriterien der Motivationseffizienz basieren auf der These, daß tatsächliches Verhalten der Mitarbeiter beeinflußbar ist - präskriptive bzw. gewünschte und tatsächliche Verhaltensweisen stimmen oft nicht überein. Geeignete Motivations-maßnahmen sollen tatsächliches Verhalten beeinflussen.[498]

Maßnahmen der Personalbereitstellung zielen darauf ab, den Kandidaten mit dem 'best fit'[499] für eine Stelle zu finden. Je besser es durch geeignete Personalauswahl gelingt, die

---

[496] Frese, E., Organisation, S. 244.
[497] Siehe Kapitel 3.2.3 und Frese, E., Organisation, S. 258f.
[498] Siehe Kapitel 3.2.3 und Frese, E., Organisation, S. 260.
[499] Cabrera, E., Bonache, J., HR system, S. 58.

Person zu finden, die nicht nur den Stellenanforderungen (Personen-Job-Fit) gerecht wird, sondern auch zur Organisation paßt (Personen-Organisations-Fit), um so besser können Mitarbeiter als Ressource von Anfang an genutzt werden, da weniger Aufwand nötig ist, um einen 'fit' annähernd herzustellen. In diesem Sinne würde eine Steigerung der Potentialeffizienz, das heißt der gesteigerten Ressourcennutzung,[500] vorliegen. Der Personen-Organisations-Fit ist zudem wegen der kommunikationsfördernden Folgen einer homogenen Orientierung[501] von Bedeutung. Je effizienter die Kommunikation in einer Organisation erfolgt, um so geringer werden die anfallenden Autonomie- und Abstimmungskosten, das heißt, um so höher die Koordinationseffizienz.[502]

Aus motivationstheoretischer Perspektive ist die Personalauswahl von Bedeutung, da ein Individuum nur solche Handlungen erfolgreich auszuführen vermag, für die es hinsichtlich seiner physischen, sensorischen, und kognitiven Fähigkeiten hinreichend geeignet ist. Sprich die für Handlungen nötigen qualifikatorischen Voraussetzungen müssen gegeben sein.[503] Röpke spricht in diesem Zusammenhang von 'mittlerer Aufgabenschwierigkeit'. Die Motivation leidet wenn das Individuum Über- oder Unterforderung erfährt.[504] Personalauswahl, die in diesem Sinne geeignete Kandidaten herausfiltert, trägt zur Motivationseffizienz bei.

Auswahlverfahren wie Eignungstests und die Profil-Methode, sind in der Praxis bereits etabliert.[505] Es handelt sich folglich noch darum, sie dergestalt abzuändern oder zu ergänzen, daß sie den Gestaltungsempfehlungen gerecht werden. In der Regel sind die Auswahlverfahren, gerade bei größeren Firmen, auf die jeweiligen Bedürfnisse der einzelnen Organisationen zugeschnitten. Der zusätzliche Aufwand, sie nun um Elemente zu ergänzen, die neben qualifikatorischen Voraussetzungen auch persönliche und kulturelle Einstellungen prüfen, wie die tendenzielle Ausprägung von kulturellen Strukturkomponenten, etwa ob schon gemeinsame Wertvorstellungen (SK # 16) mit der Organisation bestehen, scheint relativ gering. Zudem ist eine regelmäßige Aktualisierung

---

[500] Frese, E., Organisation, S. 266.
[501] Frese, E., Organisation, S. 248.
[502] Frese, E., Organisation, S. 259.
[503] Kossbiel, H., Personalwirtschaft, S. 334.
[504] Röpke, J., Innovation, S. 138, 165.
[505] Psychologische Tests finden in der betrieblichen Praxis statt. Daher wird auf die Kontroverse, ob psychologische Tests bei der Personalauswahl überhaupt theoretisch fundiert vertretbar sind, hier nicht eingegangen.

der Auswahlmethoden in einer dynamischen Umwelt bereits ohnehin üblich, selbst im nur engen Rahmen des Personen-Job-Fit, in dem sich die Stellenanforderungen immer schneller ändern.

Der Einsatz von Personal-Auswahlverfahren erscheint demnach aus der Perspektive des Selektionsmechanismus 'Effizienzkriterien' sinnvoll.

Maßnahmen der Personalbeeinflussung werden sowohl organisatorisch als auch sozialisatorisch diskutiert. Sie zielen auf die organisatorische Einbindung von Mitarbeitern ebenso, wie sie darauf abzielen, die Anspruchskonformität der Mitarbeiter zu fördern, das in einer Organisation gewünschte Verhalten zu verstärken.[506] Neben der Koordinationseffizienz ist in diesem Bereich die Motivationseffizienz von besonderer Bedeutung: Gegenstand der Motivationseffizienz ist es, die organisatorische Gestaltung darauf auszurichten, daß Mitarbeiter ihre vorhandenen Verhaltensspielräume so unternehmenskonform wie möglich ausfüllen.[507]
Personal-Union ist eine organisatorische Maßnahme, die die Koordinationseffizienz verbessern kann. Bisher geteilte Funktionen werden nun in einer Person zentriert, das heißt Interdependenzen werden reduziert, mangelnde Abstimmung bestehender Interdependenzen würden Qualitätseinbußen verursachen, die Interdependenzeffizenz wird durch Personal-Union also gesteigert. Mehr Entscheidungen werden nun von einer Person gefällt, wodurch die Abstimmungskosten sinken, die entstehenden Autonomiekosten der Informationsverarbeitung und Informationsbesorgung sind in der Regel relativ geringer. Grundsätzlich ist davon auszugehen, daß die übergeordnete Einheit die Informationen der untergeordneten Einheiten hat oder einholen kann,[508] besonders da nach einer Personal-Union der neue Entscheider als Mitglied der formellen, organisatorischen Gruppe in die Regelkommunikation einbezogen ist. Die Autonomiekosten sind also vergleichsweise gering, der Zentralisierungseffekt einer Personal-Union führt in diesem Sinne zur Steigerung der Koordinationseffizienz.

Einen weiteren Beitrag zur Steigerung der Koordinationseffizienz über Verminderung der Autonomie- und Abstimmungskosten können informelle Gruppen liefern. Autonomie-

---

506 Kossbiel, H., Personalwirtschaft, S. 373.
507 Frese, E., Organisation, S. 271.
508 Frese, E., Organisation, S. 263.

kosten entstehen aufgrund der nötigen Verbesserung der Informationsbasis und Informationsverarbeitung, Abstimmungskosten aufgrund des dazu nötigen Einsatzes von Ressourcen, z.B. als Kommunikationskosten.[509] Personal–Rotation, –Tausch und –Transfer sind, wie oben diskutiert, personalwirtschaftliche Gestaltungsmaßnahmen, die unter anderem auch die Folge haben sollen, die Entstehung und Verbreitung informeller Gruppen zu fördern.

Informelle Gruppen als Teilsysteme sorgen dafür, daß sich Kommunikation reibungsloser vollzieht.[510] Muß ein Entscheider etwa nötige Informationen nicht über den Weg der Regelkommunikation, unter Einsatz von Ressourcen und langen Wegen, einholen, sondern wird er über informelle Kommunikationswege automatisch mit Informationen versorgt, so fallen weniger Abstimmungskosten an, da nicht explizit Zeit und Ressourcen zur Informationsversorgung bereitgestellt werden. Informelle Gruppen weisen in der Regel einen relativ hohen Grad an Kohäsion und Homogenität auf, Kommunikationsschwierigkeiten, Mißverständnisse und Fehlinterpretationen sind weniger häufig.[511] Die Informationsbasis ist vergleichsweise besser, über geringere Autonomiekosten wird die Koordinationseffizienz gesteigert. In informellen, kohäsiven Gruppen ist nicht nur die Kommunikationsdichte höher, sondern auch die Wahrscheinlichkeit, daß Meinungen und Ziele der Gruppenmitglieder übereinstimmen, ist relativ hoch.[512] Die Abstimmungskosten werden relativ gering, was ebenfalls eine Steigerung der Koordinationseffizienz bedeutet.

Personal-Rotation ist in der Form von 'Job-Rotation' als direkte Folge von Versuchen motivierender Arbeitsgestaltung entstanden. Den Hauptimpuls dafür liefert die Herzbergsche Motivationstheorie mit ihrer Betonung des Arbeitsinhalts, dieser determiniert die Arbeitszufriedenheit und kann als Motivationsquelle genutzt werden. Es gibt 'satisfiers', die, da sie Zufriedenheit stiften, als Motivationsfaktoren bezeichnet werden.[513] Personal-Rotation ist eine Form der Arbeitsorganisation, die den Handlungsspielraum von Mitarbeitern erhöht, durch Steigerung der Arbeitsvarietät wird der Arbeitsinhalt erweitert, die Maßnahme wirkt somit motivationsfördernd.[514]

---

509 Frese, E., Organisation, S. 259.
510 Frese, E., Organisation, S. 248.
511 Steinmann, H., Schreyögg, G., Management, S. 512.
512 Steinmann, H., Schreyögg, G., Management, S. 513.
513 Dülfer, E., Betriebswirtschaftslehre, S. 166f.
514 Steinmann, H., Schreyögg, G., Management, S. 488 – 490.

Eine Anreicherung von Arbeitsinhalten soll zur Motivation beitragen, indem sie die Entfaltung und Nutzung beruflicher und sozialer Kompetenz ermöglicht.[515] Diese Intention kann neben der Personal-Rotation auch auf Personal–Tausch, –Transfer und –Union übertragen werden. Wichtig ist hier jedoch, daß die Mitarbeiter sich jeweils freiwillig, aus eigenem Antrieb zur Teilnahme an den Programmen entscheiden. Die motivationsfördernde Absicht kann nur funktionieren, wenn kein Zwang seitens der Vorgesetzten ausgeübt wird, sich an einem der Programme zu beteiligen. Die persönliche Entscheidung einzelner Mitarbeiter, sich gegen eine Teilnahme zu entscheiden, kann auf vielfältigen Überlegungen basieren, lokale geographische Gebundenheit sei als nur ein Beispiel genannt. Sollte dennoch eine Teilnahme gefordert werden, würden sich die Ziele der Organisation konfliktär zu den Zielen des Mitarbeiters verhalten, die Forderung allein würde schon zur De-Motivation ausreichen.[516]
Ob diese Maßnahmen der Personalbeeinflussung Motivation fördern oder nicht, hängt demnach jeweils vom Einzelfall ab, eine grundsätzliche Aussage zur Steigerung / Senkung von Motivationseffizienz ist hier nicht möglich.

Neuere motivationstheoretische Ansätze sehen als Beeinflussungsfaktoren von Motivation in erster Linie das Verhalten der Vorgesetzten, Beziehungen innerhalb der Gruppe und materielle Anreize.[517] Maßnahmen des Personal-Trainings wie Seminare zu Konflikt- oder Beziehungsmanagement, Teamfähigkeit oder Führungsverhalten zeigen, daß soziale Kompetenzen über Training vermittelt werden sollen. Seminar-Inhalte wie 'Motivationsfördernde Führung' oder 'Motivationsförderndes Teamverhalten' wären sicherlich denkbar. Hier ist jedoch zu berücksichtigen, daß die Persönlichkeit des einzelnen eine so große Rolle spielt, daß, wenn überhaupt, bestenfalls Einzelfall-Entscheidungen und -Beurteilungen möglich sind. Generell gilt vielmehr, daß über den Erfolg von Trainingsprogrammen zu 'soften Faktoren' keine eindeutigen Aussagen gemacht werden können.[518] Somit sind zu diesen Inhalten auch Tendenzaussagen kaum zu vertreten.
Eine grundsätzliche Aussage zur Steigerung von Motivationseffizienz ist hier also ebenfalls nicht möglich.

---

515 Kieser, A., Kubicek, H., Organisation, S. 337.
516 Frese, E., Organisation, S. 271ff.
517 Kieser, A., Kubicek, H., Organisation, S. 40.
518 Steinmann, H., Schreyögg, G., Management, S. 621.

Alle hier angesprochenen Maßnahmen der Personalbeeinflussung sind in der betrieblichen Praxis etabliert. Personal-Rotation, -Tausch, -Transfer und -Union sind personelle Maßnahmen, die, so sie auf freiwilliger Basis durchgeführt werden, über Förderung informeller Gruppen netzwerkfördernde Effekte haben, ohne daß sie dazu extra modifiziert werden müßten; es ist kein zusätzlicher Aufwand nötig. Insofern Freiwilligkeit gegeben ist, erscheint der Einsatz dieser Personalbeeinflussungs-Verfahren demnach aus der Perspektive des Selektionsmechanismus 'Effizienzkriterien' sinnvoll.

Personal-Training ist eine Maßnahme, die so gestaltet werden kann, daß netzwerknahe Elemente vermittelt werden; Dabei läßt sich zur Höhe der Erfolgsaussichten einer entsprechenden Gestaltung zwar keine Aussage machen. Insofern die Umgestaltung jedoch mit einem entsprechend geringem Aufwand durchgeführt wird, spricht aus Perspektive der Effizienzkriterien aber zumindest nichts gegen ihren Einsatz.

5.3.2.4 Anschlußfähigkeit Theorie – Praxis, Art der Implementation

Wie oben gezeigt, gibt es in der Praxis Gestaltungsmöglichkeiten, die den Netzwerk-Charakter eines Unternehmens verstärken sollen, das heißt die netzwerknahe Ausprägung der Strukturkomponenten fördern sollen und deren Einsatz unter Effizienzgesichtspunkten sinnvoll scheint.

Analog zum Begriff des Beobachters zweiter Ordnung[519] wird hier der Begriff Implementation zweiter Ordnung aufgegriffen.

Konkret geht es in diesem Gestaltungsfeld darum, die oben vorgestellten personalwirtschaftlichen Maßnahmen nicht einfach einführen zu wollen. Nicht ein Manager oder eine Gruppe fällt die Entscheidung, bestimmte personalwirtschaftliche Maßnahmen einzusetzen. Es geht vielmehr darum, daß bestimmte personalwirtschaftliche Instrumente existieren und eine aktive Auseinandersetzung mit ihnen erfolgt: mit den historischen und unternehmensspezifischen Gegebenheiten, aus denen sie gewachsen sind; mit den Voraussetzungen, unter denen sie funktionieren können; mit den Erwartungen, die an ihren Einsatz geknüpft sind; mit den Entscheidungen, die für sie nötig sind.

---

[519] Luhmann, N., Wissenschaft, S. 68 – 121.

Je mehr Mitarbeiter an der Interaktion[520] zu den personellen Gestaltungsmaßnahmen beteiligt sind und je intensiver sie zusammenarbeiten, um so mehr sozialisiert sich eine Gruppe. Das geteilte Wissen und damit die Wahrscheinlichkeit erfolgreicher Kommunikation steigt. Mitarbeiter nehmen in dieser Situation idealerweise zwei Positionen ein. Sie sind, erstens, sowohl als Positionsinhaber an der Interaktion beteiligt, als auch, zweitens, Mitglieder des Systems. Das heißt sie verstehen, was das System will und das System versteht sie. Konkret bedeutet das, daß sie wissen, was für Erwartungen über personalwirtschaftliche Gestaltungsinstrumente herrschen und gleichzeitig versteht das System ihre Äußerungen, kann also Befürchtungen, Hoffnungen, und Erwartungen, die sie zu den personellen Gestaltungsinstrumenten äußern, beurteilen. Je erfolgreicher dieses 'Mehr an Interaktion' praktiziert wird, um so eher wird sich auch hier eine Identität des Systems herausbilden, die von mehr Systemteilnehmern verstanden wird. In anderen Worten: die eigene Sinnwelt des jeweiligen Systems konstituiert sich. Die Handlungen und Entscheidungen, die in einem solchen System im Rahmen der personellen Handlungsfreiräume von Organisationsmitgliedern gefällt werden, sind vergleichsweise absehbarer.[521]

In der Praxis spiegeln sich diese Überlegungen zum Teil schon in ersten Schritten wider: Hinweise zu Projekterfolgen wie 'Aus Betroffenen Beteiligte machen' zeigen, daß auch empirisch festgestellt wurde, daß die Umsetzung von Maßnahmen um so erfolgreicher ist, je höher und intensiver die interaktive Beteiligung der Teilnehmer ist.
Die Theorie ist der Praxis hier in dem Sinn voraus, daß es noch immer Überlegungen gibt, sich 'Gute Kommunikationsstrategien' zum Einsatz bestimmter personalwirtschaftlicher Instrumente einfallen zu lassen, die dann an die Betroffenen 'verkauft' werden. Die Theorie kann hier die Einsicht liefern, daß ein solches Verständnis von einem 'Mehr' an Kommunikation nicht funktionieren wird.
Ein 'Mehr' an Interaktion, das über Identitätsbildung erfolgreiche Kommunikation und klare Erwartungen wahrscheinlich macht, erlaubt eher Tendenzaussagen zu den Gestaltungsinstrumenten; Teilnehmern wird zugemutet, daß sie Rollenkonsistenz wahren.[522] Zwar sind die Ergebnisse von Maßnahmen noch immer einzelfallabhängig, sie können noch immer so sein, wie beabsichtigt, oder gerade das Gegenteil, oder gar nicht statt-

---

520 Mittels Interaktion werden überdauernde Aspekte einer Person vermittelt, das Erleben und Verhalten sowie Handlungen und Erfahrungsbildung der Teilnehmer werden füreinander ersichtlich, Tomaszewski, T., Bewußtsein, S. 11 - 21.

521 Siehe Abbildung 3-5, Nicht-triviales, komplexes Systemmodell, Willke, H., Interventionstheorie, S. 34.

522 Luhmann, N., Systeme, S. 569f.

finden. Die Wahrscheinlichkeit jedoch, daß sich im Rahmen der Interaktion für die Beteiligten herauskristallisiert hat, welche Regeln befolgt werden, welche semantische und kognitive Struktur ihre Handlungen und Entscheidungen beeinflussen, ist so hoch, daß Prognosen über Ergebnisse eher möglich werden und von einem sich derart selbst kennenden System legitimer scheinen. Idealtypischerweise würden die Beteiligten hier in die Lage versetzt, die Maßnahmenkombinationen auswählen zu können, von denen sie erwarten, daß sie am deutlichsten netzwerkfördernd sind.

Auf diese Weise gibt es zwei Ebenen der Förderung von Netzwerkelementen mittels personalwirtschaftlicher Gestaltungsinstrumente in einer Organisation. Auf der ersten Ebene wird eine bessere Differenz-Formulierusng die Auswahl geeigneter personeller Maßnahmen verbessern. Auf der zweiten Ebene wird mittels der Implementation zweiter Ordnung die Netzwerknähe zudem unabhängig vom Betrachtungsgegenstand gefördert. Unabhängig davon, ob die eingesetzten Personalmaßnahmen schließlich die in Kapitel 5.3.1.2 dargestellten idealtypischen Ergebnisse liefern, findet dank der Interaktion[523] zu dem Thema ein Prozeß statt, in dem das System Organisation sich selbst, seine kognitive und semantische Struktur, seine Kommunikationsregeln und Erwartungen wahrnimmt: die Beteiligten erfahren eine Sozialisation.[524] Geteilte Werte (SK # 16), klare Erwartungen (SK # 12) und Kommunikation (SK # 6) sind Strukturkomponenten von Netzwerken, das heißt diese Praxis, die die Vorteile der Interaktion "kapitalisiert"[525] bedeutet auch eine Verstärkung der Netzwerk-Elemente in einer Organisation. Sie rückt, auf der theoretischen Abbild-Ebene betrachtet, näher an die Achse Netzwerkintensität des Zustandsraums.

5.3.3 Anreizgestaltung

"A properly designed reward system can be a key contributor to organizational effectiveness."[526] Im Folgenden werden die Gestaltungsmöglichkeiten des Aktionsfeldes Anreizmechanismen dargestellt. Anschließend wird diskutiert welche Möglichkeiten sich aus

---

[523] Dies funktioniert für die aktiv Beteiligten. Über die Grenzen der Interaktion (des Interaktionsystems) hinaus ist es unwahrscheinlich, daß Kommunikation stattfinden wird - "Anderswo haben Leute etwas anderes zu tun." Luhmann, N., Systeme, S. 218.

[524] Luhmann, N., Systeme, S. 280f, 560ff; Willke, H., Interventionstheorie, S. 34.

[525] Luhmann, N., Systeme, S. 561.

[526] Lawler, E., Reward systems, S. 255.

ihnen ergeben, die Netzwerk-Elemente in einer Organisation zu verstärken. Als Anpassungsmechanismus dienen wiederum die Strukturkomponenten von Netzwerken. Welche Möglichkeiten auch ökonomisch sinnvoll scheinen, wird unter dem Selektionskriterium der Effizienz geprüft. Der letzte Schritt wird die Diskussion der Anschlußfähigkeit von Theorie und Praxis sein.

5.3.3.1 Darstellung des Gestaltungsfeldes Anreize

"Die komplizierten arbeitsteiligen Prozesse in modernen Organisationen, die damit einhergehende Notwendigkeit zunehmender horizontaler Zusammenarbeit sowie die veränderten Einstellungen und Erwartungen der Mitarbeiter ... lassen das hierarchische Ordnungsprinzip im Hinblick auf eine optimale Leistungserstellung und Zufriedenheit der Mitarbeiter immer dysfunktionaler werden."[527]

Im Folgenden wird darauf eingegangen, wie Anreiz-Ausgestaltung das Verhalten der Beteiligten - und damit den Erfolg - beeinflussen kann. Das Ausmaß, in dem ein Individuum bereit ist, sich für innovative Aufgaben zu engagieren, hängt vor allem von den Ergebnissen ab, die es sich durch sein Engagement zu erringen hofft.[528]
Es geht also darum, die Differenz zwischen den Erfordernissen und Zielen der Organisation auf der einen, und den Bedürfnissen und Zielen der Individuen auf der anderen Seite neu zu überbrücken.[529] Neu hier zum einen, da in dem diskutierten Beispiel einer Fusionssituation davon ausgegangen wird, daß die Mitarbeiter, aufgrund eines Anreiz-Beitrags-Gleichgewichts, in den jeweiligen Organisationen ihre Entscheidung zur Teilnahme und zum Engagement getroffen hatten.[530] Während der Umgestaltung der Organisation und für die neue Organisationsform ist ein neues Gleichgewicht zu etablieren. Zum zweiten 'neu', da, besonders in Deutschland, die variable Ausgestaltung von Anreizen noch nicht weit genug fortgeschritten ist. Anreizsysteme werden vielmehr als ungenügend individuell und leistungsorientiert eingeschätzt.[531]

---

[527] Wunderer, R., Grunwald, W., Führungslehre, S. 327.
[528] Kieser, A., Kubicek, H., Organisation, S. 405.
[529] Berger, U., Bernhard-Mehlich, I., Entscheidungstheorie, S. 124.
[530] Vgl. Kapitel 3.1.4.
[531] Becker, F., Kramarsch, M., Anreizsysteme, S. 49.

Es ist davon auszugehen, daß die Bedürfnisse und Anreize je nach Individuum, Zeit und Organisation variieren, daher werden die Quellen möglicher Anreize ohne Anspruch auf Vollständigkeit oder Allgemeingültigkeit beschrieben.

Anreize können zunächst in materielle und immatrielle Anreize unterschieden werden. Dabei ist nicht grundsätzlich davon auszugehen, daß materielle Anreize eine Vorrangstellung einnehmen, "not withstanding the great emphasis upon material incentives in modern times and especially in current affairs, there is no doubt ... that, unaided by other motives, they constitute weak incentives beyond the level of the bare physiological necessities."[532] Dennoch spielen in der betrieblichen Praxis materielle Anreize wegen ihrer 'Objektivierbarkeit', etwa in Form von Geld, Gütern oder Dienstleistungen, eine große Rolle. Dies gilt auch für Beförderungen, die neben dem Gewinn an Verantwortung und Ansehen in der Regel mit höheren materiellen Anreizen verbunden sind.

Eine Organisation als soziales System liefert über die sozialen Beziehungen, die in ihr existieren, eine Vielzahl von Quellen für immaterielle Anreize: eine bestimmte Position einzunehmen, Macht auszuüben oder Prestige und Anerkennung zu gewinnen,[533] können Anreize sein.

Es folgt eine kurze Darstellung zunächst von materiellen und anschließend von immateriellen Anreizen.

Die große Rolle, die leistungsabhängige Entlohnung spielt, wird an Forderungen wie "Leistung soll sich wieder lohnen"[534] gespiegelt, ebenso wie an der Vielzahl und Komplexität existierender Vergütungsmodelle. Auch die Verkündung des KonTraG[535] könnte als Indiz für die steigende Bedeutung variabler Gehaltsanteile angeführt werden. Verschiedene Modelle der materiellen Anreizgestaltung sind in der Literatur diskutiert worden; zum Beispiel, "merit pay" – Leistungszulagen, sie bezeichnen die Vergütung auf der Basis von Leistungsbeurteilung, "gainsharing" – zielerreichungsorientierte Ansätze, "profit sharing" – am Unternehmenserfolg orientierte Zulagen, "stock option plans" – Unternehmensbeteiligungen.[536] Die Gesamtvergütung summiert sich aus aufeinander abgestimmten Bestandteilen, neben der traditionellen Barvergütung (Bonus) gewinnen Neben-

---

[532] Barnard, C., Functions, S. 143.

[533] Berger, U., Bernhard-Mehlich, I., Entscheidungstheorie, S. 128.

[534] Kaschube, J., Rosenstiel, L., v., Motivation, S. 70.

[535] KonTraG ist das Gesetz zur Kontrolle und Transparenz im Unternehmensbereich, verkündet am 30.4.1998. Es erleichtert die Finanzierung von Aktienoptionsmodellen und definiert Mindestanforderungen an Wartezeiten, Erfolgsziele und Transparenz. In: Kramarsch, M., Incentive-Systeme, S. 64.

[536] Kaschube, J., Rosenstiel, L., v., Motivation, S. 72.

leistungen (wie z.B. Dienstwagen) an Bedeutung. Grundgehalt plus Bonus plus stock options plus Nebenleistungen ergeben zusammen die Gesamtvergütung.[537]

Zwar werden in der Praxis die Bedürfnisse nach Lob und Anerkennung häufig ignoriert, jedoch sollte sich das Augenmerk gerade darauf richten, wenn es um Leistungssteigerungen geht. Denn die sozialen Bedürfnisse nach Kontakt, Informationen und gutem Betriebsklima haben bei fast allen Menschen einen hohen Stellenwert.[538] So hat eine Evaluationsstudie ergeben, daß immaterielle Leistungsanreize wie Zeitautonomie und wachsende Eigenverantwortlichkeit als zentrale Faktoren über Erfolg und Mißerfolg von Teamarbeit entscheiden.[539] Daß Unternehmen in jüngster Zeit auf diese Beurteilungen reagieren, ist daran zu sehen, daß in den letzten drei Jahren über 90 Prozent der europäischen Unternehmen ihr Vergütungssystem geändert haben, Bonuspläne wurden eingeführt oder differenzierter gestaltet, Nebenleistungen flexibler gestaltet. Dabei spielt die Einführung immaterieller Leistungsanreize wie flexibler Arbeitsmöglichkeiten, –zeiten und –bedingungen eine erhebliche Rolle.[540] Immaterielle Anreize können in vielfältiger Form existieren, etwa zusätzliche Freizeit oder Urlaubstage, Incentiv-Reisen, attraktive Schulungsveranstaltungen, interessante geschäftliche Auslandsreisen, Teamveranstaltungen, Berichte und Publikationen über Erfolge, Ehrungen oder flexiblere Arbeitszeitregelungen.[541] Dementsprechend können umfangreiche Cafeteria-Systeme gestaltet werden. Mit Cafeteria-Systemen wird die Möglichkeit bezeichnet, den Mitarbeitern innerhalb eines bestimmten Budgets oder gegebener Wahlmöglichkeiten einzuräumen, die präferierten Anreize nach individuellen Wünschen und Bedürfnissen zu wählen.[542]

Es gilt bei der Anreizgestaltung im Hinblick auf Projektmanagement, z.B. im Rahmen einer Fusion, einige Besonderheiten zu berücksichtigen.

Grundsätzlich müßte eine Vereinbarung darüber bestehen, für welche Leistungen oder Planerfüllung Anreize gewährt werden.[543] Dies ist nicht machbar, wenn das Ergebnis eines Projektes noch nicht bekannt ist, da es erst im Lauf der Projektarbeit erarbeitet wird. Eine Situation, die durchaus häufig auftritt (auch im Fusionsbeispiel) da im Sinne einer Organisationsgestaltung nicht vorgegeben wird, wie eine neue Struktur oder ein neuer

---

537 Abel, C., Becker, J., Vergütung, S. 388 – 390.

538 Ueberschaer, N., Leistung, S. 14.

539 Dejung, K., Moog, M., Team- und Gruppenarbeit, S. 50.

540 460 europäische Unternehmen in 13 Ländern wurden 1999 untersucht. In: Müller, G., Anreize, S. 125.

541 Ueberschaer, N., Leistung, S. 20.

542 Seifert, T., Anreizsystems, S. 171f; Frick, B., Bellmann, L., Frick, J., Zusatzleistungen, S. 88, 91.

543 Kramarsch, M., Incentive-Systeme, S. 68.

Prozeß auszusehen hat, sondern es gilt einen neuen, besseren Weg zu finden. Es ist also vergleichsweise schwer, quantitative oder qualitativen Ergebnisse auszuformulieren. Dies ist ein Problem, das bei Fusionen vielleicht vermehrt und verstärkt auftritt, jedoch in der Anreiz-Gestaltung nicht unbekannt ist. Es wird unter dem Punkt Effizienzkriterien wieder aufgegriffen.

Um ein Arbeitsumfeld zu schaffen, in dem 'unbestimmte' Projektarbeit möglich ist, das heißt in dem das Projektergebnis von dem Team selbst erst noch erarbeitet wird, ist es von Vorteil einer Atmosphäre zu schaffen, in der ein vergleichsweiser hoher Grad an Freiheit und Eigenverantwortung gegeben ist, in der Anerkennung auch aus dem Team selbst kommt, in der offen und präzise kommuniziert wird und in der Kompromisse bezüglich ressortübergreifender Themen ausgehandelt werden können.[544]

Wie ein solches Arbeitsumfeld tendenziell gefördert werden kann, wie die Ausformulierung, die Gestaltung der entsprechender Anreizsysteme aussehen könnte, oder umfassender, genereller gesprochen, wie ein mehr an Netzwerk-Elementen in einer Organisation mittels Anreiz-Systemen verstärkbar scheint, darauf wird im Folgenden eingegangen.

5.3.3.2 Gestaltungsrichtung – Anpassungsmechanismus Strukturkomponenten

"Reward systems can shape culture precisely because of their important influence on motivation, satisfaction and membership. The behaviors they evoke become the dominant patterns of behavior in the organization and lead to perceptions about what it stands for, believes in and values. ... reward systems can help create a human-resource oriented ... participative culture."[545]

Auch was die Maßnahmen der Anreizgestaltung betrifft, geht es hier wiederum um die Durchsetzung eines 'Mehr' an Netzwerk-Elementen in einer Organisation. Auf der Abbild-Ebene soll eine Organisation im Zustandsraum wiederum näher an die Achse Netzwerkintensität gerückt werden.

Auch auf der Aufgaben-Ebene werden für den Orientierungsrahmen wieder die in den Kapiteln 3 und 4 vorgestellten Strukturkomponenten und Effizienzkriterien zur Entwicklung und Beurteilung der Gestaltungsempfehlungen aufgegriffen. Im Folgenden wird

---

[544] Ueberschaer, N., Leistung, S. 16.
[545] Lawler, E., Reward systems, S. 258.

darauf eingegangen, wie das angesprochene Anreiz-System idealtypisch ausgestaltet sein müßte, um Netzwerk-Charakteristika einer Organisation zu fördern, um die Ausprägung relevanter Strukturkomponenten zu beeinflussen.

Materielle Anreize, die jeweils individuell und vom (Gesamt-)Unternehmenserfolg abhängig gewährt werden, wie z.B. "profit sharing" oder "stock-option plans" scheinen nicht geeignet. Es geht darum, Anreize zu finden, die für Individuen ebenso wie für Gruppen gewährt werden können und deren Gewährungs-Meßgrößen je nach Gruppe zuordenbar sind.
Materielle Anreize sind besonders dann von Interesse, wenn sie auf der Basis von Leistungsbeurteilungen oder Zielerreichung, wie z.B. "merit pay" oder "gainsharing",[546] gewährt werden. Diese liefern sowohl den Vorteil, daß Leistungen oder Ziele entsprechend den Netzwerk-Vorstellungen definiert werden können als auch, daß sie sowohl für Individuen als auch für Gruppen einsetzbar sind. Das heißt, daß zum Beispiel für Leistungen wie 'offen kommunizieren' (SK # 6) sowohl für Individuen als auch für Gruppen Anreize gewährt und gewonnen werden können. Die Schwierigkeit liegt hier in der Meßbarkeit der Teamleistung, 'weiche' Anforderungen wie 'offene Kommunikation' (SK # 6) sind relative Größen und offen für Interpretation.
Immaterielle Anreize sind ebenso grundsätzlich für Individuen und für Gruppen definierbar und gewährbar. Auch hier können Anreiz-Kataloge so formuliert werden, daß sie gewünschtes Verhalten honorieren. Sowohl bei den genannten materiellen als auch bei den immateriellen Anreizen können harte und weiche Faktoren abgebildet und honoriert werden. So ist zum Beispiel 'Personalrotation' (SK # 11) als Ziel einer Gruppe auf einer höheren Aggregationsebene einer Unternehmung denkbar. Wenn es wie vereinbart erfüllt ist, werden Anreize gewährt.
Eine jeweils individuelle Kombination materieller und immaterielle Anreize bieten, z.B. in der Form von Cafeteria-Systemen, Gestaltungsspielraum. Hier können Mitarbeiter aus einer gegebenen Menge von Wahlmöglichkeiten je nach eigener Präferenz ihr persönliches 'Reward-Paket' zusammenstellen, zum Beispiel für Freizeit statt eines finanziellen Bonus oder eine attraktive Schulungsmöglichkeit und einen etwas geringeren finanziellen Bonus. Ein Cafeteria-System legt also einen Anreizrahmen fest, innerhalb dessen durch

---

546 Kaschube, J., Rosenstiel, L., v., Motivation, S. 72.

Wahlhandlungen konkrete Anreize realisiert werden können. Diese Form der Selbstzusammenstellung eines Anreizpakets ist aus Netzwerk-Perspektive interessant, da in dieser Situation, in der jeder einzelne (Mit-)Entscheidungsmöglichkeiten über seine persönlichen Rewards hat, die Machtstruktur (SK # 3) zu diesem Punkt eher verteilt ist, ein geringerer Formalisierungs- und Standardisierungsgrad (SK # 5 und 6) besteht, das Hierarchiedenken (SK # 7) geringer ist und eine vergleichsweise weiche Vertragsgestaltung (SK # 10) vorliegt.

Die Herausforderung bei der Gestaltung des Anreizsystems liegt darin, Transparenz und Identifikation in und mit der Gruppe zu gewährleisten, ohne daß einzelne demotiviert werden, weil sie den eigenen Beitrag als deutlich höher als den Gruppendurchschnitt einschätzen und sich entsprechend benachteiligt fühlen. Leistungsstärkere Individuen erwarten, daß ihre Leistungen in der Gruppe für ihre persönliche Förderung gesehen und honoriert werden. Dennoch sollte die Überzeugung herrschen, daß Gruppenleistung vor der Individualleistung stehen muß, daß "persönliche Belohnung der Gruppenbelohnung unterzuordnen ist."[547] Neben der Gruppenleistung sollte die Einzelleistung also zusätzlich honoriert werden.

Die Gewichtung der einzelnen Leistungen und der Gruppenleistungen, der Leistungserreichungsgrad, die Schwierigkeiten bei der Leistungserreichung, der Einsatz von Ressourcen und der Zeit- und Kosten-Aufwand sind Bewertungsfaktoren, die ein Leistungs-Beurteilungssystem sehr kompliziert machen können. Ob und inwiefern Anreizsysteme unter Effizienzgesichtpunkten sinnvoll erscheinen, wird anschließend diskutiert.

5.3.3.3 Effizienzkriterien – Selektionsmechanismus

Die Diskussion der Effizienzkriterien erfolgt hier wieder in Anlehnung an Freses Reduzierung der Komplexität mittels einer Aufspaltung in Koordinations- und Motivationseffizienz.[548]

---

[547] Ueberschaer, N., Leistung, S. 18.

[548] Siehe dazu Kap. 3.2.3 und Frese, E., Organisation, S. 244.

Wie bereits im Kapitel 3.2.3 dargestellt wurde, geht es im Rahmen der Koordinationseffizienz um die Diskussion der Folgen von Anreizmechanismen auf die Autonomie- und Abstimmungskosten; bei der Motivationseffizienz geht es darum, daß Mitarbeiter ihre Handlungsspielräume so unternehmenskonform wie möglich nutzen.[549]

Anreizmechanismen werden gerade zu diesem Zweck etabliert. Sie sollen das Verhalten der Mitarbeiter und damit direkt die Autonomie-, Position-, und Gruppeneffekte beeinflussen.

Folgt man dem behavioristischen Modell, das diesen Überlegungen zugrunde liegt, so ist die Motivationseffizienz von Anreizmechanismen hoch, besonders wenn diese so ausgestaltet sind, daß sie Gruppen ebenso fördern wie die Autonomie einzelner, also eine Verknüpfung von gruppen- und individuellen Anreizen existiert. "Je vollkommener die Zurechnung von Anreizen zu organisatorischen Einheiten gelingt, desto besser ist die Anreizwirkung."[550]

Andererseits wird in der Literatur auch darauf hingewiesen, daß die Existenz von betrieblichen Cafeteria-Systemen oder Zusatzleistungen keinen nachgewiesenen systematischen Einfluß auf die Arbeitsmotivation und –zufriedenheit habe.[551] Das Problem besteht darin, daß selbst bei Folgenlosigkeit von gewährten Anreizen die Unternehmen kaum in der Lage sein werden, diese Leistungen wieder zu kürzen, da eine Rücknahme von der Mehrheit der Beschäftigten nicht akzeptiert würde.[552] In diesem Fall würde es sich nicht nur um Kosten ohne Nutzen handeln, sondern bei Einstellung würde trotz der bis dahin entstandenen Kosten eine Demotivation eintreten; die Situation hätte sich also verschlechtert.

Ob Anreize ein gewünschtes Verhalten nach sich ziehen und motivieren, ist demnach im Einzelfall zu prüfen.

Die Einführung, Erhaltung, Überwachung und Pflege von Anreizsystemen verursachen in der Regel einen hohen administrativen Aufwand, der nötige Einsatz von Zeit und Ressourcen verursacht Kosten, Abstimmungskosten. Die Autonomiekosten werden, wenn die Anreize so gestaltet sind, daß sie Netzwerk-Charakteristika und Informationsaustausch fördern, eher sinken, da die Informationsbasis die Entscheidungsqualität verbessert. Die Koordinationseffizienz wird steigen, wenn die Autonomiekosten sich stärker

549 Siehe dazu Kap. 3.2.3 und Frese, E., Organisation, S. 271.
550 Frese, E., Organisation, S. 273.
551 Frick, B., Bellmann, L., Frick, J., Zusatzleistungen, S. 89.
552 Frick, B., Bellmann, L., Frick, J., Zusatzleistungen, S. 89.

verringern als die Abstimmungskosten steigen. Die Koordinationseffizienz ist somit situativ im Einzelfall zu beurteilen.
Ob, bei gesunkener Koordinationseffizienz, die Motivationseffekte so hoch sind, daß sie diese aufwiegen können, ist ebenfalls jeweils situativ im Einzelfall zu prüfen.
"Das Abwägen der Kosten und Erträge eines Anreizsystems gestaltet sich schwierig. Die Kosten sind verhältnismäßig leicht zu ermitteln. ... Problematisch ist die Erfassung der Erträge."[553] Aus der Perspektive der Effizienzkriterien kann demnach keine eindeutige Aussage oder Empfehlung zu Anreizsystemen getroffen werden.

5.3.3.4 Anschlußfähigkeit Theorie – Praxis, Art der Implementation

Hier geht es wieder darum, die vorgestellten Anreiz-Gestaltungsmöglichkeiten nicht nur aus der mechanistisch-behavioristischen Perspektive zu sehen, die unterstellt, daß gewisse Anreize und Anreizgestaltungen prognostizierbare Folgen auf das Verhalten der Beteiligten haben.
Die zweite Perspektive liefert auch hier die Implementation zweiter Ordnung. Danach sind Anreizsysteme nicht Top-Down zu beschließen, nachdem sie von einer separaten Projektgruppe, eventuell mit einer externen Beratung, entworfen wurden; sondern es geht darum, so viele betroffene Organisations- bzw. Unternehmensmitglieder wie ökonomisch sinnvoll und möglich an dem Prozeß der Diskussion von Anreizgestaltung und Anreizeinführung zu beteiligen. An dieser Stelle soll – unter Anführung des Beispiels der SSM – nochmals kurz darauf hingewiesen werden, daß es bei der Implementation zweiter Ordnung in erster Linie um die Auseinandersetzung mit und das gemeinsame Verständnis für eine (Problem-)Situation geht: "What is looked for in the debate is the emergence of some changes which could be implemented in the real world and which would represent an *accommodation* between different interests. It is wrong to see SSM simply as consensus-seeking. That is the occasional special case within the general case of seeking accommodations."[554] Es geht also zunächst nicht so sehr darum, zu einer von allen Beteiligten getragenen Abstimmung bezüglich des Themas, hier Anreizgestaltung, zu kommen. Vielmehr ist es wichtig, mittels der Auseinandersetzung mit dem Thema, zu

---

[553] Seifert, T., Anreizsystems, S. 14f.
[554] Checkland, P., Soft Systems, S. 30, Hervorhebung aus dem Original übernommen.

einer gemeinsam verstandenen, geteilten Auffassung zu gelangen, wie die Situation sich darstellt.

Idealerweise kann die Auseinandersetzung mit der Anreizgestaltung beispielsweise zur Aufnahme weiterer Punkte in ein Cafeteria-System führen, so daß aus zwei existierenden ein neues Cafeterie-System wird. Dieses hat neben den Elementen von jeweils beiden Vorgängern eventuell noch zusätzliche – im Rahmen der Diskussion gefundene – neue Anreizelemente. Tritt dieser Fall als Ergebnis der Auseinandersetzung ein, so kann er als Beispiel für ein konkretes Resultat der Implementation zweiter Ordnung gesehen werden. Auch wenn dieser Fall nicht eintritt, so können über gestiegene Selbstidentifikation und über erkannte Formen der Kommunikation und Erwartungen, die Dank der Auseinandersetzung mit dem Thema stattgefunden haben, doch Prozesse der Unternehmens-Sozialisation angestoßen werden. Das heißt, es handelt sich zwar um weniger konkrete Resultate, die aber dennoch für die Entwicklung einer gemeinsamen Sprache und unerläßlich sind.

Wie Willke in seinem Modell nicht-trivialer komplexer sozialer Systeme zeigt,[555] sind bei Personen und Organisationen zwischen gut beobachtbare Handlungen und Entscheidungen einerseits, und nur über Umwege erkennbare Formen der Kommunikation und Erwartungen andererseits, mehrere strukturierende Muster geschaltet: kognitive, semantische und soziale Strukturen, die die Identität des Systems bilden. Das heißt, Erwartungen sind nicht einfach da, Kommunikationen finden nicht einfach statt, sie folgen vielmehr den im System aufgebauten Strukturmustern. Strukturmuster können als Traditionen, Lernerfahrungen und Selbstidentifikationen des Systems verstanden werden.[556]

Je mehr Mitarbeiter um so intensiver an der Gestaltung des Anreizsystems aktiv beteiligt sind, desto mehr gemeinsame Traditionen und Lernerfahrungen werden sich in dem System Unternehmung entwickeln – sprich, der gemeinsame Superzeichenvorrat wird steigen. Personen sind als Bewußtseinssysteme an Kommunikationen beteiligt, je mehr Interaktion stattfinden wird, desto mehr wird die Unternehmens-Sozialisation vorangetrieben, desto mehr geteiltes Wissen wird vorhanden sein und um so eher wird das System eine Identität entwickeln, die von desto mehr Systemteilnehmern (Mitarbeitern)

---

[555] Siehe Abbildung 3-5: Nicht-triviales, komplexes Systemmodell, Willke, H., Interventionstheorie, S. 34, 36f.

[556] Willke, H., Interventionstheorie, S. 36f.

verstanden und geteilt wird. Die Handlungen und Entscheidungen der Organisationsmitglieder werden somit absehbarer.[557]

Damit können Anreize entsprechend passender gestaltet werden. Zudem wird dann eine Diffundierung des Netzwerk-Gedankens im Unternehmen möglich. Da die Auseinandersetzung und Interaktion zum Gestaltungsfeld Anreize hier vor dem Hintergrund der Verstärkung von Netzwerk-Charakteristika in einer Unternehmung stattfindet, ist absehbar, daß die Beteiligten eine Sozialisation erfahren, in der netzwerknahe Ausprägungen von Strukturkomponenten, wie z.B. geringer Standardisierungs- und Formalisierungsgrad (SK # 4 und 5) oder weiche Vertragsgestaltung (SK # 10) – hier im engen Sinne zunächst im Hinblick auf die Entlohnung – als zur Identität des Systems Unternehmen gehörend, erfahren werden.

Auf diese Weise werden die Vorteile einer Einführung von Anreizmechanismen auf beiden Ebenen für eine Verstärkung der Netzwerk-Elemente in Unternehmen nutzbar: Erstens kann bessere Differenzformulierung die Ausgestaltung des Anreizkataloges verbessern; zweitens wird die Netzwerknähe mittels der Implementation zweiter Ordnung unabhängig vom Betrachtungsgegenstand gefördert.

Hier kann die Theorie der Praxis dergestalt Impulse liefern, daß auch in der Praxis erkannt wird, daß anreizbasierte Entlohnung nicht nur für Führungsebenen von Interesse sein kann.

In der Praxis werden die motivationalen Folgen von Anreizsystemen zwar immer mehr erkannt und berücksichtigt.[558] Die positiven Folgen aber, die bei einer Implementation zweiter Ordnung, zum einen in Form von besserer Absehbarkeit der Handlungen und Erwartungen und zum zweiten in Form der Diffundierung des Netzwerkgedankens bei der Systemidentitätsbildung wahrscheinlich sind, finden in der Praxis bisher kaum Beachtung.

Das Gestaltungsfeld Anreize scheint besonders geeignet, darauf hinzuweisen, daß das Vorgehen der Implementation zweiter Ordnung als Anregung zu verstehen ist, die zunächst kontextsensibel einzusetzen ist und dann im Hinblick auf Realisierbarkeit und Relevanz in der Praxis zu testen ist.

Kontextsensibilität meint, daß je nach Unternehmen und Situation zu überlegen ist, ob das

---

[557] Willke, H., Interventionstheorie, S. 34ff.

[558] u.a.: Müller, G., Anreize, S. 125.

Vorgehen überhaupt ökonomisch sinnvoll scheint. Wird als erstes Beispiel die Fusion zweier Automobilkonzerne angeführt und die Frage der künftigen Anreizgestaltung diskutiert, so kann die Implementation zweiter Ordnung wichtige Impulse liefern. Zunächst kann die Diskussion der jeweils existierenden Anreize dazu führen, daß die damit verbundenen Vorstellungen und Auffassungen für den jeweils anderen Fusionspartner verständlicher und klarer werden. So kann die Auseinandersetzung als ein Schritt zur Verständigung, zu klareren Erwartungen (SK # 12) gesehen werden. Führt die Diskussion dazu, daß in die Anreizsysteme Elemente, die bei einem Unternehmen noch nicht existierenden, vom jeweils anderen übernommen werden (in beide Richtungen) – und evtl. sogar zusätzliche, neu definierte Anreize eingefügt werden – so wird wohl dadurch, daß die Wahlmöglichkeiten steigen, ohne daß auf bekannte Anreize verzichtet zu werden braucht, das Zusammenwachsen und damit die Netzwerkausprägung der beiden Firmen gefördert. Als zweites Beispiel könnten marktbedingt notwendige Anreize für Piloten angeführt werden. In diesem Fall wird eine Diskussion unter den Mitarbeitern – bei der auch wesentlich weniger Verdienende beteiligt sind – wohl kaum zu mehr Akzeptanz oder der Förderung des Netzwerkgedankens führen. Kontextsensibiltät meint also, daß für das zweite Beispiel ein Vorgehen der Implementation zweiter Ordnung ökonomisch und aus Netzwerkförderungs-Perspektive nicht sinnvoll scheint und nicht in Erwägung gezogen wird. Im ersten Beispiel der Fusionssituation hingegen kann es sinnvoll sein, dieses Vorgehen zu wählen. Wird es gewählt, so wird damit auch die Möglichkeit geschaffen, Erfahrungen in der Praxis zu sammeln und zu prüfen, ob und inwieweit die Hypothesen, die im Rahmen der Implementation zweiter Ordnung für Netzwerkförderung in Unternehmen aufgestellt werden, sich bewähren.

5.3.4 Führung

Individuen haben eigene Werte, Einstellungen und Motive, die sich in bestimmten Verhaltensweisen im Unternehmen äußern. Die Verhaltensweisen müssen mit den Vorstellungen der Personen, die Führungskompetenzen im Unternehmen haben und mit der Unternehmenskultur in Übereinstimmung gebracht werden. Wie diese Verhaltensbeeinflussung vollzogen wird, hängt von der praktizierten Führungskonzeption ab.[559]

---

[559] Bea, F., Führung, S. 1.

Die Diskussion, wie Führung netzwerknahes Verhalten fördern kann, findet im Folgenden statt, wobei zunächst eine Darstellung der Führungskonzepte erfolgt. Danach wird die Gestaltungsrichtung unter der Perspektive der Netzwerk-Strukturkomponenten vorgestellt. Anschließend wird die ökonomische Sinnhaftigkeit der Führungskonzeptionen im Hinblick auf Effizienzkriterien dargestellt und abschließend wieder die Anschlußfähigkeit von Theorie und Praxis diskutiert.

5.3.4.1 Darstellung des Gestaltungsfeldes Führung

Das Vorgesetztenverhalten ist in Organisationen von großer Bedeutung, die Frage nach Natur und Bedeutung beschäftigt die Wissenschaft schon lange. Eine allseits akzeptierte Sichtweise konnte bisher noch nicht entwickelt werden, die zwei bekanntesten Sichtweisen verstehen Führerschaft, als, erstens, "Ausfluß von Führungseigenschaften" – Eigenschafts- oder personalistischer Ansatz[560] oder zweitens, als "sozialen Beeinflussungsprozeß" – Interaktionsansatz.[561]

Der Eigenschaftsansatz geht von der Vorstellung aus, daß es bestimmte Eigenschaften gibt, die den Erfolg von Führung bestimmen,[562] wie z.B. persönliche Bescheidenheit und professioneller Wille, hoher Leistungsstandard, Einfühlungsvermögen, Talent und gute Arbeitsgewohnheiten.[563] Es ist wichtig, Rollen an die jeweils kompetentesten Mitarbeiter bzw. Führer zu vergeben.[564] Ein wichtiger Beitrag, den Systemtheorie im Bezug auf Organisationen leisten kann, ist, daß die Differenz zwischen Organisation und Gruppe sowie Individuum ernst zu nehmen ist.[565] Für den Eigenschaftsansatz der Führung bedeutet dies, daß er zwar das "Phänomen Führung nicht zu erklären vermag,"[566] das bedeutet aber nicht, daß persönliche Eigenschaften der Führenden und Geführten grundsätzlich irrelevant seien. Vielmehr wird wichtig, genauer zu unterscheiden, welchen Anteil an der Konstruktion der Wirklichkeit von Organisationen Personen haben, und welchen Anteil Regelsysteme, etablierte Routinen und Erwartungen haben. Bei Veränderungsprozessen

---

560 Gebert, D., Rosenstiel, L., v., Organisationspsychologie, S. 158ff.
561 Steinmann, H., Schreyögg, G., Management, S. 543.
562 Bea, F., Führung, S. 2; Gebert, D., Rosenstiel, L., v., Organisationspsychologie, S. 158ff.
563 Collins, J., Leadership, S. 70.
564 Anderson, L., Anderson, D., Change, S. 29.
565 Willke, H., Interventionstheorie, S. 140.
566 Steinmann, H., Schreyögg, G., Management, S. 545.

ist diese Betrachtungsweise, die die Heroisierung von Personen ebenso wie die Personalisierung von Mängeln und Rationalitätsdefiziten vermeidet,[567] von Vorteil.

Beim Interaktionsansatz wird Führungsverhalten als eine "Funktion der Interaktion von Person und Umwelt V = f (P, U)"[568] betrachtet. Das Interaktionsgefüge von Person und Umwelt läßt sich dabei in folgenden vier Grundvariablen umreißen:

- Persönlichkeit der Beeinflusser, ihre Bedürfnisse, Einstellungen, Erfahrungen, Erwartungen,
- Persönlichkeit der Beeinflussten, ihre Bedürfnisse, Einstellungen, Erfahrungen, Erwartungen,
- die Situation, innerhalb der der Beeinflussungsversuch unternommen wird,
- die Struktureigenschaften des sozialen Systems, z.B. Konformitätsgrad, Kohäsionsgrad, etc.[569]

Beim Führungsverhalten wird also die Bedeutung von Strukturkomponenten direkt angesprochen, die auch im Rahmen der Netzwerknähe einer Organisation in bestimmten Ausprägungen eine Rolle spielen, z.B. der Konformitätsgrad (SK # 14, gemeinsame Identitäten und SK # 16, geteilte Werte und SK # 13, gemeinsame Ziele) und der Kohäsionsgrad (SK # 15). Wobei generell gilt, daß je höher die Zielkongruenz ist (SK # 13), um so eher die Führung erfolgreich sein wird.[570]

Ob Führung erfolgreich ist, hängt auch davon ab, welches Einflußpotential dem Beeinflusser zur Verfügung steht, bzw. über welche Machtgrundlage der Beeinflusser verfügt. Macht (SK # 3) kann dabei verschiedene Grundlagen haben. Reward power meint die Möglichkeit, über die Gewährung von Anreizen zu führen. Coercive power beruht darauf, daß bei nicht gewünschtem Verhalten bestraft werden kann. Referent power bezeichnet Macht die darauf gründet, daß Identifikation mit dem Vorgesetzten herrscht, oder der Wunsch ihm zu gefallen. Expert power bezeichnet einen Wissensvorsprung, Wissensvorteile auf einem bestimmten Gebiet. Legitimate power begründet sich auf bestimmte Normen und Werte, die Personen das Recht geben, Einfluß auszuüben, z.B. Positions-

---

[567] Willke, H., Interventionstheorie, S. 153.
[568] Steinmann, H., Schreyögg, G., Management, S. 546.
[569] Steinmann, H., Schreyögg, G., Management, S. 548.
[570] Steinmann, H., Schreyögg, G., Management, S. 549.

inhabern in hierarchischen Organisationen.[571] Information power bezeichnet Macht die dadurch entsteht, daß ein Vorgesetzter über einen Informationsvorsprung verfügt.[572]

Unterschiedliche Machtgrundlagen, die in unterschiedlichem Ausmaß gebraucht werden, liefern die Grundlage für spezifische Verhaltensmuster von Beeinflussern, die als Führungsstil bezeichnet werden können. Im Folgenden werden einige Führungsstile und Führungstheorien vorgestellt.

Da das Führungsverhalten als entscheidende Determinante für die Einstellung der Mitglieder zur Organisation, deren Zielen und Aufgaben und damit letztlich für das Verhalten der Mitarbeiter gesehen wird,[573] spielt es bei dem Versuch, eine Organisation näher an den Idealtyp Netzwerk zu rücken, eine große Rolle. Führungsverhalten kann eine autoritäre versus demokratische Ausprägung haben, oder personen- versus aufgabenorientiert sein.

Autoritärer und demokratischer Führungsstil werden als Randpunkte eines Kontinuums gesehen, wobei die Partizipation am Entscheidungsprozeß als Grundlage für die Feststellung des Führungsstils dient. Es werden sieben Stufen unterschieden, wobei in der Stufe 1 total autoritäres Verhalten vorliegt. Der Vorgesetzte trifft Entscheidungen allein, kündigt sie an und erwartet, daß sie ausgeführt wird. Danach nimmt die Partizipation der Mitarbeiter sukzessive in jeder weiteren Stufe zu, bis in Stufe 7 ein total demokratischer Führungsstil vorliegt, in dem die Gruppe die Problemanalyse selbst vornimmt, Lösungsalternativen entwickelt und Entscheidungen trifft. Der Vorgesetzte ist gleichberechtigtes Gruppenmitglied.

---

571 French, J., Raven, B., Social power, S. 150 – 167.
572 Raven, B., Kruglanski, A., Conflict, S. 69 – 105; Steinmann, H., Schreyögg, G., Management, S. 552.
573 Steinmann, H., Schreyögg, G., Management, S. 553.

Kontinuum des Führungsverhaltens

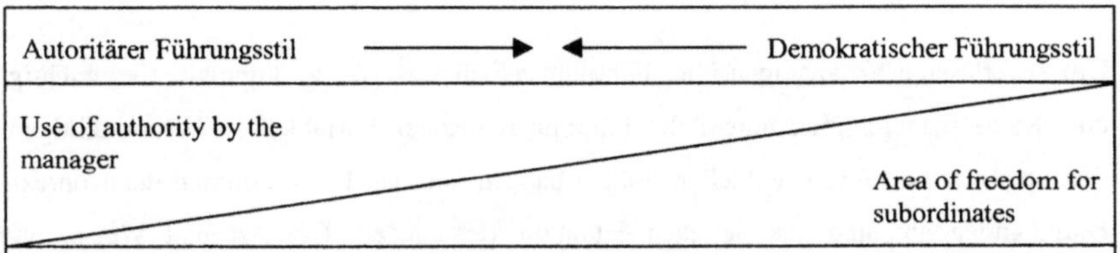

1	2	3	4	5	6	7
Vorgesetzter trifft Entscheidungen und kündigt sie an	Vorgesetzter 'verkauft' Entscheidungen	Vorgesetzter schlägt Ideen vor und erwartet Fragen	Vorgesetzter schlägt Versuchsentscheidung vor, die geändert werden kann	Vorgesetzter zeigt das Problem, erhält Lösungsvorschläge und entscheidet	Vorgesetzter gibt Grenzen an und fordert Gruppe auf, die Entscheidung zu fällen	Vorgesetzter gestattet den Untergebenen frei zu handeln, in den systembedingten Grenzen

Abbildung 5-2: Kontinuum des Führungsverhaltens,
in: Tannenbaum, R., Schmidt, W., Leadership, S. 96.

In Labor-Experimenten wurde festgestellt, daß demokratisches Führungsverhalten durchgängig zu posiviteren Einstellungen der Gruppenmitglieder gegenüber dem Vorgesetzten und zu höherer Kohäsion (SK # 15) führt.[574]

Entsprechend scheint es folgende Möglichkeiten zu geben, die das Führungsverhalten verbessern: Mitarbeiter sind an Entscheidungen zu beteiligen, Transparenz und Zielorientierung sind zu berücksichtigen.[575]

Auch aufgaben- oder personenbezogener Führungsstil werden als Randpunkte eines Kontinuums verstanden, wobei die 'Vermenschlichung' als Grundlage für die Feststellung des Führungsstils dient. Im aufgabenbezogenen Führungsstil wird der Mitarbeiter als 'technischer Einsatzfaktor' verstanden, er hat lediglich der Leistungserstellung zu dienen. Beim personenbezogenen Führungsstil dagegen besteht Interesse am Menschen, individuelle Beförderung und Entwicklung sind wichtig, auch in privaten Bereichen außerhalb der Arbeit.

---

574 Lewin, K., Lippitt, R., White, R., Patterns, S. 271 – 299.
575 Bühner, R., Akitürk, D., Mitarbeiter, S. 44.

Für den personenbezogenen Führungsstil konnten dabei bessere Ergebnisse in Bezug auf Zufriedenheit und Informationsverhalten (SK # 6) etc. nachgewiesen werden.[576]

Um zuverlässige Voraussagen über Führungsverhalten treffen zu können ist es wichtig, eine Reihe weiterer im Kontext der Führung relevanter Variablen zu berücksichtigen. Führungsstile und ihre eventuellen Folgen hängen von den Erfordernissen der Kontextbedingungen ab, sind also je nach Situation verschieden. Die Art und Weise, wie Situationen berücksichtigt werden, sind dabei in verschiedenen Theorien unterschiedlich.
Im Moderator Ansatz (z.B. Fiedlers' Kontingenzmodell) wird die Situation als intervenierende Variable betrachtet, die ihrerseits von der Positionsmacht, von der Aufgabenstruktur und von der Beziehung zwischen Führer und Geführten bestimmt wird, und schließlich müssen Führungsstil und Führungssituation zueinander passen.[577]
Im situationsanalytischen Ansatz (Vroom-Yetton-Modell) wird der Fokus auf die Systematik der Situation gerichtet, sie ist über die Merkmale Qualitätsanforderungen, Informationsstand des Vorgesetzten, Problem-Strukturiertheit, Handlungsspielraum der Mitarbeiter, Einstellung der Mitarbeiter zur Führung, Akzeptanz der Organisationsziele und Gruppenkonformität zu erfassen und gibt die Wahl des Führungsstils, von autokratisch bis demokratisch, normativ vor.[578]
Im instrumentalistischen Ansatz (Houses' Weg-Ziel Theorie) wird der Führungsstil selbst zum Situationselement, es wird die Perspektive des Geführten gewählt. Es geht darum Führungsverhalten so zu gestalten, daß es vom Mitarbeiter als für ihn nützlich eingestuft wird, daß es ihm bei der Erreichung seiner Ziele hilft. Zwei Wege stehen dazu zur Verfügung, zum einen kann der Führer ein Belohnungssystem so gestalten, daß es Leistungen mit Zielen und Bedürfnisbefriedigungsmöglichkeiten verknüpft oder, er kann zum anderen die Wege zu den Leistungszielen klären und frustrierende Hindernisse aus dem Weg räumen (Erwartung). Ein Vorgesetzter kann also verschiedene Führungsstile nebeneinander praktizieren, die er jeweils siutationsadäquat einsetzt.[579]

Die Bezüge zwischen Situation, Führung und Erfolg sind weit weniger mechanistisch – wenn überhaupt – als sie von den Führungssituationstheorien widergespiegelt werden.

---

576 Steinmann, H., Schreyögg, G., Management, S. 558.
577 Fiedler, F., Leadership, S. 24ff, 36, 147ff; Steinmann, H., Schreyögg, G., Management, S. 563 – 567.
578 Vroom, V., Yetton, P., Leadership; Steinmann, H., Schreyögg, G., Management, S. 570 – 574.
579 House, R., leader, S. 321 – 338.

Dennoch sind diese die Basis für aktuelle Diskussionen um Führungsverhalten und Führungsentscheidungen.

Im Folgenden wird darauf eingegangen, wie Führungsstile und –situationen ausgestaltet werden müßten, um die Netzwerknähe einer Organisation zu fördern

5.3.4.2 Gestaltungsrichtung – Anpassungsmechanismus Strukturkomponenten

Führung soll hier aus der Perspektive betrachtet werden, wie sie zur Durchsetzung eines 'Mehr' an Netzwerk-Elementen in einer Organisation ausgestaltet sein müßte.

Auf der Abbild-Ebene soll eine Organisation also wiederum näher an der Achse Netzwerkintensität plaziert werden. Auf der Aufgaben-Ebene soll die netzwerknahe Ausprägung von Strukturkomponenten, wie in Kapitel 4 tabellarisch dargestellt, gefördert werden.

Folgt man den Vorstellungen des Eigenschaftsansatzes und berücksichtigt, daß neben Regelsystemen, Routinen und Erwartungen auch Personen einen Anteil an der Konstruktion der Wirklichkeit einer Organisation haben,[580] so geht es darum, Personen mit den entsprechenden, netzwerk-fördernden Eigenschaften zu finden oder diese Eigenschaften in Personen zu verstärken.

Hier kann auf den vorne vorgestellten Ansatz des 'best fit' zurückgegriffen werden. Über eine entsprechende Formulierung des Personen-Organisations-Fit,[581] kann ein Eignungskatalog erstellt werden, der das 'Passen' einer Person, hier einer Führungskraft, zu kulturellen Ausprägungen einer netzwerknahen Organisation prüft. Denkbare Kriterien sind hierbei: offene und dezentrale Kommunikation (SK # 6), positive Einstellung zu flachen Hierarchien (SK # 7) und zu intensiver Gruppenarbeit (SK # 1 und 2), klare, geteilte Erwartungen (SK # 12), gemeinsame Identitäten (SK # 14) und geteilte Werte (SK # 16).

In der Praxis spiegeln sich diese Überlegungen bereits in Evaluationsbögen für Führungskräfte. Bei einer jährlichen oder halbjährlichen Beurteilung wird nicht mehr nur auf Leistung, strategische Kompetenz und Führungskompetenz geachtet, sondern auch auf Faktoren wie 'soziale Kompetenz' und 'innere Unabhängigkeit'.[582] Gerade diese weichen

---

[580] Willke, H., Interventionstheorie, S. 153.
[581] Cabrera, E., Bonache, J., HR System, S. 51 -60.
[582] Entnommen den Compass-Beurteilungsbögen für Führungskräfte der DaimlerChryslerAG.

Faktoren können Indikator für ein 'Passen' oder 'Nicht-Passen' der Beurteilten zu einer Organisation sein.

Folgt man dem Interaktionsansatz, so können die Maßnahmen des Eigenschaftsansatzes parallel bestehen bleiben: Zu den vier Grundvariablen, die das Interaktionsgefüge von Person und Umwelt umreißen, gehören die Persönlichkeit der Beeinflusser und Beeinflussten ebenso wie die Situation und die Struktureigenschaften des sozialen Systems – also z.B. der Kohäsions- oder Konformitätsgrad.[583] Würde man Einfluß auf die Situation nehmen wollen, so müßte in Anlehnung an Houses' Weg-Ziel Theorie das Belohnungssystem so gestaltet werden, daß sich netzwerkförderndes Verhalten lohnt.[584]
Da der Interaktionsansatz die Struktureigenschaften explizit betont, scheint er für den Anpassungsmechanismus zu Netzwerknähe – das heißt hier die Strukturkomponenten[585] – besonders geeignet.
Struktureigenschaften, die eine Führungssituation beeinflussen und in Organisationen netzwerkfördernd gestaltet werden können, sind beispielsweise:

- Vergleichsweise dezentrale Kommunikationsstrukturen (SK # 6);
- Nach oben und unten offene, hierarchieübergreifende Regelkommunikation – etwa in Form eines 'Jour Fixe' oder sogenannter 'Kamingespräche';
- Geschäftsführungs- oder Abteilungsprotokolle, die für alle Beteiligten zugänglich sind, z.B. mittels Hinterlegung im Intranet;
- Peer-Groups, die es Kollegen einer Hierarchie-Ebene mit ähnlichen, sich aber nicht direkt überschneidenden Aufgaben ermöglichen, Erfahrungen und Informationen regelmäßig auszutauschen.[586]

Weitere Struktureigenschaften, die in der Praxis durch Maßnahmen wie 'Team-Building-Tage' einer Abteilung oder 'Klausurtagungen von Abteilungsleitern' beeinflußt werden sollen, sind eine gesteigerte Gruppenkohäsion (SK # 15) ebenso wie Klarheit über Erwartungen (SK # 12) und Ziele (SK # 13) und auch gemeinsame Identitäten (SK # 14) sollen so eine Chance erhalten, sich zu entwickeln.

---

[583] Steinmann, H., Schreyögg, G., Management, S. 548.
[584] Siehe dazu genauer das Kapitel 5.3.2 Anreizgestaltung.
[585] Siehe Kapitel 4.6.3.
[586] In Form sog. Tech-Clubs wurde dieses Modell von der Chrysler Corp. übernommen und wird mit Erfolg im Hinblick auf Erfahrungs- und Informationsaustausch auch in der DaimlerChrysler AG weiterhin praktiziert.

Eine Strukturkomponente, die im Zusammenhang mit dem Gestaltungsfeld Führung besonders wichtig scheint, ist sicherlich verteilte Machtstruktur (SK # 3). Es liegt – in gewissem Umfang – im Möglichkeitsbereich einer Führungskraft zumindest nach unten in Form einer eher verteilten Machtstruktur zu führen. So können zum Beispiel neben Aufgaben und Tätigkeiten auch Entscheidungskompetenzen nach unten delegiert werden. Die vorgestellten Grundlagen der Macht (reward-, coercive-, referent-, expert-, legitimate-, information power) determinieren gemeinsam das Ausmaß an Macht und existieren simultan.[587] Um eine eher verteilte Machtstruktur (SK # 3) zu fördern, sollten als anerkannte Machtgrundlage in einem Unternehmen eher reward power (eröffnet auch Gestaltungsmöglichkeiten von Anreizen) und referent power etabliert werden. Diese gründet sich auf Identifikation mit dem Vorgesetzten, wird also zusätzlich geteilte Werte (SK # 16) und gemeinsame Identitäten (SK # 14) fördern. Demgegenüber sind legitimate power und information power als Machtgrundlage in zunehmendem Maße in Frage zu stellen, besonders da sie zusätzlich gegen eine flache hierarchische Orientierung (SK # 7) und dezentralisierte Kommunikation (SK # 6) sprechen – schließlich beruhen sie auf hierarchischer Positionierung und Informationsvorsprung.

Bei der Wahl des Führungsstils ist ein eher demokratischer und personenbezogener Ansatz vorzuziehen.

Demokratisches Führungsverhalten führt zu positiveren Einstellungen von Gruppen, die Kohäsion (SK # 15) ist höher als bei autoritärem Führungsstil.[588] Da zudem bei demokratischen Führungsstilen der Vorgesetzte den Mitarbeitern gestattet, freier zu handeln und zu eigenen Lösungswegen und Entscheidungen zu kommen,[589] wird der Grad der Kooperation und Interaktion höher sein; es besteht auch eher die Chance, daß sich wechselseitiger Leistungsaustausch (SK # 1 und 2) entwickeln wird, die wahrgenommene hierarchische Orientierung (SK # 7) als relativ flach wahrgenommen wird und, daß sich gemeinsame Werte und Identitäten (SK # 14 und 16) entwickeln können.

Daß der personen- dem aufgabenbezogenem Führungsstil vorzuziehen ist, scheint evident, wenn man sich an die hohe Bedeutung der 'soften Faktoren' wie klare Erwartungen (SK # 12), gemeinsame Identitäten (SK # 14), geteilte Werte (SK # 16) und

[587] Steinmann, H., Schreyögg, G., Management, S. 552.

[588] Lewin, K., Lippitt, R., White, R., Patterns, S. 271 – 299; Steinmann, H., Schreyögg, G., Management, S. 554f.

[589] Tannenbaum, R., Schmidt, W., Leadership, S. 96.

Vertrauen (SK # 17) erinnert. Diese Faktoren können nur entstehen bzw. gefördert werden, wenn der Mitarbeiter als Mensch betrachtet wird – und nicht lediglich als Einsatzfaktor.

Die Netzwerk-Charakteristika fördernde 'Soll' Ausgestaltung von Führung wurde aus der Perspektive des Anpassungsmechanismus Strukturkomponenten vorgestellt, im Folgenden wird auf die Sinnhaftigkeit der Gestaltungsmöglichkeiten aus der Sicht der Effizienzkriterien eingegangen.

5.3.4.3 Effizienzkriterien – Selektionsmechanismus

Im Rahmen der Koordinationseffizienz ist zu fragen, inwieweit die Ausgestaltung der Führung die Autonomie- und Abstimmungskosten verringert bzw. vergrößert. Arbeitsteilige Entscheidungen haben wegen der geringeren Informationsbasis eine vergleichsweise geringere Qualität, dies verursacht sog. Autonomiekosten. Der Einsatz von Zeit und Ressourcen, der die Informationsbasis und damit die Entscheidung verbessern soll, verursacht sog. Abstimmungskosten. Koordinationseffizienz ist also im Spannungsfeld zwischen Autonomie- und Abstimmungskosten zu sehen.[590]
Bei der Motivationseffizienz einer Führungskonzeption geht es darum zu prüfen, inwieweit Mitarbeiter die ihnen verbliebenen Verhaltensspielräume unternehmenszielkonform ausfüllen.[591] Motivationseffizienz kann aufgespalten werden in Autonomie-, Positions-, und Gruppeneffekte sowie Entbürokratisierung – zu den Effizienzkriterien siehe auch die Ausführungen unter Kapitel 3.2.3.

Maßnahmen, die den Überlegungen des Eigenschaftsansatzes folgen und Personen bzw. Führungskräfte mit netzwerkfördernden Eigenschaften herausfiltern oder diese Eigenschaften in Personen verstärken, zielen auf einen möglichst hohen Person-Organisation-Fit.[592] In der Praxis existieren bereits Auswahl- und Evaluations- bzw. Potentialbeurteilungsbögen für Mitarbeiter und Führungskräfte. Den Anforderungskatalog dergestalt zu reformulieren, daß er netzwerkfördernde Eigenschaften enthält, bedeutet keinen

---

[590] Siehe Kap. 3.2.3 und Frese, E., Organisation, S. 260.
[591] Siehe Kap. 3.2.3 und Frese, E., Organisation, S. 271.
[592] Cabrera, E., Bonache, J., HR system, S. 51-60.

großen Aufwand. Zudem sind die kommunikationsfördernden Folgen einer homogenen Orientierung, die auf diese Weise unterstützt wird, von Vorteil, da umso effizienter die Kommunikation in einer Organisation erfolgt, desto geringere Abstimmungs- und Autonomiekosten fallen an, das heißt um so höher ist die Koordinationseffizienz.[593]
Gelingt es mittels des Eigenschaftskatalogs, eine höhere Kohäsion (SK # 15) sowie mehr gemeinsame Werte und Identitäten (SK # 14 und 16) herzustellen, so dürfte damit auch die Motivationseffizienz steigen, da die Wahrscheinlichkeit, daß Mitarbeiter ihre Handlungsfreiräume unternehmenszielkonform nutzen, entsprechend steigt.

Diese Überlegungen können auf den Interaktionsansatz übertragen werden, da die Persönlichkeit des Beeinflussers und des Beeinflussten zwei der Grundvariablen sind, die das Interaktionsgefüge Person und Umwelt eines Führungsprozesses umreißen. Eine weitere wichtige Grundvariable sind die Struktureigenschaften des sozialen Systems.[594]
Wird der Versuch unternommen, die Kommunikationsstrukturen (SK # 6) zu beeinflussen, z.B. hierarchieübergreifende Regelkommunikation zu etablieren, oder Protokolle für alle Betroffenen zugänglich im Intranet zu veröffentlichen, so werden diese Maßnahmen sicherlich positive Folgen für die Koordinationseffizienz haben. Sie verringern die Abstimmungskosten, da die Informationsbasis bei offenen Kommunikationsstrukturen vergleichsweise besser sein dürfte.[595]
Geht es darum, Struktureigenschaften wie Gruppenkohäsion (SK # 15), Erwartungsklarheit (SK # 12) oder Identitätsnähe (SK # 14) mittels Führungskräfteschulung oder –entwicklung zu fördern, so ist die Frage nach der Effizienz schwieriger zu beantworten. Folgen für die Koordinationseffizienz entstehen, wenn überhaupt, dann situationsabhängig. Werden Klausurtagungen mit Führungskräften veranstaltet, die für ihre Aufgaben und Problemlösungen aufeinander und auf Informationen voneinander angewiesen sind, so kann, falls die Veranstaltung erfolgreich im Sinne der Netzwerkförderung verläuft, durchaus eine Verringerung der Abstimmungskosten und damit eine Steigerung der Koordinationseffizienz die Folge sein. Handelt es sich jedoch, und das ist in der Praxis durchaus häufig der Fall, um Veranstaltungen, an denen Führungskräfte aufgrund eines Entwicklungsplanes teilnehmen, die nicht auf Zusammenarbeit oder Informationen voneinander angewiesen sind, so wird die Kultur der Unternehmung zwar sicherlich in

---

593 Frese, E., Organisation, S. 248, 259.
594 Steinmann, H., Schreyögg, G., Management, S. 548.
595 Frese, E., Organisation, S. 258ff.

Richtung Netzwerknähe beeinflußt, aber direkte Entscheidungsverbesserung bei relativ geringeren Autonomie- oder Abstimmungskosten wird kaum nachzuweisen sein.
Die Motivationseffizienz dagegen dürfte eher positiv beeinflußt werden: Wenn, wie oben angemerkt, die kulturelle Ausrichtung zu mehr Netzwerknähe gegeben ist, so ist eher zu erwarten, daß Mitarbeiter und Führungskräfte die ihnen verbleibenden Handlungsspielräume unternehmenszielkonform ausfüllen.[596] Die Motivationseffizienz wird zudem desto eher positiv beeinflußt, je mehr Autonomie- oder Gruppeneffekte und Entbürokratisierung dank der Wahl des Führungsstils und der verwandten Machtgrundlagen erreicht werden.

Der Aspekt Leistungsmotivation wird in der Führungs-Forschung vielfach thematisiert.[597] Dülfer hat im Rahmen der 'Mensch-Modelle'[598] einen Überblick motivationstheoretischer Modelle gegeben und stellt – neben Unterscheidungen in primäre (angeborene) und sekundäre (erlernte) sowie in biologische und psycho-soziale Motive – theoretische Ansätze zu Bedürfnisklassen vor, die Zwei-Faktoren-Theorien (Herzberg, McClelland) und die Hierarchie-Theorien (Maslow, Alderfer, Wahba/Bridel).[599] Differenzierte Mensch -Modelle sind auch Grundlage von Führungsforschung und spiegeln sich in verschiedenen Theorien; so z.B. in der transaktionalen Führungstheorie, nach der der Führende Anreize vermitteln kann, die Mitarbeiter zu Leistungseinsatz motivieren. Intrinsischer Wert des Leistungseinsatzes wird dabei durch fordernde, angereicherte Aufgabengestaltung vermittelt, extrinsische Motivation kann über die Weg-Ziel-Theorie definiert werden, in der der Führende aktiv wird, indem er z.B. die subjektive Wahrscheinlichkeit, durch eigene Anstrengung ein Leistungsziel zu erreichen mittels eines Trainings des Mitarbeiters fördert.[600] Die transaktionale Führung kann zudem durch ein Mehr an Emotionalität ergänzt werden, um einen höheren Leistungseinsatz zu erzielen.[601]
Solche Überlegungen scheinen dafür zu sprechen, daß ein eher kooperativer, demokratischer Führungsstil einem direktiven, autoritären tendenziell überlegen ist.[602] Es wird jedoch in der Literatur betont, daß dies nur für kreative bzw. innovative Aufgaben gelte.

---

596 Siehe Kap. 3.2.3 und Frese, E., Organisation, S. 271ff.
597 u.a. Gebert, D., Rosenstiel, L., v., Organisationspsychologie, S. 165ff.
598 Dülfer, E., Betriebswirtschaftslehre, S. 164ff.
599 Dülfer, E., Betriebswirtschaftslehre, S. 164 – 170.
600 Gebert, D., Rosenstiel, L., v., Organisationspsychologie, S. 184 – 186.
601 Gebert, D., Rosenstiel, L., v., Organisationspsychologie, S. 186.
602 Seidel, E., Führungsformen, S. 546f.

Zudem sei zwar häufig die Wirksamkeit kooperativer, selten aber die von direktiven Führungsstilen untersucht worden.

Folglich scheinen Korrelationen zwischen demokratischem, personenbezogenem Führungsstil und der netzwerknahen Ausprägung von Strukturkomponenten in einer Organisation zwar naheliegend und wahrscheinlich. So zum Beispiel in der Frage der Machtgrundlage. Reward- und referent power erscheinen motivations- und netzwerkfördernder als legitimate- und information power. Es ist aber zu bedenken, daß obwohl "zu kaum einer Frage der Organisationspsychologie soviel geschrieben wurde, wie zur Frage der Führungsstile, sind die Ergebnisse dieser Forschungsrichtung bisher vernichtend mager und frustrierend".[603]

Somit kann kein generelles gültiges, abschließendes Urteil zu Fragen der Effizienz von Führung im Zusammenhang mit der Förderung von Netzwerk-Charakteristika einer Unternehmung getroffen werden.

5.3.4.4 Anschlußfähigkeit Theorie – Praxis, Art der Implementation

"Vorgesetzte scheinen demnach in der Tat ihr Führungsverhalten situationsabhängig zu variieren und sind insofern durch ihre kontingenzorientierte differenzierte Praxis der unzulänglichen verallgemeinernden akademischen Führungsstilforschung und Theoriebildung weit voraus."[604] Die Frage, ob gute Führung, beziehungsweise analog dazu netzwerkfördernde Führung, lernbar ist, wird somit offen gelassen. Hier scheint der seltene Fall gegeben, daß die Praxis der Theorie voraus ist. Da für erfolgreiche Führung nicht nur verschiedene Führungskräfte entsprechend jeweiliger Situationsunterschiede zu führen haben, sondern auch ein und dieselbe Führungskraft nach Maßgabe der zeitlichen Instabilität bzw. Verschiedenartigkeit der Situationen verschieden zu führen hat, wird die Frage nach "dem" Führungsstil obsolet.[605]

Damit wird auch die Vorstellung hinfällig, dass es sinnvoll sei, eine Führungskraft für die Ausübung eines bestimmten Führungsstils zu schulen, z.B. des demokratisch-personenbezogenen, oder für eine bestimmte Machtgrundlage, z.B. reward- oder referent power.

---

[603] Gebert, D., Rosenstiel, L., v., Organisationspsychologie, S. 168.
[604] Gebert, D., Rosenstiel, L., v., Organisationspsychologie, S. 181.
[605] Gebert, D., Rosenstiel, L., v., Organisationspsychologie, S. 177.

Führungstheorien haben gemeinsam, daß sie ex ante definieren, was sie unter Führung verstehen, "... damit wird die konservative Vorstellung stabilisiert es gäbe 'die' Grunddimension bzw. 'das' Grunduniversum des Führungsverhaltens. Eine radikale Transzendierung dieser Forschungstradition bestünde darin, ... mit der Beschreibung dessen, was eigentlich erklärt werden soll [zu] beginnen, womit eine zielorientierte Führungsforschung eingeleitet würde."[606]

Zwar scheint im Gestaltungsfeld Führung die Praxis der Theorie dergestalt voraus zu sein, daß es noch immer zum Teil ein Mysterium ist, was gute Führung ausmacht. Die Betrachtungen dazu beruhen oft auf erfolgreichen Einzelfällen – und es ist fraglich, ob gute Führung überhaupt erlernbar ist.[607] Daraus kann aber nicht gefolgert werden, daß Führungstheorien irrelevant seien. Sie sind lediglich nicht hinreichend – für gute bzw. hier netzwerknahe Führung – aber notwendig.
So liefern sie zumindest die Möglichkeit, daß Führungskräfte, die sich auch theoretisch mit dem Phänomen der Führung beschäftigen, zum Beispiel bewußter zwischen der Praktizierung eines personen- oder aufgabenorientierten Führungsstils wählen können und sich eher selbst in ihrem Führungsverhalten beobachten werden.

Diese Überlegungen zeigen, warum die Implementation zweiter Ordnung im Gestaltungsfeld Führung von besonderer Bedeutung ist.
Es geht also darum, daß nicht 'von oben' diktiert wird, von jetzt an sei eher personenbezogen und demokratisch, mit mehr Delegation nach unten und mehr hierarchieübergreifender Regelkommunikation zu führen, weil davon eine tendenzielle Netzwerkförderung zu erwarten ist – mit Netzwerkförderung hier im Sinne eines definierten Zieles der zielorientierten Führungsforschung. Organisationen jedoch werden hier als nichttriviale Systeme, die nicht 'von oben', respektive 'von außen', umgepolt oder verändert werden können, gesehen.[608]
Im Rahmen einer Implementation zweiter Ordnung setzen sich Führungskräfte vielmehr mit praktizierten, existierenden Führungsstilen und –instrumenten auseinander und treffen

---

[606] Gebert, D., Rosenstiel, L., v., Organisationspsychologie, S. 181.
[607] Frydman, B., Wilson, I., Wyer, J., Leadership, S. XXIf, 37f; Gebert, D., Rosenstiel, L., v., Organisationspsychologie, S. 158 – 191.
[608] Willke, H., Interventionstheorie, S. 34.

anschließend selbst die Entscheidung, ob sie an der Netzwerkförderung aktiv teilnehmen können, und wie sie diese Teilnahme in ihre Führungsgestaltung und Führungsentscheidungen einfließen lassen wollen.
Dieses Vorgehen scheint erfolgversprechend, weil eine Führungskraft simultan zwei Positionen einnimmt, als Positionsinhaber ist sie aktiv am Geschehen und an den Entscheidungen, die das System Unternehmen betreffen, beteiligt. Gleichzeitig ist eine Führungskraft Mitglied des Systems Unternehmen – das heißt sie versteht, was das System will und wie es kommuniziert und umgekehrt. In dem Sinne daß, da die kognitiven, semantischen und sozialen Strukturen bekannt sind, Handlungen von Systemmitgliedern absehbar werden[609] und damit auch die Folgen von Führungsgestaltung und –entscheidungen.

Der Vorteil dieses Interaktions-Prozesses liegt nicht nur darin, daß wiederum verstärkte Sozialisation erfolgt und damit das Erleben, Verhalten, Handeln und Erfahrungsbilden der Beteiligten für einander klarer wird.[610] Das kann netzwerkfördernd sein, dank klarerer Erwartungen (SK # 12) und Kommunikation (SK # 6). Der Vorteil liegt auch darin, daß die Netzwerk-Förderung, wenn die gesamte Führungsmannschaft einbezogen wird, sogar unternehmensweit greifen kann, da dann über alle Bereiche des Unternehmens hinweg Führungskräfte sich aktiv mit dem Thema Führungsgestaltung auseinandersetzen. Was, wenn von einer Unternehmensstrategie abgeleitet und zielorientiert geführt wird, auch dazu führt, daß sich die Führungskräfte zu Aspekten wie Zielen und Zielkongruenz (SK # 13), Werten (SK # 16) und Erwartungen (SK # 12) auf ein unternehmensweit gültiges Vokabular einigen müssen.
So könnte die Implementation zweiter Ordnung im Gestaltungsfeld Führung zu einer Netzwerkförderung im Gesamtunternehmen führen.

---

609 Willke, H., Interventionstheorie S. 34f und siehe Abbildung 3-5: Nicht-triviales komplexes Systemmodell.
610 Tomaszewski, T., Bewußtsein, S. 11 - 21.

5.3.5 Kommunikationssystem

Eines der wichtigsten Strukturmerkmale von Organisationen ist das Kommunikationssystem.[611]

Das Gestaltungsfeld Kommunikationssystem spricht Information nicht explizit an. Information und Kommunikation stellen jedoch zwei Aspekte ein- und desselben Objektes dar: ohne Information keine Kommunikation und ohne Kommunikation keine Information. Dieser 'siamesische Zwillingscharakter' (Szyperski) von Kommunikation und Information führt dazu, daß beide nur gemeinsam zu betrachten sind.[612]

Im Folgenden wird zunächst das Gestaltungsfeld Kommunikationssysteme dargestellt, stets unter gemeinsamer Berücksichtigung von Information und Kommunikation. Anschließend erfolgt die Diskussion der Förderung von Netzwerk-Elementen mit Hilfe der Anpassungs- und Selektionsmechanismen, das heißt mittels Strukturkomponenten von Netzwerken beziehungsweise Effizienzkriterien. Abschließend wird auf die Anschlußfähigkeit der Überlegungen in der Praxis eingegangen.

5.3.5.1 Darstellung des Gestaltungsfeldes Kommunikationssysteme

Organisationen sind angesichts der zunehmenden Komplexität der sich ihnen stellenden Aufgaben auf ständige Informationszufuhr angewiesen.[613]

Systemisch gesprochen ist die Komplexität der Welt für das menschliche Bewußtsein nicht (mehr) faßbar; Luhmann spricht von einer "sehr geringen, aus anthropologischen Gründen kaum veränderbaren Fähigkeit des Menschen zu bewußter Erlebnisverarbeitung."[614] Exakt an dieser Stelle treten soziale Systeme in Funktion.[615] Auch das Kommunikationssystem einer Unternehmung kann als System verstanden werden, das diese Komplexitätsreduktion leistet. Diese Übernahme von Kommunikations- und Informationsarbeit bedeutet somit auf der einen Seite Entlastung. Dadurch wird aber automatisch das Problem der (drohenden) Erblindung geschaffen. Negroponte beschreibt als Funktion von Filtern bzw. Agenten die Individualisierung und Personalisierung von Infor-

---

611 Hax, H., Optimierung, Sp. 1084.
612 Heinrich, L., Informationsmanagement, S. 7.
613 Kuhlen, R., Informationsassistenten, S. 83.
614 Luhmann, N., Soziologische, S. 116.
615 Kneer, G., Nassehi, A., Systeme, S. 40.

mationsressourcen.[616] "The ability to gather, arrange and manipulate information with computers has given business people new tools for managing ... The sources of information are so diverse, and sifting through and interpreting it for a specific business are so difficult, that even small companies will need help from data specialists."[617]

In dem Spannungsfeld zwischen Entlastung und Erblindung, zwischen technisch und menschlich Machbarem, werden hier die Möglichkeiten des Gestaltungsfeldes Kommunikation diskutiert.
Dabei ist zu berücksichtigen, daß der Mensch, wenn es um Informationsaufnahme, –verarbeitung und –speicherung geht, grundsätzlich andere Fähigkeiten hat als der Computer.[618] Daher erfolgt hier für die Betrachtung eine Aufteilung des Gestaltungsfeldes in Informations- und Kommunikations-Technologien einerseits und in die personenorientierte 'klassische' Kommunikation andererseits. Damit ist gemeint, daß Menschen ohne ein zwischengeschaltetes Medium face-to-face kommunizieren, was z.B. für die Bildung informeller Gruppen unerläßlich ist.
Auch die Brücke, die zwischen technologischer und persönlicher Kommunikationsweise, zum Beispiel in Form von (Intranet-basierten) Telefon- und Videokonferenzen, geschlagen wird, ist zu berücksichtigen.[619] Der Einsatz eines Kommunikationsmediums wie etwa einer Videokonferenz, das face-to-face Gespräche simulieren soll, kann nach Erfahrungen aus der Praxis nur funktionieren, wenn erste persönliche Kontakte mindestens einmalig als Basis gelegt wurden.

Eine Besonderheit, die sich aus der Perspektive der Netzwerkförderung ergibt, unter der Kommunikationssysteme hier betrachtet werden, ist die Rolle von Wissen, beziehungsweise auch von Daten. Üblicherweise erfolgt in betriebswirtschaftlichen Betrachtungen zum Thema Information und Kommunikation eine Konzentration auf Information, da nur diese als handlungs- und entscheidungsrelevant und damit für den Problemlöser als bedeutsam betrachtet werden.
In dieser Arbeit geht es um die Verstärkung von Netzwerk-Elementen in einer Organisation oder Unternehmung. Daten, die diese fördern, können im Kontext der Netzwerk-

616 Negroponte, N., Digital, S. 30, 188 – 203.
617 Drucker, P., Information, S. 1f.
618 Schiemenz, B., Informatisierung, S. 141.
619 Borghoff, U., Schlichter, J., Rechnergestützte, S. 306ff.

förderung so aufbereitet oder eingesetzt werden, daß sie dadurch zu Information werden. Für den Kommunizierenden ist aber nicht absehbar, ob seine Daten speziell beim Empfänger oder generell netzwerkverstärkend wirken oder nicht, ob sie dergestalt zu Information aufbereitet werden. Der Empfänger befindet sich in einer ähnlichen Situation. Eventuell erkennt er erst später, wie er die Daten netzwerkfördernd einsetzen kann – oder an wen bzw. welche Gruppe er sie, mit entsprechender Intention, weiterleiten kann. Die Möglichkeiten der Aufbereitung der Daten können sich auch erst im Zeitablauf ergeben. Informationen beziehungsweise Daten werden in den folgenden Überlegungen entsprechend berücksichtigt.

Bei der Gestaltung des personenorientierten Kommunikationssystems geht es darum, wie die (Regel-)Kommunikation in Unternehmen gestaltet ist; ob offene, hierarchieübergreifende Kommunikation gewünscht ist oder stets der 'Instanzenweg' einzuhalten ist; ob die Existenz informeller Informationskanäle und Gruppen gewünscht und gefördert wird; ob kommunikative Kompetenz Teil des Evaluations- und evtl. Anreizsystems ist und entsprechende Schulungen existieren; ob die Kommunikationshäufigkeit in Form von Abteilungs- und Bereichsbesprechungen hoch ist; ob alle Interessierten teilnehmen oder nur ausgewählte Kreise; ob ein Diskussions- oder ein 'Reporting'-Klima herrscht.

Im Folgenden wird auf die technologische Seite der Informations- und Kommunikations-Infrastruktur eingegangen.
Informations- und Kommunikationsmanagement hat die Aufgabe, das Leistungspotential der Informationsfunktion für die Erreichung von Unternehmenszielen durch die Schaffung und Aufrechterhaltung einer geeigneten Informations- und Kommunikations-Infrastruktur umzusetzen.[620] Die Architektur der Informationsinfrastruktur ist das Ergebnis der unternehmensweit erfaßten, bewerteten und gegliederten Informationsnachfrage bzw. der zu ihrer Befriedigung erforderlichen Informationsversorgung. Informationsarchitektur eröffnet den Weg, eine den Zielen adäquate Informationsinfrastruktur zu schaffen. Dazu müssen alle Informationsobjekte eindeutig identifizierbar sein, die Beziehungen zwischen ihnen angegeben sein und die wichtigsten Attribute definiert sein.[621]

---

620 Heinrich, L., Informationsmanagement, S. 21.
621 Heinrich, L., Informationsmanagement, S. 63.

Früher "unterlag man dem Irrtum, man müsse nur Informationssysteme bereitstellen, dann laufe alles von selbst. Meines Erachtens muß aber die Konzeption ... vom Manager ausgehen. Das läßt sich auch empirisch nachweisen."[622] Dies gilt auch im Zusammenhang mit Netzwerken und Informations- und Kommunikationssystemen. Auch hier findet sich die Vorstellung, man müsse nur ein unternehmensweites Informations- und Kommunikationssystem zur Verfügung stellen und schon werde es, mit entsprechend netzwerkfördernden Konsequenzen, genutzt. Das Vorhandensein eines unternehmensweiten Informations- und Kommunikationssystem ist notwendige – nicht jedoch hinreichende – Voraussetzung und beantwortet noch nicht die Frage, nach welchen Kriterien die Konzeption ausgestaltet wurde, geht nicht auf ihre Herleitung gemäß den Anforderungen und Zielen ein. Hier wird es darum gehen, inwieweit es möglich und sinnvoll ist, die Informations- und Kommunikationsarchitektur so zu gestalten, daß eine Organisation auf der idealtypischen Betrachtungsebene näher an die Achse Netzwerkintensität im Zustandsraum rückt und in der Praxis ein 'Mehr' an Netzwerk-Elementen aufweist.

Aufbauend auf Daten-, Anwendungs- und Kommunikationsarchitektur wird in Unternehmen die Technologie-Architektur gestaltet.
Die Betrachtung von Zweck und Form der Daten eines Unternehmensbereiches liefert die Grundlage für die Datenarchitektur. Ist das Unternehmen als Ganzes Untersuchungsgegenstand, so erhält man idealerweise eine globale Datenarchitektur. Sie enthält die Entitätsmengen, die für die Deckung des Informationsbedarfs von Bedeutung sind, also die Kern-Entitätsmengen der Daten und die daraus resultierenden Beziehungsmengen, die Kern-Beziehungsmengen der Daten. Je nachdem, unter welchen Datenmengen Kern-Entitätsmengen verstanden werden, und welche Beziehungsmenge eine Kern-Beziehungsmenge ist, erhält man eine eher grobe oder eher fein granulierte Datenarchitektur. Deren Hauptzweck ist es, die Voraussetzungen für funktionierende Datenbanken zu schaffen, die weitgehend unabhängig von der Struktur- und Ablauforganisation eines Unternehmens genutzt werden können.[623]
Die Anwendungsarchitektur beschreibt Methoden, mit denen Datenobjekte in Informationen umgesetzt werden. Jedes Informationssystem enthält Entitätsmengen von

[622] Schiemenz, B., Informatisierung, S. 140.
[623] Heinrich, L., Informationsmanagement, S. 64f.

Methoden (Anwendungen) zum Umsetzen der Datenobjekte. Da jedes Informationssystem zudem mit anderen interagiert, gibt es auch eine Beziehungsmenge zwischen den Informationssystemen, so daß Kern-Entitätsmengen der Methoden und Kern-Beziehungsmengen der Methoden vorliegen. Die Anwendungsarchitektur soll in erster Linie sicherstellen, daß die Voraussetzungen für Methodenbanken geschaffen sind, die weitgehend unabhängig von der Struktur- und Ablauforganisation eines Unternehmens genutzt werden können.[624]

Die Kommunikationsarchitektur beschreibt die Kommunikationswege, also die Transportwege für Daten bzw. für Informationen. Die Kommunikationswege haben im Rahmen der Informationsversorgung eine hohe Bedeutung. Die kommunikationsorientierte Sicht des Informationsmanagement fokussiert daher die Gestaltung der Kommunikationsarchitektur.[625] Es geht darum, den Informationsfluß und –austausch so zu ermöglichen, daß möglichst wenig Verluste und / oder Fehler unter den Teilnehmern beziehungsweise Schnittstellen entstehen. In der Praxis bestimmen heute Intranets, das heißt unternehmensinterne Netze auf der Basis der Internet-Technologie, die Entwicklung der Kommunikation im Unternehmen. Sie erlauben problemlose Koppelung sowohl mit internen Bereichen als auch mit dem Internet. Zudem erlauben sie per Extranet über das Internet eine leichte Verbindung zu den Intranets entfernter Unternehmen.[626]

Aus der konzeptuellen Daten-, Anwendungs- und Kommunikationsarchitektur wird die Technologie-Architektur entwickelt: Die logischen Architekturen werden in Form von Hardware-, Software- und Netz-Architektur technologisch implementiert.

Technologie-Architekturen können grundsätzlich zentral oder dezentral gestaltet werden. Gegenwärtig herrscht ein Trend zur Dezentralisierung, der sich noch verstärken wird.[627] Auch in Zukunft wird es Server geben, die zentrale Funktionen übernehmen, doch wird sich die Anwendungsebene immer mehr auf die dezentralen Rechnersysteme verlagern. Das hat zur Folge, daß die zentralen Rechnersysteme verstärkt Aufgaben wie Management von Datenbasen und Netzsteuerung zu übernehmen haben. Rechnernetze zeigen heute in Technik und Anwendung ein fast explosives Wachstum.[628] Die Technologie-

---

624 Heinrich, L., Informationsmanagement, S. 65 – 67.
625 Heinrich, L., Informationsmanagement, S. 67.
626 Hummeltenberg, W., Information, S. 65.
627 Heinrich, L., Informationsmanagement, S. 68.
628 Proebster, W., Rechnernetze, S. 23.

entwicklung ist durch immer höhere Integration gekennzeichnet, die die Basis für die organisatorische Umsetzung (z.B. Datenintegration) schafft.[629]

Herrscht eine integrierte Kommunikationsarchitektur mit offener Kommunikation zwischen den dezentralen Rechnersystemen einer Unternehmung, so könnte man zunächst eine Netzwerk-Annäherung unterstellen. Inwiefern der Trend der Dezentralisierung tatsächlich eine Netzwerk-Annäherung darstellt sowie ob und wie diese Entwicklung gefördert werden kann, darauf wird im nächsten Kapitel eingegangen.

5.3.5.2 Gestaltungsrichtung – Anpassungsmechanismus Strukturkomponenten

In diesem Abschnitt geht es darum zu diskutieren, inwieweit die Informations- und Kommunikationskonzeption Netzwerk-Elemente fördern beziehungsweise die Träger der Netzwerkförderung unterstützen kann.
"Was heute benötigt wird, ist, Mechanismen aufzubauen, durch die informationelle Transparenz bei den Informationsleistungen und informationelle Symmetrien zwischen ... Informationsangeboten und Informationsnutzern erzeugt werden können. ... Was benötigt wird, ist ein ... Vertrauensnetzwerk, Web of trust."[630]
Es wird also diskutiert, wie das Informations- und Kommunikationskonzept eines Unternehmens gestaltet sein müßte, damit die Strukturkomponenten, die in Kapitel 4 vorgestellt wurden, eine möglichst netzwerknahe Ausprägung erhalten. "Bei ... Gestaltungsmaßnahmen sollte ... nicht die Informationstechnologie an sich im Vordergrund stehen, sondern vielmehr das gesamte Aufgabenerfüllungssystem, dem die Technologie zu dienen hat. Dies impliziert, daß die Informationstechnologie ... als 'quasi-organisatorischer Aktionsparameter' aufgefaßt wird. ... [das] dürfte die wirksame Integration moderner Informationstechnologie in Führungssysteme erleichtern, zwingt es doch dazu, die für die Akzeptanz ... so wichtigen psychologischen und sozialen Dimensionen von vornherein zu berücksichtigen."[631] In diesem Sinne ist auf beide Gestaltungsseiten einzugehen: parallel zu den technologischen Gestaltungsmöglichkeiten ist die soziale Dimension zwischenmenschlicher Kontakte zu berücksichtigen.

---

[629] Heinrich, L., Informationsmanagement, S. 68.
[630] Kuhlen, R., Informationsassistenten, S. 15.
[631] Zahn, E., Informationstechnologie, S. 495.

Zunächst wird auf die Rolle und Möglichkeiten der Gestaltung von persönlicher Kommunikation eingegangen.

"Undoubtedly, advances in information technology can and will play a key role in shaping the network organization. But because of the efficiency and ease of use of electronically mediated exchange the temptation is that it will replace relationships based on face-to-face interaction. The question is whether these electronically mediated exchanges can be as effective. Our view is that they cannot."[632] Hier wird der systemische Ansatz konkret auf Netzwerke übertragen. Nach dem Modell nicht-trivialer, komplexer Systeme (siehe Abbildung 3-5, Kapitel 3) wird die Identität eines Systems mittels der kognitiven und semantischen Struktur und des Regelsystems gebildet. Nohria und Eccles sagen dazu analog, daß "The social dimension of organization is especially crucial in the network organization ... the social structure provided by roles, norms and status and reinforced by trust and personal engagement with others is critical."[633] Auch hier wird also auf die Strukturkomponenten gemeinsame Identitäten (SK # 14), hohe Kohäsion (SK # 15), geteilte Werte (SK # 16) und hohes Vertrauen (SK # 17) Bezug genommen, die ohne Person-Person Kontakte mittels face-to-face Kommunikation nicht entstehen können.

Akteure bringen zu jeder Interaktion die Erfahrungen mit, die sie miteinander in der Vergangenheit gemacht haben, sammeln neue in den jeweiligen Interaktionen und nehmen diese Erfahrungen wiederum für die Zukunft mit; so entsteht Wissen übereinander und über Erwartungen (SK # 12). Persönliche Kontakte sprechen die gesamte Bandbreite menschlicher Wahrnehmung an: sehen, hören, riechen, fühlen, Geschmackssinn; sie decken auch die wichtigen psycho-emotionalen Reaktionen wie Unbehagen oder Behagen, Verständnis oder Unverständnis etc. ab. Der weit gefaßte aber nützliche Ausdruck 'Chemie' wird oft benutzt, um Kombinationen von Reaktionen von Menschen aufeinander zu beschreiben. Außerdem ermöglichen sie es, etwas über die Weltsicht der anderen zu lernen, über die Art, Sprache einzusetzen, über wichtige bzw. unwichtige Kategorien und Werte und darüber, welche Codes zur Verständigung eingesetzt werden. Die hohe Wichtigkeit, die so entstandene persönliche Eindrücke für die Zusammenarbeit

---

[632] Nohria, N., Eccles, R., Network, S. 289.
[633] Nohria, N., Eccles, R., Network, S. 292.

haben, ist ebenso bekannt wie die Tatsache, daß diese eben nur über persönliche Kontakte entstehen können.[634]

Unter den Begriffen Weltsicht, Kategorien, Werte, Chemie und persönliche Eindrücke werden Erfahrungen subsumiert, die in etwa denen der kulturellen Strukturkomponenten entsprechen: 'stimmt die Chemie' bzw. herrscht Verständnis und Behagen vor, und ist die jeweilige Weltsicht mit ihren Werten und Codes bekannt, so kann man davon ausgehen, daß es gemeinsame Werte, klare Erwartungen und Ziele gibt (SK # 16, 12, 13); ebenso wie aus einer solchen Situation eher eine multidimensionale, robuste Beziehung mit Vertrauen (SK # 17) entstehen kann.[635]

In diesem Sinn ist es bei der Gestaltung der personenorientierten Kommunikation in einem Unternehmen wichtig, hin zu einer 'open door policy' zu kommen. Die Existenz dieses Schlagwortes zeigt bereits, daß auch in der Praxis erkannt wurde, wie vorteilhaft es sein kann, von der bisherigen Überlegung des "wer muß welche Informationen haben – um aufgabentechnisch funktionieren zu können" abzurücken, hin zu der Überlegung "wer kann über welche Informationen verfügen – ohne daß Sicherheits- oder Privacy-Bestimmungen verletzt werden". Eine solche Kommunikationspolitik kann zudem motivierend wirken, da dem einzelnen die Autonomie gegeben wird, eigene Filtersysteme zur Bewertung von Information einzubauen und diese nicht in gleich hohem Ausmaß von oben vorgegeben werden (Autonomieeffekt).

Offene, regelmäßig hierarchieübergreifende Kommunikation ist zu fördern, zum Beispiel in Form regelmäßiger Kamingespräche, ebenso die Existenz informeller Gruppen und damit informeller Informationskanäle. Als Beispiel können betrieblich geförderte Aktivitäten im privaten Bereich, wie Sport oder Musik, genannt werden. Kommunikative Kompetenz sollte sowohl in das Evaluations- als auch, so vorhanden, in das Anreizprogramm einer Unternehmung einfließen. Dadurch wird es möglich, daß jemand, der Informationen nicht zu teilen bereit ist und sich unkommunikativ verhält, eine negative Rückmeldung bekommt (Evaluationsbogen) und dies eventuell sogar an der Höhe seines variablen Gehaltsanteils spürt (Anreizprogramm) – und umgekehrt natürlich: positive

---

[634] Nohria, N., Eccles, R., Network, S. 292 – 295; 298 – 299.
[635] Nohria, N., Eccles, R., Network, S. 299.

Rückmeldung und höheres variables Gehalt für gelungene Kommunikation und Information.

Auch für die Entstehung der wichtigen informellen Gruppen in einer Organisation sind persönliche Kontakte unerläßlich. Die informelle Seite der Organisation spielt bei offener, hierarchieübergreifender Kommunikation eine besondere Rolle, da in dem Maß, in dem die Organisation als flacher wahrgenommen wird, wahrscheinlich eine höhere Anzahl informeller Kontakte geknüpft wird.[636] Als Indiz dafür, daß diese Überlegungen in der Praxis eine hohe Bedeutung haben, kann auch die Erfahrung angeführt werden, daß es in großen Unternehmen eine natürliche Tendenz zur Netzwerkbildung, hier im Sinn der Zugehörigkeit zu informellen Gruppen, gibt. Manager wählen diesen Weg, weil er Zusammenarbeit auf für sie niedrigstem Energieniveau ermöglicht.

Ist die persönliche Zusammenarbeit erfolgreich etabliert, so nimmt auch die Erfolgswahrscheinlichkeit des Einsatzes elektronischer Medien, die persönliche Kommunikation simulieren, wie z.B. von Video-Konferenzen, zu. Neben diesen der face-to-face Kommunikation noch relativ nahen Kommunikationsmedien sind über elektronische Rechnernetze Kommunikationsformen und –möglichkeiten entstanden, in denen persönlicher Kontakt in Form von Sehen oder Hören nicht mehr nötig ist.

In der Folge wird auf die elektronisch-technologische Seite der Kommunikationsgestaltung eingegangen: wie müßte sie ausgestaltet sein, welche Rolle spielen elektronischer Informationsfluß und Informationsaustausch im Zusammenhang mit der Förderung von Netzwerknähe einer Organisation.
Rechnernetze spielen grundsätzlich eine wichtige Rolle für Netzwerke: "... information technology and electronic networks will play a central role in facilitating the emergence of .. network organizations."[637]

Nohria und Eccles nennen vier Wege, wie elektronische Netze die Bildung von Netzwerkorganisationen fördern können: Erstens ermöglicht es die Informationstechnologie, die Anzahl der Managementlevel in einer Hierarchie zu reduzieren. Durch stark

---

[636] Weick, K., Prozeß, S. 32.
[637] Nohria, N., Eccles, R., Network, S. 291.

gestiegenes Kontrollpotential wird die Kontroll- und Leitungsspanne vergrößert. Diese Reduktion der Managementlevel führt dazu, daß die bürokratischen Mechanismen zwischen Arbeitnehmern und Topmanagement ebenfalls reduziert werden, Arbeitnehmer werden 'empowered'. Zweitens erleichtert die Informationstechnologie die Kommunikation unter Personen über Zeit und Raum hinweg, z.B. via e-mail oder Videokonferenzen; existierende Autoritätsstrukturen werden überbrückt und aufgeweicht, der Kommunikationsfluß hilft organisatorische Barrieren zu überwinden, die üblicherweise mittels Kontrolle und Zurückhaltung von Information aufrecht erhalten werden. Drittens verbessert die Informationstechnologie die Möglichkeiten der Kommunikation von Organisationen mit anderen Organisationen, die Grenzen von Organisationen werden weniger eindeutig. Viertens liefert die Informationstechnologie einen Beitrag zur Flexibilität. Das Design und Redesign von Kennzahlen- und Kontrollsystemen wird vereinfacht, damit wird auch eine mögliche Organisationsstrukturänderung erleichtert.[638]

Ein Beispiel, das angeführt wird, um den verstärkten Kommunikationsfluß über Raum, Zeit und Hierarchieebenen hinweg zu verdeutlichen, sind die "Does anybody know ..." e-mails, mit denen ein diverser und großer Input erzielt werden kann. Bei Tandem-Computer, einer Firma mit 10.500 Mitarbeitern, wurden pro Tag im Durchschnitt sechs solcher Frage-e-mails verschickt, die im Schnitt acht Antworten erhielten. Derart dezentralisierte Kommunikation (SK # 6) führt dank des Mediums zu einer 'equality in participation', Hierarchiestufen verschwinden oder werden so kaum wahrgenommen (SK # 7).[639]
Daher besteht kein Zweifel daran, daß Informationstechnologie eine wichtige Rolle in der Entstehung einer Netzwerkorganisation spielt. Aber im Enthusiasmus über die technischen Möglichkeiten der Informationstechnologie werden deren Grenzen zu leicht übersehen, die persönlichen, sozialen Dimensionen einer Organisation zu schnell ignoriert. Versuche, persönliche Kontakte durch technologie-basierte Kommunikation zu ersetzen, können nicht funktionieren.[640]

Zusammenfassend läßt sich sagen, daß die elektronisch-technologische und die persönliche Ausgestaltung der Kommunikation parallel laufen müssen, um Netzwerkelemente zu fördern.

---

[638] Nohria, N., Eccles, R., Network, S. 291.
[639] Nohria, N., Eccles, R., Network, S. 296f.
[640] Nohria, N., Eccles, R., Network, S. 291, 303.

Eine gesteigerte elektronische Kommunikation wird nur funktionieren, wenn sie auf ausreichend persönlichen Kontakten, auf persönlichem Vertrauen basiert. Demnach verlangt eine Steigerung der elektronisch-technologischen Kommunikation immer auch eine Steigerung der persönlichen Kontakte und der persönlichen Kommunikation: "managerial implications ... are apparent ... take advantage of the emerging information and communication technologies and ... [do] not view them as an easy replacement for face-to-face interaction. ... using electronically mediated exchange to help create a network organization requires more, not less, face-to-face communication."[641]

Diese Sichtweise des Zusammenhangs von gestiegener elektronisch basierter Kommunikation, die gestiegene persönliche Kommunikation verlangt, wird unten dargestellt: die Linie A-B bildet ab, wie die face-to-face Interaktion in Proportion zur Zunahme der elektronisch basierten Kommunikation ansteigt.

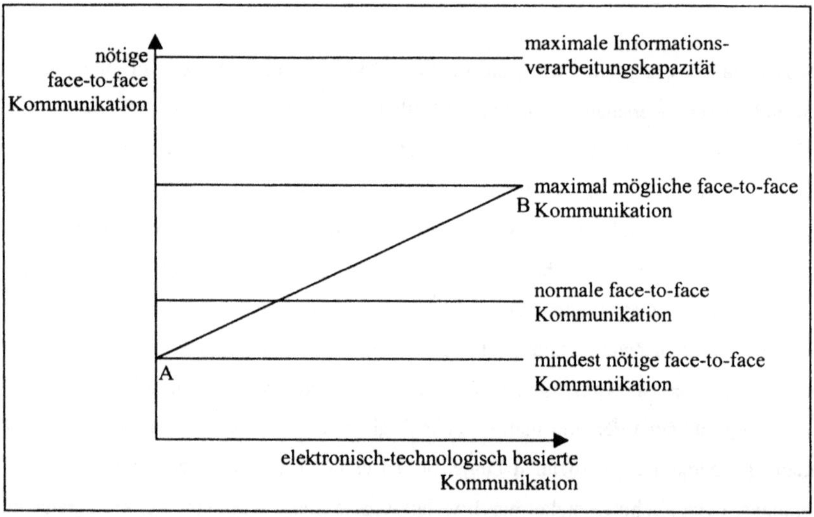

Abbildung 5-3: Verhältnis face-to-face- und elektronisch-basierte Kommunikation, in Anlehnung an: Nohria, N., Eccles, R., Network, S. 302.

Die Bedeutung persönlicher Kontakte, diesmal mit dem Schwerpunkt der Vertrauensbildung (SK # 17), wird auch von Kuhlen aufgegriffen: "Auch von seiten der Informationswirtschaft hat man erkannt, daß die elektronischen Dienste ... nur dann akzeptiert

[641] Nohria, N., Eccles, R., Network, S. 303.

und genutzt werden, wenn man ihnen vertraut. Ohne Vertrauen kein Geschäft."[642] Dabei ist es möglich, daß Vertrauen, das man einer Person entgegenbringt, auf elektronische Systeme übertragen wird. Wird Vertrauen zu großen Teilen aus personalen Zugangspunkten gebildet, dann wird das so erworbene Vertrauen auf technische Systeme übertragen, die quasi stellvertretend funktionieren und wahrgenommen werden.[643] Vertrauen ist auch vor dem Hintergrund der Informationsüberflutung wichtig, Filter müssen angewandt werden, um mit dieser umzugehen. Systemisch gesprochen können Filtersysteme, die einzelne einbauen, indem sie sich auf bestimmte Personen fokussieren oder indem sie sich auf elektronische Filter verlassen, als "Systemvertrauen neuer Art" verstanden werden, da hier bewußt riskierter Verzicht auf mögliche weitere Information stattfindet.[644]

Bei der Gestaltung des Kommunikationssystem ist die Wichtigkeit persönlicher Kontakte also nicht zu vergessen, in der Zeit- und Ressourcenplanung ist persönliche Kontaktpflege zu berücksichtigen.

Auch im Rahmen der Gestaltung der Daten-, Anwendungs- und Kommunikationsarchitektur bedeutet dies, daß eine Berücksichtigung der persönlichen Seite des Informations- und Kommunikationssystems wichtig ist. Unter dem Schlagwort 'Anwenderfreundlichkeit' findet diese Orientierung zunehmend in der Praxis statt.
Beim Entwerfen der Datenarchitektur ist also nicht etwa zu unterstellen, daß die Informationsnachfrage gegeben ist, vielmehr ist sie, unter Berücksichtigung des persönlichen Bedarfs, zu bestimmen. Eine hierzu verwendbare Methode ist das Business Systems Planning. Hier werden Daten gesammelt, die erforderlich sind, um ein Unternehmen erfolgreich zu führen. Nicht nur Führungskräfte, sondern alle Betroffenen und Beteiligten bestätigen oder korrigieren die gesammelten und analysierten Daten. Daten werden so zu einem Gut, das geplant, überwacht und gesteuert werden kann.[645] Werden Daten unternehmensweit erfaßt und verarbeitet, so führt dies zunächst zu einer höheren Formalisierung und Standardisierung (SK # 4, 5) des Datenmaterials. Werden bei der Durchführung des Business Systems Planning nicht nur Führungskräfte, sondern auch andere

---

642 Kuhlen, R., Informationsassistenten, S. 14.
643 Kuhlen, R., Informationsassistenten, S. 205, 196.
644 Luhmann, N., Vertrauen, S. 23.
645 Heinrich, L., Informationsmanagement, S. 64f, 342f.

beteiligte Mitarbeiter befragt, so bedeutet dies eine eher flach wahrgenommene Hierarchie (SK # 7) und weniger Machtkonzentration (SK # 3). Werden die Datenbanken, die daraus resultieren, schließlich nicht nach dem 'wer muß welche Informationen haben' Prinzip gestaltet, sondern ist der Zugang nach dem Prinzip 'wer kann ohne potentiellen Schaden welche Informationen abrufen' für viele Mitarbeiter geöffnet, so bedeutet das eine eher dezentralisierte Kommunikation (SK # 6). Mitarbeiter sind nicht auf den Instanzenweg angewiesen, um an Informationen zu kommen, sondern können selbst in Datenbanken recherchieren und eigene Filter zur Datenselektion einbauen. Dies stellt eine flachere hierarchische Orientierung (SK # 7) der Datenarchitektur dar und erzeugt zudem höhere Transparenz. Sieht man Vertrauen (SK # 17) als eine Funktion von Transparenz,[646] so kann der allgemeine Zugang zu Daten, der nicht mehr auf Privilegierte beschränkt ist, zudem als vertrauensfördernd eingestuft werden. Grundsätzlich gilt, daß die Daten unabhängig vom Standort des Benutzers abrufbar sind, räumliche Distanz (SK # 8) also keine so große Rolle mehr spielt.

Für die Anwendungsarchitektur gelten analoge Überlegungen: die Methodenbanken sind so zu entwickeln, daß nicht nur Führungskräfte, sondern auch andere Beteiligte und Betroffene an ihrer Entwicklung aktiv beteiligt sind und diese beeinflussen können; also Machtverteilung (SK # 3) bei hiearchieübergreifender Zusammenarbeit (SK # 7). Nicht nur die aktuell gültigen funktionalen Beziehungen in einer Organisationsstruktur werden abgebildet, sondern eine Vielzahl möglicher Beziehungen, unabhängig von der bestehenden Struktur- und Ablauforganisation kann implementiert werden; aus Netzwerkperpektive erfolgt idealerweise noch nicht einmal eine Konzentration auf rein funktionale Beziehungen, vielmehr ist die Möglichkeit informeller Beziehungen nicht auszuschließen.

Die Kommunikationsarchitektur sollte so gestaltet sein, daß der Informationsaustausch und –fluß zwischen einer möglichst großen Zahl potentieller Teilnehmer möglich wird, daß möglichst viele Teilnehmer in die Kommunikationsarchitektur integriert werden und aktiv an der Unternehmenskommunikation teilnehmen können. Zur Realisierung von Integrationsvorteilen ist die Konzentration auf eine offene Architektur sinnvoll.[647] Mit der Einführung der Intranets, d. h. unternehmensinterner Netze auf Basis der Internet-Techno-

---

646 Kuhlen, R., Informationsassistenten, S. 295f.

647 Schiemenz, B., Schönert, O., Kommunikationssysteme, S. 930.

logie, ist die Kommunikation offener geworden, da technisch betrachtet keine Abhängigkeiten mehr von spezifischen Betriebssystemumgebungen und proprietären Netzwerktechniken vorhanden sind. Somit wird problemlose Kopplung intern und extern möglich.[648] Durch den offenen Zugang zu Kommunikationsmedien, wie z.B. e-mail für möglichst viele Teilnehmer, entsteht eine dezentralisierte Kommunikationsstruktur (SK # 6). Diese führt zu einer 'egalitäreren' Form der Kommunikation,[649] das heißt es wird leichter und offener über Hierarchieebenen hinweg kommuniziert (SK # 7). Eine offene Kommunikationsstruktur ermöglicht es auch, unabhängig von Zeit und Raum, z.B. in Form von e-mail, zu kommunizieren, räumliche Distanzen werden als geringer wahrgenommen (SK # 8).

Für die Technologiearchitektur, die aus der konzeptuellen Daten-, Anwendungs- und Kommunikationsarchitektur entwickelt wird, bedeutet dies, daß entsprechend leistungsfähige Hard- und Software nötig sind, die den Anforderungen einer offenen Kommunikations- und Informationsarchitektur gerecht werden können. Von Seiten der Hardware besteht beim Aufbau von Kommunikationsnetzen aktuell selten der Engpaß, dank der beispiellosen Verbilligung der Computer und Übertragungsmedien und dank der Halbleitergroßintegration, die es erlaubt, kostengünstig leistungsstarke Vermittlungs- und Endgeräte bereitzustellen.[650]

Die hohe Bedeutung, die einer offenen, kommunikationsorientierten Technologiearchitektur zugeschrieben wird, spiegelt sich im Bereich der Software darin, daß inzwischen Standards entwickelt wurden, die Austauschformate vereinheitlichen und dabei für höhere System- und Datenunabhängigkeit sorgen. Als etabliertes Beispiel kann XML (Extensible Markup Language) angeführt werden, das im Bereich der internet-basierten Technologien eine solche Vereinheitlichung unterstützen soll. Die einheitliche Syntax sorgt für die Austauschbarkeit von allen Dokumenten: sie werden universell lesbar.[651]

Dieser Trend ist auch auf der Ebene der Anwendungsprogramme zu erkennen. Als Beispiel für die Förderung von Gruppenarbeit können MS Office XP und SharePoint

---

[648] Hummeltenberg, W., Information, S. 65.

[649] Nohria, N., Eccles, R., Network, S. 297.

[650] Proebster, W., Rechnernetze, S. 23.

[651] Von dem Begriff 'lesbar' abzugrenzen ist das tatsächliche maschinelle Verständnis der Dokumente. Dazu ist eine vorherige Ontologievereinbarung zwischen den Kommunikationspartnern notwendig. Leich, S., Informationen, S. 28 – 31; 76 – 88.

Portal Server angeführt werden. "Office XP trägt mit neuen Features dem Bedarf von Gruppen und Teams Rechnung. Datenaustausch, ein ausgefeiltes Überarbeitungssystem und verbesserte Gruppenfunktionen ... zeigen, [es] ist konsequent teamorientiert."[652]

Eine Möglichkeit, die Technologiearchitektur eines Unternehmens netzwerkfördernd auszugestalten, wird hier kurz exemplarisch angesprochen. Als Konsequenz eines offenen, verteilten Kommunikationssystems (SK # 6, 7) ist ein Konzept wie das eines Data Warehouses möglich. Typischerweise sind Daten quer über das Unternehmen verteilt und müssen erst transformiert werden, damit Information entstehen kann.[653] Data Warehouses sollen flexiblen, transparenten Zugang zu Unternehmensdaten und externen Daten liefern, eine Gesamtsicht auf die Daten vermitteln und die geeigneten Werkzeuge zur Auswertung liefern.[654] Dabei sind die Daten, die in das Data Warehouse aufgenommen werden, hinsichtlich der Erfolgsfaktoren der Unternehmung zu orientieren, und sie können darüber hinaus zur Unterstützung spezieller Aufgaben genutzt werden,[655] auch zur Förderung von Netzwerkcharakteristika. Dementsprechend sind dann Inhalt und Struktur der Daten auf diese Aufgabe auszurichten.

Aus Netzwerkperspektive sollten die Daten einer möglichst großen Zahl von Mitarbeitern zur Verfügung gestellt werden. Die Mitarbeiter können, ohne über den Instanzenweg gehen zu müssen, selbst die für sie nötigen Daten erreichen und, wenn nötig, in Informationen umwandeln, im diesem Sinne wird eine Dezentralisierung der Kommunikation (SK # 6) und Verflachung der Hierarchien (SK # 7) erreicht. Zudem sollte auf der Konzernebene Know-how- und Technologie–Transfer großgeschrieben und durch zentrale Teams ermutigt und koordiniert werden,[656] so daß hoher gegenseitiger Leistungs- und Wissensaustausch (SK # 1, 2) stattfindet.

Da der Mitarbeiter auf die Daten 'on demand' zugreifen kann, wirken sich zeitliche oder räumliche Distanzen kaum mehr aus (SK # 8). "Die verteilten Datenbestände werden in der Regel ... in regelmäßigen Abständen aktualisiert. Rechnergestützte Gruppenarbeit wirkt sich ... positiv aus ... unternehmensinterne Datenbestände können in den dezentralen Einheiten der ... Unternehmung unabhängig von der regionalen Verteilung und von der Zeitverschiebung bereitgestellt werden."[657]

---

[652] Ohne Verfasser, Teamarbeit, online.
[653] Martin, W., Informationsverbraucher, S. 29.
[654] Hummeltenberg, W., Information, S. 42, 49.
[655] Schönert, O., Frühaufklärung, S. 196f.
[656] Martin, W., Informationsverbraucher, S. 36.
[657] Schiemenz, B., Schönert, O., Informationale, S. 214.

Die Möglichkeiten einer netzwerkfördernden Ausgestaltung des Gestaltungsfeldes Informations- und Kommunikationssystem sind, wie oben dargestellt, zahlreich. Dabei ist sowohl die Seite der persönlichen Kommunikation wie auch die Seite der technologischen Kommunikation zu berücksichtigen. Bei letzterer gibt es Ansatzpunkte im Rahmen der konzeptionellen Entwicklung der Daten-, Anwendungs- und Kommunikationsarchitektur und im Rahmen der praktisch zu implementierenden Technologiearchitektur, wo eine Vielzahl von Gestaltungselementen, die Netzwerknähe fördern können, existieren. Inwieweit diese Netzwerkförderung unter Effizienzgesichtspunkten sinnvoll erscheint, wird im Folgenden diskutiert.

5.3.5.3 Effizienzkriterien – Selektionsmechanismus

Im Rahmen der Koordinationseffizienz wird hier erörtert, inwieweit durch die Gestaltung der persönlichen und technologischen Seite der Informations- und Kommunikationssysteme die Autonomie- und Abstimmungskosten beeinflußt werden. Autonomiekosten entstehen, weil die Qualität von Entscheidungen wegen einer geringen Informationsbasis oder einer nicht leistungsfähigen Informationsverarbeitungsmethode leidet. Informationsgewinnungs- und -verarbeitungsaktivitäten zur Verbesserung der informationellen Grundlage von Entscheidungen setzen den Einsatz von Ressourcen voraus und führen so zu Abstimmungskosten.[658]

Bei der Motivationseffizienz geht es um die Diskussion, welche Folgen die Gestaltung der Informations- und Kommunikationssysteme auf das Verhalten der Mitarbeiter hat; ob Autonomie-, Positions-, Gruppeneffekte oder Entbürokratisierung erzielt werden können; ob das Verhalten der Mitarbeiter so beeinflußt werden kann, daß diese ihre Handlungsspielräume eher unternehmenszielkonform nutzen werden.[659] Hier kann wiederum auf die Ausführungen zu den Effizienzkriterien unter Kapitel 3.2.3 verwiesen werden.

Organisationskommunikation als personenorientierte face-to-face Kommunikation findet alltäglich statt, und manche Formen der Regelkommunikation zwischen Instanzen,

[658] Siehe Kap. 3.2.3 und Frese, E., Organisation, S. 258.
[659] Siehe Kap. 3.2.3 und Frese, E., Organisation, S. 271.

entlang vorgeschriebener Instanzenwege oder in einzelnen Bereichen, werden aufgrund historischer Entwicklungen 'wie gehabt' weitergeführt. Netzwerkförderung würde hier zunächst eine offene, hierarchieübergreifende Kommunikation bedeuten: ohne zusätzlichen Einsatz von Ressourcen könnte zunächst die Art des Umgangs geändert werden. In der Praxis arbeiten Teams, die sich selbst mehr Offenheit im Besprechungsklima beibringen wollen, mit Methoden wie Rollenzuschreibungen eines 'advocato diaboli', der für den Zeitraum einer Sitzung die Rolle des Hinterfragers explizit zugewiesen bekommt. So soll Scheu oder Angst vor ungewünschter Kritik, gerade in Anwesenheit höherer Hierarchiestufen, 'abtrainiert' werden. Da dieses Vorgehen kaum Aufwand verursacht und zur Verbesserung der Kommunikations- und Informationsbasis beitragen kann, ist es auch unter Berücksichtigung von Effizienzüberlegungen zu empfehlen.

Die netzwerkelement-fördernde Form offener und hierarchieübergreifender Kommunikation kann in manchen Fällen aus persönlicher Überzeugung gewählt werden. Üblicherweise ist aber eine Regeländerung nötig, um Verhaltensänderungen, wie hier im Kommunikationsverhalten, zu erzielen. Es sollte nicht außer acht gelassen werden, daß Information auch als Machtgrundlage eine Rolle spielt, entsprechend gestaltete Anreizprogramme werden nötig.[660] Kommunikative Offenheit, und in diesem Sinn netzwerkfördernde Kompetenz, kann als Punkt in Evaluations- und Anreizprogrammen definiert werden und über positive / negative Rückmeldungen einerseits und Auswirkungen auf den variablen Gehaltsbestandteil andererseits wohl beeinflußt werden. Hier ist allerdings zu sehen, daß Zeit- und Ressourceneinsatz nötig sind; um so höher, je stärker existierende Evaluations- und Anreizprogramme zu ändern sind oder erst neu eingeführt werden müßten. Ob die Aufwendungen geringer sind als eine erhoffte Steigerung der Koordinationseffizienz, ist im Einzelfall zu prüfen. Zudem stellt sich das Evaluationsproblem. Die Beurteilungen von Vorgesetzten und Kollegen, die Grundlage für die Beurteilung des Kommunikationsverhaltens sein müssen, sind zwangsweise subjektiv, und es ist schwer, intersubjektiv meßbare Erfolgsgrößen in diesem Zusammenhang zu finden. Trotz der entstandenen Aufwendungen kann der Versuch der Bildung kommunikativer Kompetenz in dem Sinn nach hinten los gehen, daß die Evaluation als ein Mehr an Bürokratisierung und Kontrolle wahrgenommen wird. Die Motivationseffizienz würde in diesem Fall sinken.

---

[660] Schiemenz, B., Schönert, O., Informationale, S. 218.

Damit kann eine generelle Aussage über die Einführung neuer Kommunikationsregeln mit Evaluations- und Anreizprogrammen unter Berücksichtigung der Effizienzkriterien nicht getroffen werden.

Im Rahmen der Organisationskommunikation auf elektronisch-technologischer Basis gilt zunächst, daß es durch die informationstechnische Entwicklung möglich geworden ist, immer mehr Informationen immer schneller und zu immer geringeren Kosten auszutauschen und zu verarbeiten.[661] Damit sind also Abstimmungskosten, die in Folge von Aktivitäten der Informationsgewinnung und Informationsverarbeitung entstehen,[662] vergleichsweise geringer geworden, was zu einer Steigerung der Koordinationseffizienz führt.

Organisationsstrukturen und Managementprozesse wandeln sich in Unternehmen ständig, wobei neue Konzepte des Informationsmanagements erforderlich werden, da Information zum eigenständigen Produktions- und Wettbewerbsfaktor geworden ist.[663] Steht eine Reorganisation an, wie zum Beispiel im Fall einer Fusion, so wird im Rahmen der Reorganisation auch die Daten-, Anwendungs- und Kommunikationsarchitektur des Unternehmens neu zu gestalten sein. Der zusätzliche Aufwand, der in einer solchen Situation[664] entsteht, wenn man eine netzwerkorientierte Ausgestaltung der Architektur wählt, ist gering. Unter dem Punkt der Koordinationseffizienz ist dies folglich zu empfehlen. Zudem kann dank der, im vorhergehenden Kapitel (Gestaltungsrichtung) vorgestellten, flachen hierarchischen Orientierung (SK # 7), der höheren Transparenz und der dezentralisierten Kommunikationsstruktur (SK # 6) mit einer höheren Autonomie der Mitarbeiter gerechnet werden, was sich positiv auf die Motivationseffizienz auswirken kann.

In der Technologiearchitektur erfolgt die Umsetzung der logischen Daten-, Anwendungs- und Kommunikationsarchitekturen in Informations- und Kommunikationstechnologien. Da Hardware, wie oben bereits angesprochen, einen Preisverfall erlebt,[665] und es auch im Softwarebereich inzwischen Standardlösungen gibt, die der Förderung der Zusammen-

---

[661] Ebers, M., Informationssysteme, S. 23.

[662] Frese, E., Organisation, S. 258.

[663] Hummeltenberg, W., Information, S. 42.

[664] Eine Neugestaltung einer existierenden Daten-, Anwendungs- und Kommunikationsarchitektur *nur* aus Überlegungen der Förderung der Netzwerknähe heraus, scheint weder theoretisch sinnvoll noch wäre sie praktikabel und wird daher nicht thematisiert.

[665] Proebster, W., Rechnernetze, S. 23.

arbeit dienen,[666] scheint die Implementierung der Technologien ohne größeren Aufwand möglich. Verbessert der Einsatz der Technologien die unternehmerische Informationsbasis, so steigt die Koordinationseffizienz. Wird das Technologiearchitektur-Beispiel des Data Warehouses wieder aufgegriffen, so ist zunächst positiv, daß eine umfassende Informationsbasis zur Verfügung gestellt wird, die Informationen nicht dann liefert, wenn sie entstanden sind, sondern auf Bedarf.[667] Auf den ersten Blick scheint das eine effiziente Art der Informationsverarbeitung. Jedoch ist der Weg vom Konzept über die Architektur zur Implementierung eines Data Warehouses langwierig und kostspielig.[668] So ist jeweils im Einzelfall unter Kosten-Nutzen-Überlegungen abzuwägen, ob die Implementierung eines Data Warehouses sinnvoll ist. Das heißt aus der Perspektive der Effizienzkriterien zu fragen, ob die Abstimmungs- und Autonomiekosten in einer Höhe eingespart werden, daß die Koordinationseffizienz, trotz der nötigen Aufwendungen für die Entwicklung, Erhaltung und Pflege des Data Warehouses, steigen wird.

Gerade im Zusammenhang mit Data Warehousing sei auch auf die Gefahr des Enthusiasmus ohne Folgen verwiesen. Inzwischen ist bekannt, daß es nicht ausreicht, die technische Basis von Informationssystemen bereitzustellen und darauf zu bauen, daß dann alles von alleine läuft.[669] Zumindest die Möglichkeit, daß die Motivationseffizienz dank Autonomieeffekt und Entbürokratisierung steigt, weil Organisationsmitglieder nun jeweils selbst auf die für sie relevanten Informationen nach persönlichem Urteil und Bedarf zugreifen können, ist jedoch sicherlich gegeben. Geht man davon aus, daß der einzelne als rationales Organisationsmitglied nicht zuletzt sein Eigeninteresse verfolgt, wenn er darauf achtet, stets über alle für ihn relevanten Informationen zu verfügen, so scheint es legitim zu erwarten, daß er die Möglichkeiten eines Data Warehouses nutzen wird. Da er zudem, dank Lerneffekten bei Datenbank- und Filteranwendungen, immer geschickter im Umgang mit der Informationsflut und der Individualisierung der Informationsverarbeitung wird und so über personalisierte Informationsressourcen verfügen kann, ist mit der steigenden Autonomie auch eine steigende Motivationseffizienz nicht unwahrscheinlich.

---

666 Z.B. von Microsoft, Ohne Verfasser, Teamarbeit, online.
667 Hummeltenberg, W., Information, S. 68.
668 Hummeltenberg, W., Information, S. 69.
669 Schiemenz, B., Informatisierung, S. 140.

Zusammenfassend läßt sich feststellen, daß aus Effizienzgesichtspunkten die Maßnahmen des Gestaltungsfeldes Kommunikationssystem zur Netzwerkförderung zumindest nicht abzulehnen sind. Die Verfügung über Information wirkt differenzierend, nicht alle Unternehmen sind auf dem gleichen Stand, was die Nutzung und Verfügung von Information angeht, so kann der verbesserte Umgang mit Information einen Wettbewerbsvorteil schaffen.[670] Da netzwerknahen Organisationen eine hohe Informationsverarbeitungskapazität attestiert wird[671] und die Effizienzkriterien als Selektionsmechanismus zumindest nicht dagegen sprechen, scheint es sinnvoll, die Maßnahmen zur netzwerknahen Ausgestaltung des Kommunikationssystems zu empfehlen. Insbesondere wenn dabei bedacht wird, die personen- und technologie-basierten Kommunikationssysteme parallel zu entwickeln und zu gestalten.

5.3.5.4 Anschlußfähigkeit Theorie – Praxis, Art der Implementation

Hochwertige Informations- und Kommunikationstechnik entwickelt sich zunehmend zu einer strategischen Waffe. Ihre Einführung kann zur Erhaltung der Wettbewerbsfähigkeit notwendig sein, wenn andere Wettbewerber sie bereits einsetzen. Oder sie kann einen Wettbewerbsvorteil bedeuten, wenn etablierte Wettbewerbsstrukturen durch sie verändert werden.[672] Dabei hat sich herausgestellt, daß es nicht ausreicht, die Einführung neuer Informations- und Kommunikationstechnologien als rein technische Aufgabe zu verstehen. Vielmehr wurde gelernt, daß deren Implementierung auch ein sozialer Vorgang ist: "Die Implementierung von computergestützten Informationssystemen ... ist ein besonders kritisches Problem, impliziert diese doch einen tiefgreifenden organisationalen Wandel."[673]

Nach der Euphorie über die Machbarkeit und die fallenden Preise der Technologie rücken nun auch im Bereich der Informations- und Kommunikationstechnologie sozio-organisatorische Aspekte stärker in den Vordergrund. Bei Gestaltungsmaßnahmen sollte folglich nicht die Informationstechnologie an sich an erster Stelle stehen, sondern das gesamte Aufgabenerfüllungssystem, dem die Technologie dient. Dies impliziert, daß die

---

670 Kuhlen, R., Informationsassistenten, S. 381f.
671 Golden, P., Dollinger, M., Cooperative, S. 52; Powell, W., Inter-Organizational, S. 208.
672 Zahn, E., Informationstechnologie, S. 500.
673 Zahn, E., Informationstechnologie, S. 498.

Informationstechnologie als 'quasi-organisatorischer Aktionsparameter' aufzufassen ist, der die für die Akzeptanz informationstechnologischer Innovationen so wichtigen psychologischen und sozialen Dimensionen von vornherein berücksichtigt.[674]

Werden diese Überlegungen berücksichtigt, so kann auch im Zusammenhang mit dem Gestaltungsfeld Kommunikationssystem auf die Bedeutung der Implementation zweiter Ordnung verwiesen werden. Man kann die Einführung eines neuen Informations- und Kommunikationssystems, das Akzeptanz findet, auch als Lernprozeß begreifen. Folgt man dieser Auffassung, so findet man bei Schiemenz / Schönert die Grundidee des Prinzips der Implementation zweiter Ordnung wie folgt formuliert: "Die Schaffung von Aufmerksamkeit für neue Entwicklungen im Umsystem und die Durchsetzung neuartiger Reaktionsmöglichkeiten in der Organisation basieren stark auf personellen Trägern in Lernprozessen. Die Diffusion dieses neuen Wissens in der Organisation kann bspw. durch sogenannte Trend-Shops erfolgen. Darunter sind betriebliche Diskussionsveranstaltungen zu verstehen, in denen Veränderungen im Umsystem und entsprechende Reaktionsmöglichkeiten erörtert werden."[675]
Analog zum Verständnis der Implementation zweiter Ordnung findet auch hier eine aktive Auseinandersetzung, eine Interaktion, beispielsweise zum Thema 'Implementation netzwerkfördernder Maßnahmen im Rahmen der Gestaltung des Kommunikationssystems', statt.
Dabei fallen die organisatorischen Maßnahmen bei diesem Implementationsvorgehen, neben der Diskussion und der Erörterung der Reaktionsmöglichkeiten, noch zusätzlich unter die Entscheidungshoheit der jeweils betroffenen Gruppe. Verweigert diese ihre Zustimmung, so würde eine von oben diktierte Einführung aus Akzeptanzgesichtspunkten nicht sinnvoll sein und hätte folglich zu unterbleiben. Aus der Sicht der Beurteilung der Netzwerknähe mittels der Strukturkomponenten bedeutet diese Vorgehensweise eine relativ verteilte Machtstruktur (SK # 3) und flache hierarchische Orientierung (SK # 7). Findet eine Diskussion, oder in anderen Worten die Interaktion, mit dem Ergebnis statt, dass Maßnahmen ergriffen werden sollen, so steigt nicht nur die Akzeptanz, sondern, es entsteht auch im Sinne der Implementation zweiter Ordnung, ein besseres Verständnis

---

674 Zahn, E., Informationstechnologie, S. 495.
675 Schiemenz, B., Schönert, O., Informationale, S. 214.

bezüglich der Erwartungen,[676] (SK # 12) die an die Einführung des neuen Kommunikationssystems geknüpft sind.

Auf diese Weise könnte auch hier Netzwerkförderung auf zwei Ebenen stattfinden.
Dank netzwerknaher Ausgestaltung der Informations- und Kommunikationsmöglichkeiten wird die Möglichkeit zu dezentraler Kommunikation (SK # 6) über Hierarchieebenen hinweg (SK # 7), z.B. per e-mail gegeben, räumliche Distanzen (SK # 8) könnten vergleichsweise leicht überwunden werden.
Zudem würde dank der stattfindenden Diskussionen und Interaktionen wieder ein Prozeß der Sozialisation angestoßen, in dem das System Unternehmung sich selbst, seine kognitiven und semantischen Strukturen wahrnimmt. Damit werden für die Beteiligten die Kommunikationsregeln und Erwartungen sichtbarer.[677] Je klarer sich danach für die Beteiligten die Erwartungen (SK # 12), die Werte (SK # 16) und die gebildete Identität (SK # 14) darstellen, um so mehr ist es folglich gelungen, aus dieser Vorgehensweise eine Förderung der Netzwerkelemente zu erreichen.

5.3.6 Zielsystem

Betrachtet man Unternehmen systemisch, so kann man von ihnen auch als einer besonderen Form von Organisation sprechen: von produktiven, zielgerichteten sozialen Systemen. Mit dieser Sicht geht eine Abkehr von der stark vereinfachenden Reduzierung eines Unternehmens auf das Ziel der Gewinnmaximierung einher.[678]
Ein Zielsystem kommt über einen Zielbildungsprozeß zustande, in dem zu berücksichtigen ist, wie die eigenen individuellen Ziele der Mitglieder sich zu den Zielen der Organisation verhalten, und wie die Zielbeziehungen untereinander – z.B. komplementär oder konkurrierend – sind.[679]
Das Zielsystem wird in dieser Arbeit auf der Ebene der Organisationsgestaltung betrachtet. Das heißt, das vorgelagerte Zielsystem, auf dem die Interessen der Stakeholder, z.B.

---

[676] Siehe Abbildung 3-5, Nicht-triviales, komplexes Systemmodell, Willke, H., Interventionstheorie, S. 34.
[677] Luhmann, N., Systeme, S. 280f, 560ff; Willke, H., Interventionstheorie, S. 34.
[678] Schiemenz, B., Seiwert, L., Ziele, S. 581.
[679] Schiemenz, B., Seiwert, L., Ziele, S. 581ff.

der Kapitaleigner, der Mitarbeiter und der Unternehmensführung abgebildet werden, ist ausgeblendet.

Der Prozeß der Zielbildung bedeutet auch das Festlegen eines präzisen, strukturierten und realisierbaren Systems von Handlungsnormen.[680] Hier wird es wieder darum gehen, zu diskutieren, inwieweit die Gestaltung des Zielsystems sich auf die Position einer Organisation im Zustandsraum auswirkt, welche Möglichkeiten es liefert, Netzwerk-Elemente in einer Organisation zu fördern.

Es folgt eine Darstellung des Gestaltungsfeldes Zielsystem, bevor auf den Anpassungsmechanismus Strukturkomponenten, die die Gestaltungsrichtung vorgeben, eingegangen wird. Daran anschließend werden die Gestaltungsmöglichkeiten aus der Perspektive des Selektionsmechanismus Effizienzkriterien diskutiert; abschließend wird auf die Anschlußfähigkeit der Überlegungen im Spannungsfeld Theorie - Praxis und die Vorgehensweise bei der Implementation eingegangen.

5.3.6.1 Darstellung des Gestaltungsfeldes Zielsystem

Ziele können in verschiedenen Beziehungen zueinander stehen. Instrumentalrelationen stellen Ober- und Unterziele dar, oft als strategische Ziele und untergeordnete Sach- und Formalziele bezeichnet. Präferenzrelationen stellen dar, in welchem Umfang die Erreichung eines Zieles einem anderen vorgezogen wird; es wird also eine Rangfolge der Wichtigkeit festgelegt.[681] Interdependenzrelationen geben an, in welcher Form die Realisierung eines Ziels die Realisierung anderer Ziele beeinflußt. Es werden komplementäre, konkurrierende und neutrale Ziele unterschieden.[682]

Auf die Interdependenzrelationen wird hier genauer eingegangen, da sie für den Zielbildungsprozeß besonders relevant scheinen; insbesondere die Frage des Umgangs mit konfligierenden Zielen scheint schwierig, da in der Unternehmung eine Vielfalt von Zielen verschiedener Willensbildungszentren vorliegen.[683] Nicht nur die Ziele für die

---

680 Schweitzer, M., Planung, S. 35.
681 Bea, F., Entscheidungen, S. 385f.
682 Schiemenz, B., Schönert, O., Entscheidung, S. 32.
683 Schiemenz, B., Seiwert, L., Ziele, S. 590, 583.

Organisation können in den genannten Relationen zueinander stehen. Zu berücksichtigen ist zudem, daß auch die Ziele der Organisationsmitglieder selbst sich in den verschiedenen interdependenten Zielbeziehungen zu den Zielen für die Organisation verhalten können.

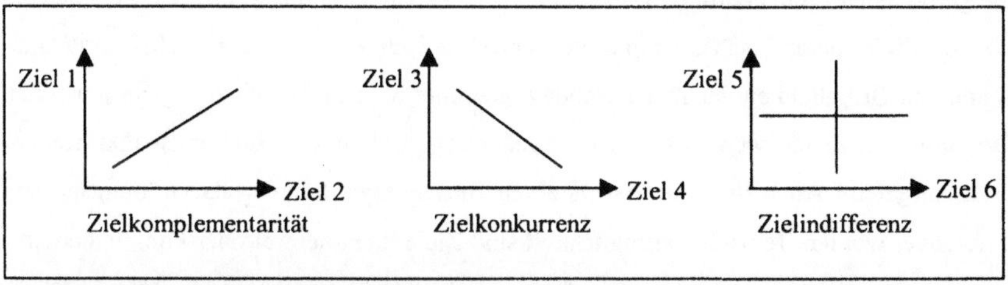

Abbildung 5-4: Interdependenzrelationen von Zielen,
in Anlehnung an: Schiemenz, B., Schönert, O., Entscheidung, S. 33.

Bei der Erklärung und Gestaltung der Handlungen von Entscheidungsträgern einer Organisation spielen sowohl die Ziele selbst,[684] als auch der Weg der Formulierung des Zielsystems, das heißt der Zielfindungsprozeß, eine Rolle.

Daß Zielen und dem Zielfindungsprozeß bei Überlegungen aus Netzwerkperspektive ein besonderes Gewicht zukommt, ist unter anderem daran zu erkennen, daß Zielkongruenz mit der netzwerknahen Ausprägung 'groß' explizit als Netzwerk-Strukturkomponente (SK # 13) aufgeführt wird.[685] Berücksichtigt man zudem, daß der Verlauf eines Zielfindungsprozesses abhängig ist von der Macht der Mitglieder (Machtstruktur, SK # 3) und von den Beziehungen zwischen den Zielen für die Organisation[686] (Richtung des Leistungsaustausches, SK # 2), so wird verdeutlicht, daß das Gestaltungsfeld Zielsystem und sein Zustandekommen aus Netzwerkperspektive von hoher Bedeutung sind.

Der Zielfindungsprozeß kann zunächst in Phasen aufgeteilt betrachtet werden:
Als Phase eins – Zielidentifikation – werden Maßnahmen bezeichnet, durch welche oberste Ausgangsziele festgestellt werden.[687] Die obersten Ziele werden häufig als strategische Ziele bezeichnet und sind Ausdruck einer bestimmten Unternehmensphilo-

---

684 Schiemenz, B., Betriebskybernetik, S. 166, 117.
685 Siehe Abb. 4-8 und Sydow, J., Netzwerke, S. 85.
686 Schiemenz, B., Seiwert, L., Ziele, S. 581f.
687 Schweitzer, M., Planung, S. 36.

sophie oder unternehmerischen Vision.[688] In der Phase zwei – Zielpräzisierung – findet eine möglichst genaue Kennzeichnung von Inhalt, Ausprägung, Termin, Trägern und Begrenzungen einzelner Ziele statt. Je präziser Ziele formuliert werden, um so genauere Planung und Kontrolle werden möglich.[689] In der Phase drei – Zielstrukturierung – werden die gefundenen Ziele geordnet. Dabei sind verschiedene Ordnungsprinzipien denkbar. So können Ziele hierarchisch im Sinne von Ober- und Unterzielen oder nach Priorität, im Sinne von Dringlichkeit der Zielerreichung, geordnet werden. Bei einer organisatorischen Ordnung von Zielen werden sie in Unternehmens-, Bereichs-, Abteilungs- und Stellenziele aufgeteilt. Auch die oben dargestellten Beziehungen können als Ordnungsprinzip verwendet werden. Je nach Verträglichkeit sind Ziele dann neutral oder komplementär – verträglich, oder sie sind konkurrierend – unverträglich. Zielrealisierungsprüfung – Phase vier, meint, daß unter wirtschaftlich-technischen und personellen Aspekten geprüft wird, ob die vorgesehenen Ziele realistisch sind bzw. in welchem Umfang Eignung, Kapazität und Kompetenz der Mitarbeiter ausreichen, um die gewünschten Ziele zu realisieren. Schließlich wird mit der Zielauswahl – Phase fünf, der Entschluß über das zu verfolgende, vorläufig verbindliche Zielsystem getroffen.[690]

Des weiteren kann der Zielfindungsprozeß nach seinem Ausgangspunkt betrachtet werden.

Hier können zwei idealtypisch einander gegenüberstehende Ansätze unterschieden werden: Im ersten Fall legt die oberste Führungsspitze das Zielsystem fest. Das heißt, der Zielfindungsprozeß ist auf diese Gruppe beschränkt. Die Strukturierung erfolgt hier von oben nach unten und hat eher mechanischen Charakter. Im zweiten Fall dagegen sind die vielfältigen und verteilten Ziele der an der Unternehmung Beteiligten der Ausgangspunkt, weswegen die Strukturierung von unten nach oben erfolgt.[691] Auf reale Unternehmen sind die Ansätze nicht direkt zu übertragen, dort werden die Aspekte beider Ansätze vermischt auftauchen. Dennoch sind sie als Orientierungen von Bedeutung, da sie unterschiedliche Grundlagen für organisatorische Gestaltungsüberlegungen liefern. Beim top-down Vorgehen wird es in erster Linie darum gehen, Methoden und Mittel zu finden, die sicher-

---

[688] Bea, F., Entscheidungen, S. 387.
[689] Schweitzer, M., Planung, S. 36.
[690] Schweitzer, M., Planung, S. 36f.
[691] Schiemenz, B., Unternehmungen, S. 249.

stellen, daß die Mitarbeiter den Zielen entsprechend agieren. Beim bottom-up Vorgehen werden Koordinations-, Integrations-, Interventions- und Freiheitsüberlegungen im Vordergrund stehen.[692]

Aus systemtheoretischer Sicht ist dem Zielfindungsprozeß noch eine explizite outside-in Phase oder Betrachtungsweise hinzuzufügen. Ausgangspunkt systemischer Forschung ist die Differenz von System und Umwelt.[693] Systeme müssen diese Differenz systemintern als Orientierung und als Prinzip der Erzeugung von Informationen verwenden.[694] Systeme, die funktionale Analysen auf die Differenz von System und Umwelt beziehen, können sich an funktionalen Äquivalenten orientieren.[695]

Das Komplexitätsgefälle zwischen Umwelt und System hat eine wichtige Funktion. Die Umwelt kann großzügiger behandelt werden, sie kann mehr oder weniger pauschal abgewiesen werden. Es gilt eine Art umgekehrte Relevanzvermutung: Interne Ereignisse sind für das System vermutlich relevant und lösen Anschlußhandeln aus, externe Ereignisse oder Prozesse der Umwelt sind eher irrelevant und bleiben unbeachtet. So gesehen kann man auch von einer Steigerung der Sensibilität des Systems für Bestimmtes und der Insensibilität für Übriges sprechen.[696] Systeme setzen sich nur noch sehr selektiv mit ihrer Umwelt auseinander.[697]

Auf die Organisation Unternehmen übertragen, bedeuten diese Überlegungen, daß es nicht ausreichen würde, vor die Phase eins eine Prüfung der Umwelt zu schalten, deren Ergebnis sich dann in Ausgangszielen spiegelt. Vielmehr ist über den gesamten Zielfindungsprozeß eine outside-in Orientierung beizubehalten. In etwa so, wie top-down und bottom-up über Rückmeldungen und Machbarkeitsäußerungen real in Unternehmen auch parallel laufen, läuft nun zusätzlich die outside-in Orientierung ab. Sonst könnte ein Unternehmen Gefahr laufen, daß Festlegungen zu massiv und konservativ ausfallen und Veränderungen und Innovationen abgeblockt werden, was zu einem Problem für die Anpassungsfähigkeit wird.[698]

---

692 Schiemenz, B., Unternehmungen, S. 249 – 258.
693 Luhmann, N., Systeme, S. 243.
694 Luhmann, N., Systeme, S. 25.
695 Luhmann, N., Systeme, S. 242.
696 Luhmann, N., Systeme, S. 250.
697 Willke, H., Interventionstheorie, S. 73.
698 Willke, H., Interventionstheorie, S. 206.

Bei einer outside-in Orientierung stellt sich die Frage, was als relevante Umwelt eingeschätzt wird. Besonders, wenn man von einer prinzipiellen Unendlichkeit der Zahl der Umweltfaktoren ausgeht.[699] Eine für ein Unternehmen handhabbare Darstellung der Einflüsse verschiedener Umweltbereiche liefert hier das Schichtenmodell von Dülfer.[700] Unmittelbarer Einfluß auf die Unternehmung kommt aus der Aufgabenumwelt, dann folgen abgestuft die Umweltbereiche rechtlich-politische Normen, soziale Beziehungen und Bindungen, kulturell bedingte Wertvorstellungen, Stand der Realitätskenntnis sowie Technologie und natürliche Gegebenheiten.[701] Unternehmen sollten also prüfen, ob sich in einer der Schichten eine Veränderung oder Erneuerung zugetragen hat oder abzeichnet, die für den Zielfindungsprozeß wichtig erscheint.

Als Beispiele können in der Aufgabenumwelt etwa das Auftauchen oder Wegfallen eines Konkurrenten oder Lieferanten genannt werden; in der Schicht der rechtlich-politischen Normen eine Gesetzesänderung oder Verordnung, wie etwa die Abgasbestimmungen für Kraftfahrzeuge; in der Schicht natürliche Gegebenheiten das absehbare Aufbrauchen der Ressource Erdöl. Eine Unternehmung, die nach funktionalen Äquivalenten sucht, wird als Ziel z.B. 'Erforschung alternativer Antriebs- und Energiequellen' aufnehmen.

Betrachtet man Zielsysteme als Resultat eines Zielfindungsprozesses in der Praxis, so findet man eine Vielzahl verschiedener Formulierungen vor. Bemerkenswert ist hier die Entwicklung weg von engen, monetär orientierten Formulierungen wie Gewinnmaximierung oder Return on Investment als Umsatzrentabilität multipliziert mit Kapitalumschlag, hin zu differenzierten Zielsystemen.

Das könnte auch als Hinweis aufgefaßt werden, daß die so wichtige Outside-In Orientierung, die Berücksichtigung von Umweltentwicklungen und mehreren Perspektiven, sich bereits ansatzweise in Zielsystemen spiegelt.

Im Folgenden wird kurz ein Beispiel vorgestellt, das exemplarisch für diesen Trend – weg von rein finanziellen Ziel- und Kennzahlensystemen, hin zu ganzheitlich betrachtenden Managementsystemen, steht: die Balanced Scorecard.

---

[699] Schönert, O., Frühaufklärung, S. 26.
[700] Siehe Abb. 3-2, Vertikalschnitt des Schichtenmodells.
[701] Dülfer, E., Management, S. 261.

Bereits der Name reflektiert die Idee der Ausgewogenheit, der Balance zwischen kurz- und langfristigen Zielen, monetären und nicht monetären Kennzahlen, Spät- und Frühindikatoren und externen und internen Performance-Perspektiven.[702] "Executives want a balanced presentation of measures that allow them to view the company from several perspectives simultaneously ... managers create a balanced scorecard by translating their company's strategy and mission into specific goals."[703]
Unternehmen konkurrieren heute in einer komplexen Umwelt, so daß ein genaues Verständnis ihrer Ziele und der zur Zielerreichung nötigen Maßnahmen dringend notwendig ist.

Die Balanced Scorecard übersetzt die Mission und Strategie eines Unternehmens in ein übersichtliches System. Sie betont zwar finanzielle Ziele, betrachtet aber darüber hinaus die Leistungstreiber. Vier Perspektiven werden ausgewogen berücksichtigt: 1. die finanzielle Perspektive, 2. die Kundenperspektive, 3. die interne Perspektive und 4. die Lern- und Entwicklungsperspektive.[704]

Das System sollte die (Interdependenz-)Beziehungen zwischen den Zielen aus den verschiedenen Perspektiven deutlich machen.[705] Die BSC ist keine ad-hoc Sammlung von zwei Dutzend Kennzahlen, vielmehr sollen diese miteinander verbunden werden. Es ist wichtig, Ziele und Kennzahlen der vier Perspektiven in breite, miteinander verbundene Themen zu integrieren.[706]

---

702 Kaplan, R., Norton, D., Scorecard, S. viii.
703 Kaplan, R., Norton, D., Balanced, S. 123f.
704 Kaplan, R., Norton, D., Scorecard, S. 2.
705 Kaplan, R., Norton, D., Scorecard, S. 30.
706 Kaplan, R., Norton, D., Scorecard, S. 44.

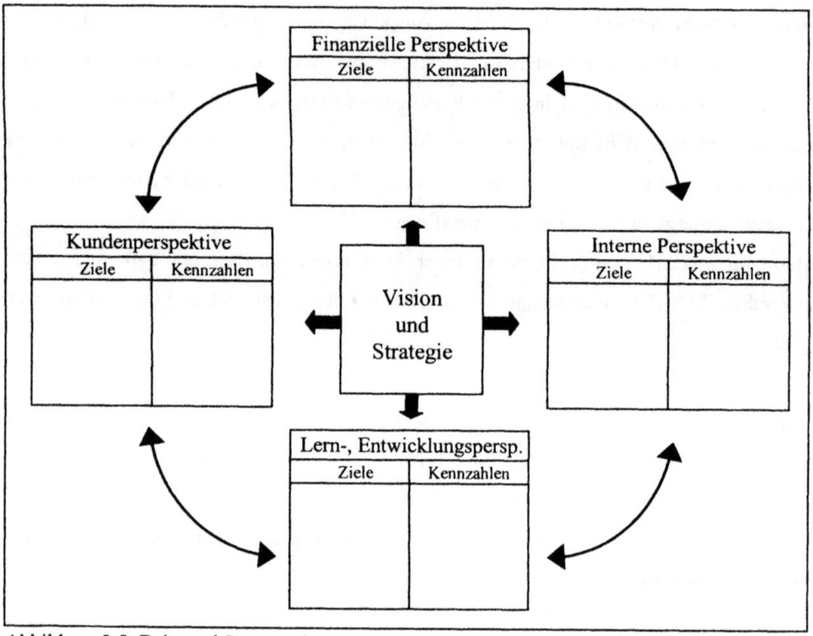

Abbildung 5-5: Balanced Scorecard,
in Anlehnung an: Kaplan, R., Norton, D., Scorecard, S. 9.

"What you measure is what you get."[707]

Dies ist eine Kernaussage des Balanced Scorecard Konzepts. Manager haben erkannt, daß Umfang, Art und Inhalt von Messungen in einer Organisation das Verhalten von Managern und Mitarbeitern stark beeinflussen. Daher können traditionelle finanzielle Kennzahlen wie der ROI irreführende Signale senden. Statt dessen sollte also eine Konzentration auf erfolgskritische Faktoren stattfinden. Zudem schützt die Balanced Scorecard davor, ein Ziel auf Kosten eines anderen zu erreichen – selbst das beste Ziel kann in diesem Sinn schlecht erreicht werden. Indem aus allen vier Perspektiven Ziele und Kennzahlen berücksichtigt werden, können einseitige und damit falsche Signale vermieden werden.[708]

Im Folgenden wird die Herleitung einer Balanced Scorecard skizziert.

Der Scorecard-Prozeß beginnt damit, daß die Strategien der Geschäftseinheiten in spezi-

[707] Kaplan, R., Norton, D., Balanced, S. 124.
[708] Kaplan, R., Norton, D., Balanced, S. 124 – 127.

fische strategische Ziele übersetzt werden, zum Beispiel im Rahmen finanzieller Ziele, ob Umsatzerlöse und Marktwachstum, Rentabilität oder Cash Flow betont werden sollen. In bezug auf die Kundenperspektive werden relevante Kunden- und Marktsegmente festgelegt.[709] Anschließend werden die Ziele und Kennzahlen für interne Geschäftsprozesse identifiziert. Dabei wird nicht mehr, wie bisher üblich, der Schwerpunkt auf die Verbesserung von Kosten, Qualität oder Durchlaufzeiten für existierende Prozesse gelegt. Die Balanced Scorecard hebt Prozesse, die für bahnbrechende Leistungen am kritischsten sind, hervor.[710] Schließlich werden Lern- und Wachstumsziele bestimmt, wobei deutlich wird, wie wichtig Investitionen in Personalentwicklung, Informationstechnologie und Informationssysteme und in eine Verbesserung der Organisationsabläufe sind. Investitionen in Menschen, Systeme und Abläufe führen schließlich zu Innovationen und zu Verbesserungen für die Kunden.[711]

Die strategischen Ziele der Balanced Scorecard werden im ganzen Unternehmen kommuniziert und verbreitet, z. B. über Firmenzeitschriften, Aushänge, Videos oder e-mails.[712] Die BSC ermöglicht es dem Unternehmen auch, die strategische Planung mit dem Budgetierungsprozeß zu integrieren.[713]

Der letzte Schritt bindet die Balanced Scorecard schließlich in einen strategischen Lernprozeß ein. Hier nähert man sich dem Ideal einer lernenden Organisation auf Geschäftsführungsebene, beispielsweise in Form monatlicher oder vierteljährlicher Reviews und Diskussionsgruppen. In modernen Organisationen hat das Management sonst nur selten die Chance, Rückmeldungen zu Strategien zu bekommen und die zugrunde gelegten Hypothesen zu prüfen.[714]

Nachdem Zielsysteme, Zielfindungsprozesse und, in Form der BSC, ein Beispiel eines Ziel- und Kennzahlensystems vorgestellt wurden, wird im Folgenden darauf eingegangen, wie diese aus idealtypischer Netzwerkperspektive ausgestaltet werden müßten.

---

[709] Kaplan, R., Norton, D., Scorecard, S. 10.
[710] Kaplan, R., Norton, D., Scorecard, S. 11.
[711] Kaplan, R., Norton, D., Scorecard, S. 11, 12.
[712] Kaplan, R., Norton, D., Scorecard, S. 12.
[713] Kaplan, R., Norton, D., Scorecard, S. 14.
[714] Kaplan, R., Norton, D., Scorecard, S. 15.

5.3.6.2 Gestaltungsrichtung – Anpassungsmechanismus Strukturkomponenten

Große Zielkongruenz (SK # 13) wird explizit als netzwerknahe Ausprägung einer Strukturkomponente genannt.[715] Inwieweit mittels der Gestaltung des Zielsystems eine Förderung der Netzwerkelemente einer Organisation erreicht werden kann, wird in diesem Abschnitt diskutiert.

"Managers, taken as individuals engaged in an organizational activity, clearly have numerous goals of their own such as personal financial rewards, security, power and prestige within the organization, desire to be liked, human sympathy, the urge to create and perhaps occasionally the desire for an easy life."[716] Wird diese Aussage berücksichtigt, so erscheinen die Interdependenzrelationen der Ziele von Managern und Unternehmen leicht und häufig in konkurrierender Form. Es geht also darum, künstliche Zielkomplementarität oder zumindest Zielindifferenz zu schaffen. Durch entsprechende Formulierung der Ziel- und Anreizstrukturen ist zu gewährleisten, daß eine so große Zielkomplementarität wie möglich erreicht wird.
Zum Beispiel wird im Rahmen eines Management by Objectives das Ziel eindeutig und im angemessenen Schwierigkeitsgrad unter aktiver Mitwirkung des beteiligten Managers oder Mitarbeiters bestimmt.[717] Bei Zielerreichung soll dann ein Anreizprogramm zur Verfügung stehen, das es mit Hilfe eines Cafeteria-Systems erlaubt, daß der einzelne seine jeweiligen persönlichen Ziele realisiert, z.B. flexiblere Freizeit-, Arbeitszeitplanung. Dieses Managementkonzept läßt sich auch für die direkte Zielformulierung netzwerknaher Strukturkomponenten einsetzen: Wird in einem Bereich eine bestimmte Anzahl von Personaltransfers (SK # 11) pro Jahr als Ziel vereinbart, so kann bei Zielerreichung eine entsprechende Anreizauswahl für die Beteiligten gewährt werden. Auch bei der Kommunikation (SK # 6) kann dieses Konzept angewandt werden. So gibt es Beratungen, die auf eine Personifizierung des Wissensmanagements setzen, mit dem Ziel, daß Kollegen auf Informationen und Erfahrungen anderer zugreifen können: auf Anrufe von Kollegen mit der Bitte um Information ist sofort zu reagieren.[718] Findet das nicht statt, dann hat der

---

715 Siehe Abbildung 4-8 und Sydow, J., Netzwerke, S. 85.
716 Baldwin, W., Motives, S. 238 – 256; Schiemenz, B., Seiwert, L., Ziele, S. 586.
717 Steinmann, H., Schreyögg, G., Management, S. 679f.
718 Hansen, M., Nohria, N., Tierney, T., Wissen, S. 85 – 96.

einzelne das Ziel 'Unterstützung von Kollegen' nicht entsprechend erfüllt und das schlägt sich in seiner Bewertung und damit in den Anreizwahlmöglichkeiten nieder.

Berücksichtigt man diese Überlegungen beim Zielfindungsprozeß, so ist spätestens ab Phase zwei, das heißt, ab der präzisen Kennzeichnung von Inhalt, Ausprägung, Termin, Trägern und Begrenzungen der einzelnen Ziele eine Verknüpfung mit dem Anreizprogramm des Unternehmens nötig. Auch in den Phasen drei und vier – also Zielordnung und Machbarkeitsprüfung – ist das Anreizprogramm zu bedenken. Besonders wichtig wird es aber in Phase fünf,[719] hier wird der Entschluß über das Zielsystem getroffen. Dies darf hiernach nicht ohne Berücksichtigung der Ausgestaltung der Interdependenzrelationen der Ziele geschehen. Es ist zu prüfen, welche Ziele sich leicht bzw. schwer mit dem Anreizschema des Unternehmens verknüpfen lassen, bei welchen Zielen so Zielkomplementarität geschaffen werden kann.
Die Idee, daß die Summe der Einzelziele der Beteiligten aggregiert werden könne, was ebenfalls Zielkomplementarität zur Folge habe, sei hier nur kurz erwähnt und wird mit einem Verweis auf Arrow und Schiemenz verworfen: "Es gibt keinen zufriedenstellenden Mechanismus zur Aggregation von Einzelzielen zu *einem* Gesamtziel."[720]
Daher der Versuch im Rahmen der BSC eine Anzahl von 15 – 20 Zielen zu formulieren, die simultan zu verfolgen sind, und von denen sich zumindest einige auch gleichzeitig für die Verknüpfung mit dem Anreizsystem einer Unternehmung eignen – was zu künstlicher Zielkomplementarität führen kann.[721]

Die bisherigen Überlegungen zum Zielfindungsprozeß dienten dazu, Zielkongruenz (SK # 13) zwischen Person und Organisation zu schaffen. Zielkomplementarität ist aber zudem zwischen organisatorischen Einheiten wünschenswert. "In dem Maße, in dem die Teilziele zweier organisatorischer Einheiten ... voneinander abweichen, steigt die Wahrscheinlichkeit, daß sich ... Kommunikationsbarrieren und Konfliktpotentiale ... aufbauen."[722] Um dies zu vermeiden, sollte die Aufgabenverteilung möglichst so gestaltet werden, daß Gruppen oder Abteilungen auf Inputs und Ergebnisse anderer Gruppen und

719 Zu den Zielfindungsprozessphasen siehe das vorherige Kapitel und Schweitzer, M., Planung, S. 36f.
720 Schiemenz, B., Unternehmungen, S. 254f; Arrow, K., Social; eigene Hervorhebung.
721 Siehe dazu auch Kapitel 5.3.6.3, genauer das Beispiel zu Freizeitpräferenz S. 206.
722 Frese, E., Organisation, S. 247.

Abteilungen zur Zielerreichung angewiesen sind. Man könnte auch sagen, sie teilen gemeinsame Oberziele; geteilte Ziele fördern in der Regel die Gruppenkohäsion[723] (SK # 15). Je besser diese Art der abteilungs- und bereichsinterdependenten Strukturierung von Aufgaben und Zielen gelingt, um so höher werden die Intensität und Wechselseitigkeit des Leistungsaustausches (SK # 1 und 2) sein.

Weitere wichtige Punkte des Zielfindungsprozesses aus Netzwerkperspektive sind die präzise Formulierung der Ziele in Phase eins und die Realisierbarkeitsprüfung in Phase vier. Nur gegenüber konkret benannten Zielen können klare Erwartungen (SK # 12) herrschen. Dies mag auf den ersten Blick den Anschein einer überflüssigen Forderung haben, spielt in der Praxis aber eine große Rolle. Gerade beim aus Netzwerksicht idealtypischen bottom-up Vorgehen besteht die Gefahr, daß Stelleninhaber ihren Informationsvorsprung ausnutzen und Ziele vage ausformulieren und / oder den Erreichungsgrad sehr niedrig ansetzen, um sich am Ende bei der Bewertung ihrer Leistung 'herausreden' – oder andernfalls mit ihrer Ziel-Übererfüllung glänzen zu können. In einer idealtypischen Netzwerkorganisation würde dieses Problem nicht auftreten, da das gegenseitige Vertrauen – auch in gültige Werte – der Organisationsmitglieder aller Ebenen so groß wäre, daß opportunistisches Verhalten dieser Art nicht vorkommen würde. Auf dem Weg der Annäherung an diese idealtypische Netzwerkorganisation ist intensive Kommunikation und Diskussion der präzisen Zielinhalte – mit allen Beteiligten über Hierarchie- und Bereichsebenen hinweg – eine Möglichkeit, dieser Art des 'shirking' zu begegnen. Gerade durch häufige Kommunikation und Diskussion kann das nötige Vertrauen entstehen, das in der Zukunft das bottom-up Vorgehen erleichtert und beschleunigt, was für eine Verstärkung des Netzwerk-Charakters einer Unternehmung steht.

Betrachtet man den Ausgangspunkt eines Zielfindungsprozesses, so müßte dieser netzwerk-idealtypisch offensichtlich eher nach dem bottom-up Prinzip gestaltet werden, das heißt, von den Organisationsbeteiligten ausgehen, als nach dem top-down Prinzip, das heißt von der obersten Führungsspitze festgelegt sein. Dieses Vorgehen würde auch eine verteilte Machtstruktur (SK # 3) und flache Hierarchien (SK # 7) widerspiegeln. In der Praxis kommen nur Kombinationen der beiden Herangehensweisen vor.[724] Wobei es unter

[723] Steinmann, H., Schreyögg, G., Management, S. 513f.
[724] Schiemenz, B., Unternehmungen, S. 258.

dem Aspekt der Netzwerkförderung darum geht, die Anteile des top-down Vorgehens zu verringern, bei dem die oberste Führungsspitze steuert, und die Anteile des bottom-up Vorgehens zu erhöhen, bei dem die Zielvorschläge, –diskussionen und –bestimmungen von den an der Organisation Beteiligten ausgehen. Als Beispiel kann hier das Participative Management by Objectives angeführt werden.

Das Resultat eines Zielfindungsprozesses ist ein Zielsystem. Das oben angeführte Beispiel für die Ausformulierung eines Zielsystems in der Praxis, die Balanced Scorecard, wird hier wieder kurz aufgegriffen.

Kennzahlen sind wichtig: "If you can't measure it, you can't manage it."[725] Das Ziel- und Kennzahlensystem eines Unternehmens hat großen Einfluß auf das Verhalten der Menschen einer Organisation. Die Balanced Scorecard tritt mit dem Anspruch auf, daß folgende Vorteile zum Tragen kommen: Erstens, Klärung und Konsensbildung (in Bezug auf die Strategie). Hier könnte man im Netzwerk-Vokabular von klaren Erwartungen (SK # 12) und Kohäsionsförderung (SK # 15) sprechen. Zweitens, Anpassung von Abteilungszielen und persönlichen Zielen an die Strategie.[726] Hier wird auf Zielkongruenz (SK # 13) abgehoben. Dies gilt auch für die Forderung, daß die Balanced Scorecard aus einer Verknüpfung von Zielen und Kennzahlen besteht, die beständig und wechselseitig verstärkend wirken. Das heißt: "a properly constructed Balanced Scorecard should consist of a linked series of objectives and measures that are both consistent and mutually reinforcing."[727] Zudem will eine BSC als Kommunikations- und Informationssystem verstanden werden.[728] In diesem Sinne ist die Balanced Scorecard bereits ohne spezifische Ausgestaltung ein netzwerkförderndes Instrument.

Zudem können dank des Aufbaus der BSC zusätzlich netzwerkfördernde Faktoren relativ leicht implementiert werden.

So kann der gegenseitige, intensive Leistungsaustausch (SK # 1 und 2) gefördert werden, indem z.B. in der internen Perspektive Ziele und Kennzahlen zu Prozessen formuliert werden, die nur bei abteilungs- bzw. bereichsübergreifender Zusammenarbeit realisiert werden können. Die einzelnen BSCs werden im Sinne eines hierarchischen Systems über

---

[725] Kaplan, R., Norton, D., Scorecard, S. 21.
[726] Kaplan, R., Norton, D., Scorecard, S. 19.
[727] Kaplan, R., Norton, D., Scorecard, S. 29f.
[728] Kaplan, R., Norton, D., Scorecard, S. 25.

alle Ebenen hinweg aus einer gemeinsamen Unternehmensscorecard aufgebaut (nach Kaplan im Gegenstromverfahren, top-down und bottom-up parallel). Interdependenzen werden dann für alle sichtbar in den BSCs abgebildet. Dies liefert zudem den sogenannten 'parenting effect': Aus einer unternehmensweiten Scorecard sind die anderen abzuleiten. Das schafft einen gemeinsamen Rahmen, eine Unternehmensschablone zu Themen und geteilten Visionen[729] – hier werden in Netzwerksprache geteilte Werte (SK # 16) gefördert.

BSCs werden dann unternehmensweit publiziert. Diese hierarchieübergreifende Transparenz schafft nicht nur untereinander Klarheit (SK # 12) darüber, wer was zu liefern hat, sondern kann auch die Grundlage für Vertrauen (SK # 17) sein. Weiß man, was der jeweilige Vorgesetzte – als Repräsentant der gesamten Einheit – leisten muß, und wie der eigene Anteil in die Leistung der übergeordneten Einheit einfließt, so kann dies zu einer besseren Einschätzung der Leistung führen. Zudem besteht nicht mehr die in der Praxis verbreitete Befürchtung, daß eigene Leistungen vom Vorgesetzten 'annektiert' und als seine eigene Leistung ausgegeben werden. So kann Dank der erhöhten Transparenz Vertrauen in das Instrument BSC entstehen.

Die Balanced Scorecard kann Informationsgrundlage sein. Wenn Vertrauen in das Instrument BSC in dem Sinne herrscht, daß es als gültiges Ziel- und Kennzahlensystem und für die Beurteilung der Zusammenarbeit und der Leistung – der eigenen und der von anderen – anerkannt ist, so entsteht 'Systemvertrauen neuer Art'[730] (SK # 17).

Auch zur Schaffung von Zielkongruenz (SK # 13) kann die BSC herangezogen werden, da dank der Kennzahlen eine Verknüpfung der aufgeführten Ziele mit dem Anreizprogramm eines Unternehmens relativ leicht durchzuführen ist. Insofern könnte sie als Ergänzung existierender Management by Objectives Programme gesehen werden.

Natürlich hat jedes Instrument seine Grenzen und Vereinfachungen, daher sind die Ausführungen nur exemplarisch zu verstehen. Hindernisse, wie etwa (Neuerungs-) Widerstände, Akzeptanzprobleme oder Manipulation existieren fraglos auch im Zusammenhang mit der BSC. Diese wurden hier nicht berücksichtigt, da der Fokus darauf liegt, zu zeigen, welche Merkmale eines Zielsystems BSC zur Netzwerkförderung dienen können.

---

729 Kaplan, R., Norton, D., Scorecard, S. 37.
730 Siehe Kapitel 3.3.2.3 und Luhmann, N., Vertrauen, S. 23.

Die Gestaltung des Zielfindungsprozesses und des Zielsystems kann wichtige Impulse für die Netzwerkförderung in einem Unternehmen liefern. Die Sinnhaftigkeit der Gestaltungsmöglichkeiten beim Zielsystem unter Berücksichtigung der Effizienzkriterien, wird im Folgenden diskutiert.

5.3.6.3 Effizienzkriterien – Selektionsmechanismus

Ziele bilden Kernelemente eines jeden organisatorischen Gestaltungskonzepts, wobei die Frage nach den Zielinhalten und dem Zielkatalog einer Organisation nach Merkmalen der jeweiligen Situation auszurichten ist.[731] Hier wurde der Fokus – von spezifischen Situationen abstrahiert – auf Gestaltungsmöglichkeiten des Zielfindungsprozesses mit der Formulierung eines Zielsystems gelenkt.

"Aufgrund ihrer Abstraktionseigenschaft gestatten es die hier formulierten Effizienzkriterien, organisatorische Gestaltungsüberlegungen unabhängiger von Probleminhalten abzuleiten und nachzuvollziehen."[732] So können abstrakte Effizienzkriterien als Beurteilungsmaßstab für Gestaltungsmöglichkeiten dienen – auch hier kann auf die bereits an früherer Stelle (Kapitel 3.2.3) erfolgte Darstellung der Effizienzkriterien verwiesen werden.

Bei der Koordinationseffizienz wird betrachtet, wie sich die Ausgestaltung des Zielsystems zum Spannungsverhältnis Autonomie- versus Abstimmungskosten verhält. Hier wird besonders auf interdependenzbezogene Autonomiekosten eingegangen.

Bei der Motivationseffizienz geht es gerade um das Problem, ob die Ziele der Organisation mit denen der Mitarbeiter übereinstimmen. Wie und ob das Zielsystem im Hinblick darauf gestaltet werden kann, daß verbliebene Handlungsspielräume unternehmenszielkonform genutzt werden,[733] ob und inwieweit Zielkomplementarität geschaffen werden kann, und ob Autonomie-, Positions-, oder Gruppeneffekte gefördert werden kann, ist Gegenstand der Diskussion der Motivationseffizienz.

---

[731] Frese, E., Organisation, S. 256.
[732] Frese, E., Organisation, S. 257.
[733] Frese, E., Organisation, S. 258, 271.

Durch die im Rahmen der Arbeitsteilung erfolgende Kompetenzaufteilung können zusammenhängende Handlungskomplexe getrennt werden und Entscheidungs-Interdependenzen entstehen. Die mangelnde Abstimmung bestehender Interdependenzen kann zu Qualitätseinbußen von Entscheidungen führen; so entstehen interdependenzbezogene Autonomiekosten, und die Koordinationseffizienz sinkt.[734]

Ein Zielsystem mit möglichst hoher Zielkomplementarität wurde im vorhergehenden Kapitel als Gestaltungsrichtung einer netzwerknahen Organisation vorgestellt. Das heißt, schon während des Zielfindungsprozesses werden Interdependenzen berücksichtigt. Je besser es gelingt, die Interdependenzen im Rahmen eines Zielsystems komplementär zu formulieren, um so geringer werden automatisch Abstimmungsprobleme und -kosten. Die Interdependenzeffizienz und damit die Koordinationseffizienz sind in diesem Sinne implizit als 'Ziel im Zielsystem' einer idealtypisch netzwerknahen Organisation verankert.

Diese Bedeutung der Zielkomplementarität bleibt für das Kriterium Motivationseffizienz erhalten. Während es sich oben um Zielkomplementarität zwischen organisatorischen Einheiten handelt, geht es nun um Komplementarität zwischen den Zielen der Mitarbeiter als Individuen und den Zielen der Organisation. Mit der Erhöhung des Erfüllungsgrades des Zieles der Organisation wird dann der Erfüllungsgrad des eigenen Zieles steigen.[735] Sind die Ziele der Organisation mit denen der Mitarbeiter verträglich, so dürfte die Motivation also relativ hoch sein.

Ein Mitarbeiter wird die ihm verbleibenden Handlungsspielräume um so eher unternehmenszielkonform nutzen, je mehr er auch persönliche Ziele verwirklichen kann. Dies ist denkbar in Form von Auswahlmöglichkeiten aus einem Anreizkatalog.

Bei konfligierenden Zielen ist es möglich, künstliche oder zeitlich versetzte Verträglichkeit zu schaffen, indem auf Kompromißlösungen ausgewichen wird. Hier spielt die Verknüpfung des Zielsystems mit dem Anreizsystem eine große Rolle. Ist beispielsweise aufgrund hohen Termindrucks eine Phase gegeben, in der viel Arbeitszeit von Mitarbeitern geleistet werden muß, so kann diese zum Sammeln von Anreizpunkten zählen. Bei erfolgreichem Abschluß des Projekts und Termineinhaltung können die Mitarbeiter – je nach Präferenz – etwa Freizeit oder einen Bonus aus dem Anreiz Cafeteria-Katalog wählen. So kann erreicht werden, daß zum Beispiel ein Mitarbeiter mit Freizeitpräferenz

---

734 Siehe Kap. 3.2.3 und Frese, E., Organisation, S. 262.

735 Schiemenz, B., Schönert, O., Entscheidung, S. 32.

dennoch motiviert und überdurchschnittlich mitarbeitet, weil er weiß, daß er – bei Erfolg – sein Ziel 'mehr Freizeit' in der Zukunft erreichen kann.
Eine entsprechend 'verträgliche' Ausgestaltung des Zielsystems, Ziele – so weit möglich – komplementär und in diesem Sinne netzwerkfördernd zu formulieren, ist demgemäß unter dem Gesichtspunkt der Motivationseffizienz sinnvoll.

Ob und inwieweit eine Verknüpfung mit dem Anreizsystem sinnvoll ist, hängt nicht nur davon ab, ob bereits ein Anreizsystem vorhanden und wie dieses ausgestaltet ist, sondern ist jeweils im Einzelfall zu überlegen. Hier wird auf das Kapitel 5.3.2.3, Anreizgestaltung aus Sicht der Effizienzkriterien, verwiesen.

Wird das Beispiel Balanced Scorecard aufgegriffen, so ist zu sehen, daß diese Überlegungen für den konkreten Fall der BSC ihre Gültigkeit behalten.
Die BSC soll als Kommunikations-, Informations- und Lernsystem verstanden werden, dessen Ziele und Kennzahlen so zu verknüpfen sind, daß sie konsistent sind und einander wechselseitig verstärken.[736] Dieser interdependente Ansatz der BSC soll es, dank seiner Multidimensionalität, einem Unternehmen ermöglichen, finanzielle Ziele zu verfolgen und gleichzeitig den Fortschritt und die Grundlagen für künftiges Wachstum zu überwachen.[737]
Um die Verbesserung der Entscheidungsqualität – und damit der Koordinationseffizienz[738] – zu veranschaulichen, wird als Beispiel die Berücksichtigung des Innovationsprozesses im Ziel- und Kennzahlensystem der BSC angeführt. Vergangenheitsorientierte Finanzkennzahlen senden falsche Signale und führen zu schlechteren Entscheidungen bezüglich der Innovationsprozesse, als möglich werden, wenn (wie in der BSC) der Innovationsprozeß als langfristiger Aspekt der Wertschöpfung verstanden und die interne Perspektive mit der Kundenperspektive verknüpft wird. Dann ist es möglich, einen mehrjährigen (Produkt-)Entwicklungsprozeß zu starten und zu bewältigen, der neue Produkte schafft, die neue Wünsche gegenwärtiger und künftiger Kunden erfüllen. Bereits existierende Aktivitäten und Geschäftsprozesse zu verbessern, reicht nicht mehr aus. Andere, auch in Zukunft noch wichtige Verbesserungsschwerpunkte sollen und können identifiziert werden. Die Ziele der internen Perspektive der BSC stellen die

---

736 Kaplan, R., Norton, D., Scorecard, S. 25, 29f.
737 Kaplan, R., Norton, D., Scorecard, S. 2.
738 Frese, E., Organisation, S. 259.

Prozesse heraus, die am erfolgskritischsten sind und unter Umständen in der Unternehmung im Moment noch gar nicht umgesetzt werden.[739]
So führt die ausgewogene, interdependente Basis zu einer besseren Entscheidungsqualität. In diesem Sinn kann die BSC als ein Instrument der Förderung der Koordinationseffizienz verstanden werden.

Die Lern- und Entwicklungsperspektive schafft die zur Erreichung der drei anderen Perspektiven nötige Infrastruktur. Selbst qualifizierte, gut informierte Mitarbeiter werden nicht zum Unternehmenserfolg beitragen, wenn sie nicht motiviert sind, den Interessen des Unternehmens zu dienen. Deshalb ist eine der drei Hauptkategorien der Lern- und Entwicklungsperspektive der BSC die Motivation.[740]
Statements wie 'Wir wollen die erfolgreichste Fluglinie werden' sollen motivierend wirken. Doch motivierende Missionstatements funktionieren entweder nicht oder reichen nicht aus; es ist ein weiter Weg von der Mission zu den täglichen Aktivitäten der Mitarbeiter. Deshalb schafft die Scorecard einen gemeinsamen Rahmen, eine Sprache, um eine Mission oder Strategie zu vermitteln. Durch diese genaue Artikulation will sie die Energien, Potentiale und das Spezialwissen der Mitarbeiter auf die Erreichung der Organisationsziele ausrichten.[741]
Die BSC ist folglich ein Instrument mit der expliziten Absicht, die Motivationseffizienz zu fördern.
Unter dem Titel 'Missing Measurements' weist Kaplan allerdings darauf hin, daß in der Praxis kaum unternehmensspezifische Kennzahlen existieren, die sich auf die Lern- und Entwicklungsperspektive beziehen. Er zeigt, daß auch Befürworter von Motivationsprogrammen diese oft nicht als Weg zum Ziel betrachten, sondern als Ziel selbst. Motivationsprogramme gelten zwar als wichtig, werden aber nicht als Mittel zur Erreichung von wirtschaftlichen Zielen eingeschätzt. Diese Lücke soll als Signal verstanden werden, in Zukunft Ziele und Kennzahlen in Bezug auf Mitarbeiter und Motivation zu entwickeln.[742]
Bisher scheint es demanch in der Praxis oft bei der bloßen Absicht zur Motivationsförderung zu bleiben.

---

[739] Kaplan, R., Norton, D., Scorecard, S. 26-28.
[740] Kaplan, R., Norton, D., Scorecard, S. 127, 136.
[741] Kaplan, R., Norton, D., Scorecard, S. 24f.
[742] Kaplan, R., Norton, D., Scorecard, S. 144ff.

Wie es darüber hinaus um die Anschlußfähigkeit der Überlegungen zum Gestaltungsfeld Zielsystem in der Praxis aussieht, ist Thema des folgenden Abschnitts.

5.3.6.4 Anschlußfähigkeit Theorie – Praxis, Art der Implementation

In Organisationen klafft oft eine Lücke in Form der Diskrepanz zwischen der *Entwicklung und Formulierung* einer Strategie und ihrer *Implementierung bzw. Umsetzung.*[743] Ein Zielsystem soll diese Lücke schließen helfen.

Ein Zielsystem kann als Vermittler zwischen Theorie und Praxis gesehen werden; es wird nach der Hypothese ausgestaltet, daß Entscheidungsträger sich rational verhalten werden.[744] So kann über Ziele das Verhalten als absehbar, steuerbar und für ein Unternehmen planbar gesehen werden. Dabei ist es wichtig, daß die Formulierung der Ziele möglichst operational ist, das heißt, es ist eindeutig, ob ein Ziel erreicht ist oder nicht, es existieren Maßeinheiten und überprüfbare Erfolgskriterien.[745] Danach werden Erfahrungen in der Praxis gesammelt und in der Erstellung des nachfolgenden Zielsystems berücksichtigt: wo treffen welche Annahmen zu, welche Parameter oder Restriktionen haben welches Verhalten hervorgebracht.

Dabei ist es wichtig, um die Komplementarität oder Konkurrenz von Zielen zu wissen. Komplementäre Ziele können problemlos in das Zielsystem integriert werden. Bei Konkurrierenden ist zu prüfen, ob sie mittels Umformulierung oder Kopplung (z.B. an das Anreizsystem) beeinflußt werden können. Erscheint dies fraglich, ist neu zu beurteilen, wie wahrscheinlich ihre Realisierung ist. Stehen die Chancen dafür schlecht, so ist es besser, einzelne Ziele fallen zu lassen. Tritt dies zu häufig ein, sollte das Anlaß sein, den Zielfindungs- und –abstimmungsprozeß und damit letztlich auch das Zielsystem zu überdenken.

Ein konsistentes, komplementäres Zielsystem, wie z.B. die BSC es für sich beansprucht, in der Praxis zu entwickeln, gestaltet sich dennoch schwierig. Der Ansatz der BSC geht davon aus, daß der Erfolg eines Unternehmens entscheidend von Faktoren abhängt, die

---

743 Kaplan, R., Norton, D., Scorecard, S. 191. Italics aus dem Original übernommen.
744 Schiemenz, B., Schönert, O., Entscheidung, S. 32.
745 Schiemenz, B., Schönert, O., Entscheidung, S. 31.

hinter den finanziellen Zielgrößen stehen und die Zielerreichung bestimmen – "operational measures ... are the drivers of future financial performance."[746] Mit Hilfe von Analysen und der Abstimmung von cause-and-effect Beziehungen, Prozessen, Leistungstreibern und der Verknüpfung mit den Finanzen soll ein in sich konsistentes, komplementär zusammenhängendes System von BSCs in einem Unternehmen entstehen, "... a linked series of objectives and measures that are both consistent and mutually reinforcing."[747]
Dabei werden in einer BSC nach Kaplan jedoch lediglich die Ziele für das und des Unternehmens berücksichtigt; daß Manager und Mitarbeiter über ihre Ziele für das Unternehmen hinaus noch persönliche Ziele verfolgen und wie sich deren Relation zu den Unternehmenszielen darstellt, wird dort nicht berücksichtigt. Dabei sind es gerade die persönlichen Managerziele, wie z.B. Machtstreben,[748] die nicht nur gerade das Gegenteil von Netzwerkförderung (verteilte Machtstruktur, SK # 3) darstellen, sondern auch leicht zu Zielkonflikten – etwa mit Kollegen, Nachbarabteilungen oder Vorgesetzten – führen können. Eine entsprechende Erweiterung der BSC und bzw. oder Ausgestaltung des Anreizsystems könnte eventuell helfen, ist aber problematisch. Wie ein Anreizkatalog mit Wahlmöglichkeiten gestaltet werden könnte, in welcher Höhe Aufwand betrieben werden müßte, wie die Erfolgswahrscheinlichkeiten aussähen, bleibt fraglich; siehe hierzu auch Kapitel 5.3.2.

Die Bedeutung einer Vorgehensweise nach dem Prinzip der Implementation zweiter Ordnung beim Zielsystem wird hier anhand des Beispiels der Balanced Scorecard verdeutlicht.
Bei der Implementation zweiter Ordnung geht es darum, die Interaktionen der Organisationsmitglieder zu erhöhen, da dadurch das geteilte Wissen steigt, ein Sozialisationsprozeß stattfindet und sich eher eine Identität der kognitiven, semantischen und sozialen Strukturen des Systems herausbilden kann. So konstituiert sich eine eigene Sinnwelt des Systems Organisation und die Wahrscheinlichkeit erfolgreicher Kommunikation steigt. Handlungen und Entscheidungen, die in einem solchen System stattfinden, sind vergleichsweise absehbarer.[749] Diese systemtheoretischen Überlegungen können im Ansatz der Balanced Scorecard wiedergefunden werden.

---

[746] Kaplan, R., Norton, D., Balanced, S. 125.
[747] Kaplan, R., Norton, D., Scorecard, S. 29f.
[748] Schiemenz, B., Seiwert, L., Ziele, S. 587.
[749] Willke, H., Interventionstheorie, S. 31ff und siehe Abbildung 3-5.

Die BSC hat die Aufgabe, als Handlungsrahmen für den strategischen Führungsprozeß zu dienen[750] und liefert regelmäßig die Möglichkeit zu feed-back Prozessen und double-loop Lernen.[751]

Für den Handlungsrahmen spielt die gemeinsame Sprache in Unternehmen eine zentrale Rolle. Gemeint ist die konzeptionelle Funktion der BSC als Kommunikationsmedium zwischen zentralen und dezentralen Einheiten und Managern, zwischen Technikern und Kaufleuten. Es wird schrittweise ein Wortschatz aufgebaut, der Kommunikation über funktionale und hierarchische Grenzen hinweg ermöglicht.[752] Auch die Form der Rückkopplung ist im Vergleich zu traditionellen hierarchischen Prozessen in der BSC verbessert: während bisherige feed-back Prozesse oft auf operativer Ebene stattfinden und zu single-loop learning in der Form führen, daß Anpassungsmaßnahmen ergriffen werden, um das anvisierte Ziel doch noch zu erreichen, wird der feed-back Prozeß der BSC auf die Strategie bezogen und fördert einen double-loop Lernprozeß. Das heißt, die Strategie sowie die Annahmen und die Hypothesen, auf denen sie gründet, stehen selbst ebenfalls auf dem Prüfstand.[753] Damit gilt, daß der "Prozeß der Erarbeitung einer Balanced Scorecard mindestens ebenso wertvoll ist wie die resultierende Scorecard selbst."[754]

In diesem Sinn ist die BSC ein Beispiel für Implementation zweiter Ordnung, das dank verbesserter Kommunikation (SK # 6), klarer Erwartungen (SK # 12), höherer Zielkongruenz (SK # 14) und geteilter Identitäten und Werte (SK # 14 und 16) zudem als netzwerkfördernd aus Zustandsraumperspektive eingeschätzt werden kann.

Die aus systemischer Sicht wichtige outside-in Orientierung eines Zielfindungsprozesses, wie sie oben in Kapitel 5.3.5.1 erläutert wurde, soll nach dem Ansatz der BSC durch den Prozeß der Rückkopplung, der zum double-loop Lernen führt, abgedeckt werden.[755] Betrachtet man die outside-in Orientierung jedoch unter den Gesichtspunkten Prämissenkontrolle und strategische Überwachung, so wird der BSC-Ansatz den Anforderungen einer outside-in Orientierung, als kompensierende Funktion zur Begrenzung des Selektionsrisikos existierender Zielsysteme, nicht gerecht.

Gesetzte Prämissen können niemals vollständig sein; es ist unmöglich, alle relevanten Entwicklungen erkannt und / oder alle neuen Entwicklungen vorhergesehen zu haben.

---

[750] Weber, J., Schäffer, U., Scorecard, S. 15.
[751] Kaplan, R., Norton, D., Scorecard, S. 252.
[752] Weber, J., Schäffer, U., Scorecard, S. 17.
[753] Kaplan, R., Norton, D., Scorecard, S. 251f; Weber, J., Schäffer, U., Scorecard, S. 14f.
[754] Weber, J., Schäffer, U., Scorecard, S. 15.
[755] Weber, J., Schäffer, U., Scorecard, S. 21.

Deshalb müssen im Rahmen der Prämissenkontrolle die Schlüsselannahmen einer fortlaufenden Prüfung unterzogen werden.[756] Die strategische Überwachung ist die Antwort auf die Tatsache, daß es kritische Ereignisse gibt, die im Rahmen der Prämissensetzung noch nicht gesehen werden konnten. Sie ist eine idealerweise ungerichtete Beobachtungsaktivität und kann z.B. durch Frühwarninstrumente oder 'Issue Management' Umweltsignale in einem frühen Stadium auffangen.[757]
Der BSC-Ansatz sieht eine Prämissenkontrolle nicht vor. Die Auseinandersetzung mit den Annahmen des Modells im Rückkoppelungslernprozeß soll auch die Funktion einer Prämissenkontrolle erfüllen.[758] Tatsächlich ist aber die Neigung, die konzeptionelle Gesamtsicht mit ihren Prämissen zu überprüfen, gering: je häufiger diese in Frage gestellt wird, um so größer ist die Gefahr, daß das Commitment leidet. Was mühsam erarbeitet und durchgesetzt wurde, wird nicht so schnell wieder in Frage gestellt. Da gerade auf dieser Durchsetzung der Schwerpunkt der BSC liegt, ist eine Fixierung auf existente (Erfolgs-) Muster auch bei der BSC begünstigt.[759] Die strategische Überwachung ist im BSC-Ansatz nicht explizit vorgesehen. Bekannte Phänomene kognitiver Begrenzungen von Managern erschweren es, gleichzeitiges Commitment zu einer Strategie mit strategischer Wachsamkeit zu verbinden.[760]
Im Rahmen eines Zielfindungsprozesses sind also zusätzliche Maßnahmen zu entwickeln, um einer outside-in Orientierung gerecht zu werden.

In der klassischen Unternehmungstheorie wurde Unternehmen sehr vereinfacht das Ziel Gewinnmaximierung zugeschrieben.[761] Die hohe Bedeutung, die Ziele und Zielsysteme für Unternehmen haben, führen zu immer differenzierteren theoretischen Betrachtungen. Erfahrungen und Anstöße aus der Praxis werden in theoretischen Entwicklungen aufgegriffen. Die BSC wurde als Beispiel angeführt: einerseits steht sie für die Tendenz weg von eindimensionalen, finanziellen Zielsystemen (ROI, ROCE) hin zu ausgewogenen, mehrdimensionalen Zielsystemen. Andererseits ist sie aus dem Problem in der Praxis entstanden, daß zwischen der Strategieformulierung und –implementierung eine Lücke

---

[756] Steinmann, H., Schreyögg, G., Management, S. 221f.
[757] Steinmann, H., Schreyögg, G., Management, S. 223.
[758] Weber, J., Schäffer, U., Scorecard, S. 21.
[759] Weber, J., Schäffer, U., Scorecard, S. 21.
[760] Weber, J., Schäffer, U., Scorecard, S. 21.
[761] Schiemenz, B., Seiwert, L., Ziele, S. 581.

klafft und nach einer Möglichkeit geforscht wurde, diese mit Hilfe des Zielsystems zu schließen.

Durch theoretische Weiterentwicklungen kann so auch weiterhin ein Transfer von Anstößen und Verbesserungsvorschlägen in die Praxis stattfinden. Etwa in Bezug auf die Erkenntnis, daß eine outside-in Orientierung noch nicht (ausreichend) erfolgt oder im Hinblick auf die Art der Gestaltung des Zielfindungsprozesses – die, wenn sie entsprechend der Implementation zweiter Ordnung durchgeführt wird, auch dazu eingesetzt werden kann, die Netzwerknähe einer Organisation zu fördern.

5.4 Interdependenzen von Maßnahmen der Gestaltungsfelder

Im Folgenden wird kurz auf die Beziehung zwischen den jeweils vorgestellten Handlungsalternativen, den Strukturkomponenten und den Effizienzkriterien und auf die Aufteilung und Interdependenz der Gestaltungsfelder eingegangen.

5.4.1 Beziehung zwischen Handlungsalternativen, Strukturkomponenten und Effizienzkriterien

In der Diskussion der Gestaltungsfelder wurde im Rahmen des ersten Schrittes, das heißt der Darstellung der Felder, jeweils auf Gestaltungsmaßnahmen bzw. Handlungsalternativen eingegangen, die für eine Förderung von Netzwerkelementen relevant scheinen. Als Beispiel des Gestaltungsfeldes Personal kann hier die Personalrotation als Handlungsalternative der Personalbeeinflussung angeführt werden. Weitere Beispiele sind etwa ein Cafeteria-System mit Auswahlmöglichkeiten von materiellen und immateriellen Anreizen (Gestaltungsfeld Anreize), ein personenorientierter Führungsstil (Gestaltungsfeld Führung), eine Kommunikations-Architektur, die sowohl die personen- als auch die technologie-orientierte Kommunikation fördert (Gestaltungsfeld Kommunikation) oder ein Zielfindungsprozeß und eine Zielsystemgestaltung mittels des Instruments Balanced Scorecard (Gestaltungsfeld Zielsystem).

Konkretisiert wird die Ausgestaltung von Handlungsalternativen und Maßnahmen dann jeweils im zweiten Schritt, mit Hilfe der Strukturkomponenten.[762] Strukturkomponenten liefern dabei den Beurteilungsmaßstab dafür, wie stark der Netzwerk-Charakter einer Organisation ausgeprägt ist, und sie liefern mögliche Stellhebel der Beeinflussung. Im Gestaltungsfeld Führung ist hier beispielsweise an eine verteilte Machtstruktur (SK # 3) und flache Hierarchien (SK # 7) zu denken.

Anschließend werden die so abgeleiteten Maßnahmen mit Hilfe der Effizienzkriterien bewertet. Dabei versteht sich das hier verwendete Effizienzkonzept "als eine Grundstruktur der Organisationsbewertung, die in Details an eventuelle Problembesonderheiten angepaßt werden kann."[763] Der Effizienzbegriff im exakten Sinne, daß es keine Maßnahme gibt, die ein Ziel weitergehend erreicht, ohne zugleich ein anderes Ziel weniger weit zu erreichen,[764] kann hier nur in jeweils konkreten Unternehmenssituationen angewendet werden. Konkrete Daten und ein Maß sind nötig, um einen effizienten Rand[765] an Maßnahmen darstellen zu können. Aus den Strukturkomponenten kann für die Maßnahmen und Handlungsalternativen jedoch lediglich die Anpassungsrichtung abgeleitet werden. Es handelt sich um wenig spezifizierte oder präzisierte Gestaltungsmaßnahmen, da das Ausmaß, in dem die Netzwerknähe beeinflußt wird, nicht meßbar ist. Die Maßnahmen zielen darauf, Netzwerk-Elemente in einer Organisation zu fördern. Ob und insbesondere inwieweit eine relativ netzwerknahe Organisation die Folge ist, kann bei einem Vorgehen wie der Implementation zweiter Ordnung – die auch auf Überlegungen zur Kontextsteuerung fußt – nicht klar prognostiziert werden. Auch, welche Maßnahmen welcher Gestaltungsfelder in einer konkreten Unternehmenssituation am erfolgsversprechendsten erscheinen, kann nur im Einzelfall beurteilt werden. Daher ist es nicht möglich, eine generelle Aussage darüber zu treffen, ob generell manche Maßnahmen andere dominieren, wenn es um die Netzwerkförderung geht. Dies ist von der einzelnen spezifischen Unternehmenssituation abhängig – und zusätzlich müßten in dieser Situation dann auch die nötigen Daten und Maße vorliegen. Das hier verwendete Effizienzkonzept, mit seiner Spaltung in Koordinations- und Motivationseffizienz, ermöglicht eine Diskussion auch des vergleichsweise unpräzisen Ziels Maßnahmen zur Netzwerkförderung mit einem unspezifischen, hohen Abstraktionsniveau.

---

[762] Siehe dazu Kapitel 4.6.3 und Abb. 4-9.
[763] Frese, E., Organisation, S. 257 und Kapitel 3.2.3.
[764] Schiemenz, B., Schönert, O., Entscheidung, S. 73.
[765] Schiemenz, B., Schönert, O., Entscheidung, S. 73.

5.4.2 Interdependenzen der Gestaltungsfelder

Bereits bei der Diskussion des Gestaltungsfeldes Zielsystem[766] wurde auf die Bedeutung der Mehrdimensionalität und unternehmensweiten Konsistenz verwiesen, ebenso wie auf den Zusammenhang mit dem Anreizsystem.
Die hier erfolgte Aufteilung und Strukturierung in Gestaltungsfelder erfolgte in Anlehnung an etablierte Forschungsgebiete der Betriebswirtschaftslehre. Sie stellten den Rahmen für die Diskussion einzelner Maßnahmen. Tatsächlich können alle Maßnahmen, die in einem Gestaltungsfeld ergriffen werden, Folgen in den anderen Gestaltungsfeldern haben: Die Gestaltungsfelder sind interdependent.

In allen fünf Feldern auf die Korrelationen, möglichen Folgen oder Voraussetzungen für und von Maßnahmen in den jeweils anderen vier Feldern einzeln einzugehen, hätte jedoch den Rahmen dieser Arbeit gesprengt, ohne notwendigerweise zielführend, das heißt erkenntnisfördernd zu sein.
Auf die Interdependenz und ihre Bedeutung unter dem Aspekt Förderung von Netzwerkcharakteristika wird in diesem Abschnitt daher gesondert eingegangen.

Sozialisation spielt aus netzwerktheoretischer Perspektive eine große Rolle. Im Rahmen der *Implementation zweiter Ordnung*[767] wird ein *Sozialisationsprozeß* angestoßen, in dem das System Unternehmung sich selbst und seine kognitiven und semantischen Strukturen wahrnimmt.[768] Damit wird auch das Erleben, Verhalten, Handeln und Bilden von Erfahrung der Beteiligten füreinander klarer.[769]
Sozialisation von Mitgliedern ist nicht nur aus Netzwerkperspektive, sondern für Organisationen generell wichtig. "The speed and effectiveness of socialization determine employee loyalty, commitment, productivity and turnover. The basic stability and effectiveness of organizations therefore depends upon their ability to socialize new members."[770]

---

766 Siehe Kapitel 5.3.5.
767 Siehe jeweils die vierten Kapitel, Anschlußfähigkeit Theorie-Praxis, der fünf Gestaltungsfelder: 5.3.2.4, 5.3.3.4, 5.3.4.4, 5.3.5.4, 5.3.6.4.
768 Luhmann, N., Systeme, S. 280f, 560ff; Willke, H., Interventionstheorie, S. 34.
769 Siehe Abbildung 3-5, Willke, H., Interventionstheorie, S. 34 und Tomaszewski, T., Bewußtsein, S. 11 – 21.
770 Schein, E., Organizational Socialization, S. 48.

Als Einstieg in den Abschnitt 'Interdependenzen' wird daher das Beispiel Sozialisation im Zusammenhang mit den fünf Gestaltungsfeldern grob skizziert.

Im personellen Gestaltungsfeld kann zunächst schon bei der Rekrutierung auf den Personen-Organisations-Fit[771] geachtet werden. Es können auch strukturelle Maßnahmen ergriffen werden, die auf die Sozialisation von Mitarbeitern gerichtet sind und die zu einer Internalisierung organisationaler Verhaltensnormen führen sollen.[772] Die entsprechenden Instrumente wurden in Kapitel 5.3.1 vorgestellt, ebenso wie der hier zum Tragen kommende Eigenschaftsansatz.

Bei der Gestaltung des Anreizprogramms einer Unternehmung muß mit einer entsprechenden Reaktion auf die Anreize gerechnet werden können. Das heißt, sie müssen für den einzelnen attraktiv und erstrebenswert sein. Dies ist um so mehr gegeben, je höher der Grad der Sozialisation ist. Gleichzeitig werden über Anreizprogramme auch Bedürfnisse geweckt; über sie wird Sozialisation betrieben - zum Beispiel in Form von Symbolen. Ein Manager, dem ursprünglich ein großes Eckbüro unwichtig schien, kann seine Meinung dazu ändern, wenn er erlebt, wie es als Symbol für Anerkennung, Wertschätzung und Erfolg steht. Falls das passiert, so hat er die 'Währung' der Firma akzeptiert, er ist in einem höheren Grad sozialisiert.

Der Personen-Organisations-Fit des personellen Gestaltungsfeldes kann hier konkretisiert in Form eines Führungskraft-Organisations-Fit angewandt werden. Zudem wird die Führung demokratisch und personenorientierter gestaltet sein, schließlich geht es um einen sozialen Beeinflussungsprozeß: die Adaption, sprich Sozialisation, von Mitarbeitern. Dies wird um so mehr stattfinden, je höher die Entscheidungsebene liegt. Während auf unteren Ebenen noch eher über Management–by–Ansätze geführt werden dürfte, wird schließlich mit steigender Entscheidungsebene die Führung auf die weniger formalisierte Sozialisation übergehen.[773]

Mit dieser Überlegung lassen sich auch die Interdependenzen zwischen personellem Gestaltungsfeld, Führung und Zielsystem exemplarisch verdeutlichen: mit weiter steigender Entscheidungsebene ist es denkbar, daß schließlich auf die Rekrutierung von Personal mit komplementären Zielen übergegangen wird.[774]

---

[771] Cabrera, E., Bonache, J., HR system, S. 58.
[772] Kossbiel, H., Personalwirtschaft, S. 373.
[773] Schiemenz, B., Unternehmungen, S. 252.
[774] Schiemenz, B., Unternehmungen, S. 252.

Die Rolle des Kommunikationssystems als Querschnittsfunktion ist evident. Ohne entsprechende Informationen wäre in keinem der Gestaltungsfelder eine angemessene Entscheidung oder Aktion möglich: beispielhaft sei auf die Bekanntheit von Werten und Anreizpräferenzen, von Zielkongruenzen oder –konflikten zur Ergreifung von Gestaltungsmaßnahmen verwiesen. Gerade auch die Zugehörigkeit zu informellen Gruppen, die sozioemotionale Zugehörigkeit mittels Kommunikation entwickeln und erhalten und deren Mitglieder relativ offen miteinander kommunizieren, sind in einem Sozialisationsprozeß wichtig. Auch 'ungerichtete' Kommunikation ist also von Bedeutung.

Sozialisation ist ein entscheidender Faktor auf dem Weg zur Herausbildung einer kognitiven und semantischen Identität des Systems Unternehmen. Wird einem Unternehmen diese eigene Systemidentität mit eigener Logik und Autonomie zugebilligt, so wird deutlich, daß es nicht von einem eingreifenden Organisationsgestalter geändert werden kann, sondern sich nur selbst verändern kann.[775] Einflußnahme sollte in Form der Kontextsteuerung erfolgen.

Aus systemisch-kybernetischer Tradition betrachtet, läßt sich dies in der Form formulieren, daß es Aufgabe der Manager - als Kyberneta - ist, die Bedingungen hervorzubringen, unter denen sich Systeme von selbst entwickeln.[776]

Konkretisiert auf die Förderung von Netzwerkelementen aus Zustandsraumperspektive läßt sich die Anwendung des Vorgehens 'Implementation zweiter Ordnung' als das Schaffen günstiger Bedingungen verstehen. Jenseits der behavioristischen Zuschreibungen von organisatorischen Maßnahmen mit Input-Output Schematik wird ein Prozeß angestoßen, der (mit Hilfe von Sozialisation) zu Identitätsbildung und –klarheit des Systems Organisation über die eigene Operationsweise führt: So wird sie in die Lage versetzt, sich selbst zu entwickeln.

Dabei ist auf die systemtheoretische Definition des Begriffes Kommunikation einzugehen. Als Elemente sozialer Systeme, also als ihre nicht weiter auflösbaren Letzteinheiten, können Kommunikationen gesehen werden.[777] "Sieht man .. Kommunikationen – und darauf fußend Entscheidungen – als zentrale Elemente jeder Organisation an, dann muß jede Veränderung des Systems zunächst und vorrangig aus einer Veränderung der das System konstituierenden Kommunikationsmuster, Kommunikationsregeln und

---

[775] Willke, H., Interventionstheorie, S. 31ff.
[776] Schiemenz, B., Unternehmungen, S. 255f.
[777] Kneer, G., Nassehi, A., Systeme, S. 65.

Semantiken folgen. Es wird unumgänglich, ... durch die Personen hindurch zu sehen auf die hinter ihnen sich verbergenden Kommunikationsstrukturen und –regeln. Immer sind Personen qua struktureller Kopplung an stattfindenden Kommunikationsprozessen beteiligt."[778]

Daher auch die große Bedeutung einer Vorgehensweise im Sinne der Implementation zweiter Ordnung. Je intensiver Interaktion in einer Organisation stattfindet, um so klarer wird damit ihre Identität gebildet; gerade auch bezüglich ihrer (Kommunikations-) Regelsysteme, ihrer kognitiven und semantischen Regeln. Man könnte auch sagen, daß dort, wo zwischen Menschen intensive Kommunikation besteht und damit die Konnektivität groß ist, diese zu einem sozialen System zusammengefaßt werden können, das eine relativ klare Identität bilden kann.

So wird erkenntlich, daß, auch was die Vorgehensweise angeht, Kommunikationen in den Vordergrund der Überlegungen rücken.

In einer Organisation Unternehmen muß fortlaufende Kommunikation auf verschiedenen Ebenen und in verschiedenen Teilsystemen stattfinden. Das ist für die Kontinuität des Systems unerläßlich.[779]

Inter-Systemhierarchie, "die sich durch weisungsmäßige Unterstellung der Leitung der hierarchisch niedrigeren Einheit unter die hierarchisch höhere Einheit ergibt,"[780] spielt hier eine Rolle. Bei einem Vorgehen gemäß der Implementation zweiter Ordnung wird, neben der Auseinandersetzung zu einem Thema, auch die Entscheidung darüber an eine Projekt- oder Themengruppe delegiert. Weisungsbefugnisse werden also bewußt an eine (eventuell hierarchisch untergeordnete) Gruppe abgetreten. In diesem Sinne findet hier induzierte Selbstorganisation statt: die Themen und Ideen, wie zum Beispiel Netzwerkförderung im Zusammenhang mit einer BSC-Einführung, werden vorgeschlagen. Danach findet die Auseinandersetzung in der jeweiligen Gruppe der Beteiligten statt. Der übergeordneten Instanz werden dann Ergebnisse der Auseinandersetzung und die Entscheidung nur noch mitgeteilt. Verstehen und akzeptieren diese die Ergebnisse und die Entscheidung, so wurde erfolgreich kommuniziert.

---

[778] Willke, H., Interventionstheorie, S. 36.
[779] Willke, H., Interventionstheorie, S. 52.
[780] Schiemenz, B., Hierarchie, S. 287.

Darüber hinaus wird in der Systemtheorie jedoch auch Systemdifferenzierung als Hierarchie beschrieben. "Damit ist kein Instanzenzug und keine Weisungskette von oben nach unten gemeint. Vielmehr bedeutet Hierarchie in diesem Zusammenhang nur, daß Teilsysteme wiederum Teilsysteme ausdifferenzieren können und daß auf diese Weise ein transitives Verhältnis des Enthaltenseins im Enthaltensein entsteht. Die Rationalitätsvorteile der Hierarchisierung liegen auf der Hand. ... Sie [gelten] für Organisationen in hohem Maße."[781] Diese Hierarchie wird in Anlehnung an Schiemenz als Intra-Systemhierarchie bezeichnet.[782] Dieser Ansatz ist "... auch in der Aufbauorganisation, beispielsweise der Zusammenfassung von Gruppen zu Abteilungen, von Abteilungen zu Hauptabteilungen, von Hauptabteilungen zu Bereichen"[783] zu finden. Analog kann der Ansatz auch auf ein komplexes Gesamtprojekt übertragen werden, das in Teilprojekte geteilt wird, die wiederum in Unterprojekte geteilt werden usw.
Intra-Systemhierarchie spielt hier eine noch wichtigere Rolle als die Inter-Systemhierarchie, weil Kommunikation auf allen Ebenen der Organisation unerläßlich ist, und zwar sowohl über die Inter- als auch über die Intra-Systemhierarchieebenen hinweg. Das heißt Kommunikation eben nicht nur instanzenübergreifend, sondern vielmehr organisationsweit – gerade auch funktions- und bereichsübergreifend – zu verstehen.

"Formal organization structure powerfully influences internal communication in complex organizations. ... [this] highlights ... lateral relations as a key mechanism for expanding the information processing capacity of organizations."[784] In der neueren Literatur[785] werden die lateralen Beziehungen – direkter horizontaler Kontakt unter Managern in Teams, Task Forces, Projektarbeit usw. – als 'Netzwerkmechanismen' bezeichnet.[786]
Intersystemhierarchische Strukturen erweisen sich als zunehmend dysfunktional, je komplexer die zu strukturierende Organisation ist, je höher deren Vieldimensionalität der Beziehungen ausgeprägt ist. Ein Teil der offen gebliebenen Mehrdimensionalität kann durch ergänzende, traversierende Organisationsgestaltung abgedeckt werden, damit funk-

---

781 Luhmann, N., Systeme, S. 38f.
782 Schiemenz, B., Systemansatz, S. 364, 375.
783 Schiemenz, B., Systemansatz, S. 375.
784 Nohria, N., Differentiated, S. 135, 138.
785 Martinez, J., Jarillo, C., Evolution, S. 489 – 514; Nohria, N., Differentiated, S. 138.
786 Nohria, N., Differentiated, S. 138.

tions-, bereichs- oder geschäftsfeldübergreifende Aufgaben erfüllt werden können.[787] Die Bildung einer parallel existierenden Projektstruktur hat so den Vorteil, sowohl eine formal existente Struktur zu liefern als auch den Aufbau einer themenbezogenen Intrasystemhierarchie zu ermöglichen.

Man kann beispielsweise die Verstärkung der Netzwerkcharakteristika einer Unternehmung als Gesamtprojekt verstehen, das mit dem Vorgehen der Implementation zweiter Ordnung erfolgen soll. Eine unternehmensweite entsprechende Diffundierung des Netzwerkgedankens, unter anderem mit entsprechender Sozialisation, soll gefördert werden. Danach werden die Teilprojekte je nach Thema funktionsübergreifend organisiert, diese wiederum in Subprojekte geteilt etc.

Als Beispiel dient hier die Einführung einer BSC in einer Organisation mit der Intersystemhierarchie Vorstand, Direktion, Bereichsleitung, Abteilungsleitung, Teamleitung, Mitarbeiter. Von zehn Vorständen seien drei daran interessiert, in Zukunft mit einer Balanced Scorecard zu arbeiten und dieses Instrument netzwerkfördernd einzusetzen. Diese drei Vorstände stellen das Konzept BSC und den Gedanken der Netzwerkförderung jeweils den unterstellten Direktoren (insgesamt 15) und auch den direkt unterstellten Bereichs- (3) oder Abteilungsleitern (2) vor. So kann es zu einem 'kick-off' Meeting eines Projektes kommen, an dem Direktoren und jeweils betroffene Bereichs- und Abteilungsleiter aus drei Vorstandsressorts sich mit den Themen BSC und Netzwerkförderung auseinandersetzen. Von diesen 20 am kick-off Projekt Beteiligten seien 16 von der Idee überzeugt und wollen dieses Projekt fortsetzen.

Diese 16 werden im Rahmen der Herleitung einer BSC zunächst Ziele setzen wollen und dabei wahrscheinlich bemerken, daß sie z.B. zur Verfolgung finanzieller Ziele auf die Zusammenarbeit mit dem Controlling angewiesen sind. Bei der Formulierung der Ziele der Kundenperspektive können sich interne Schnittstellen ergeben für Bereiche oder Abteilungen, die interne Kunden haben, oder Schnittstellen mit dem Marketing und Vertrieb. Ebenso können sich bei der Perspektive der internen Geschäftsprozesse und der Lern- und Entwicklungsperspektive Schnittstellen herauskristallisieren. Repräsentanten

---

[787] Bleicher, K., Organisation, S. 111.

der jeweiligen Schnittstellen werden aufgefordert, am Projekt mitzuarbeiten. So entsteht eine Gruppe aus z.B. 22 Projektmitarbeitern, die dann Subprojekte bilden können, hier z.B. in Form der vier Perspektiven der BSC als Subprojekt finanzielle Perspektive, Subprojekt interne Perspektive, Subprojekt Kundenperspektive und Subprojekt Entwicklungsperspektive. Diese wiederum können je nach Umfang und Inhalt der Aufgaben, in weitere Sub-Subprojekte geteilt werden.

Dergestalt kann eine intrasystemhierarchische, themengetriebene (vorübergehende) Projektorganisation im Unternehmen entstehen.

In der Praxis wird die Entscheidung über Partizipation von vielen Faktoren abhängen. Zum Beispiel ist denkbar, daß sie auch von dem Wissen darüber abhängt, wie die Meinung eines persönlich wichtigen Vorgesetzten mit hoher Reward-, Referent- und Legitimate Power für den einzelnen zu dem Thema aussieht. Oder auch davon, wie gut oder schlecht die Beurteilung aus der Perspektive der Eigeninteressen ausfällt. Da jedoch die meisten Manager gerne unternehmensweit agieren und Instrumente suchen, um Erfolge zu kommunizieren, ist ihre Haltung der BSC gegenüber meist positiv. Auch Budget- und Kompetenzprobleme beim Projektaufbau werden in der Praxis auftreten und können leicht zu Problemen führen.

Aber auch bei einem keineswegs idealtypischen Ablauf einer funktionsübergreifenden Ausgestaltung eines Projektes in der Praxis, bleiben die positiven Aspekte erhalten. Der als 'Netzwerkmechanismus'[788] bezeichnete Gruppenbildungsprozeß wird angestoßen: Im Rahmen der formal existierenden Projektgruppe, aus der sich nach Projektablauf aus einigen Beteiligten eine oder mehrere informelle Gruppen entwickeln können. Das gleiche gilt für die lateralen Beziehungen einzelner Manager, die helfen, die Informationsverarbeitungskapazität zu verbessern.[789]

Anhand dieses Beispiels läßt sich nochmals kurz die Interdependenz der Gestaltungsfelder verdeutlichen. Kommt der Vorschlag aus dem Vorstand, eine BSC einzuführen, so wird über eine Änderung des Zielsystems nachgedacht. Was das Gestaltungsfeld Führung betrifft, so handelt es sich bei diesem Vorgehen mit Vorschlag um demokratisch orientierte Führung. Bei der Formulierung der BSC wird es wichtig werden, sich zu überlegen ob und welche Anreize bei Zielerfüllung zu gewähren sind. Im Rahmen der Lern- und

788 Nohria, N., Differentiated, S. 138.
789 Nohria, N., Differentiated, S. 138.

Entwicklungsperspektive und der internen Geschäftsprozesse werden Maßnahmen der Personalentwicklung wichtig. Kommunikation kann explizit als Kommunikationsstrategie der BSC (Vorschlag top-down, Entscheidung bottom-up) oder als nötige Einführung eines neuen elektronischen Kommunikationsmediums (z.B. Intranet-Entwicklung als ein Ziel der internen Perspektive) verstanden werden. Systemtheoretisch betrachtet ist Kommunikation, wie oben dargestellt, als Element des sozialen Systems Unternehmen ohnehin omnipräsent. So gibt ein Vorschlag wie zum Beispiel die BSC, wenn er zu Aktionen führt, Impulse in allen organisatorischen Gestaltungsfeldern.

Die Vorteile des intrasystemhierarchischen Ansatzes bestehen in seiner Hilfe bei der Reduktion der wahrgenommenen Komplexität. Einem Teil der offen gebliebenen Mehrdimensionalität einer Unternehmung kann - je nach Bedarf - entsprochen werden, da parallel neben der Inter-Systemhierarchie mehrere Intra-Systemhierarchien existieren können. Beispielsweise kann neben der oben vorgestellten themen- und projektgetriebenen Gestaltung noch zusätzlich eine nach regionalen Kriterien (Region, Land, Staat, Kontinent) gestaltete und eine nach theoretischen Kriterien (hier: personelles Gestaltungsfeld, Anreizgestaltung, Führung, Kommunikationssystem, Zielsystem) geteilte Hierarchie existieren.

Durch parallel existierende, sich teilweise überlappende Hierarchien werden mehr direkte (auch horizontale) Kontakte ermöglicht, die zur Bildung lateraler Beziehungen beitragen.

Auf die positiven Aspekte dieser Gestaltung im Zusammenhang mit Kommunikation wurde oben in Form der geförderten lateralen Beziehungen unter Managern hingewiesen. Diese sind ein Schlüsselmechanismus für die gestiegene Informationsverarbeitungs- und Kommunikationskapazität einer Organisation.[790]

Was das Vertrauen angeht, so wird die mögliche Entstehung von Systemvertrauen[791] wieder anhand des Beispiels BSC skizziert. Systemvertrauen ist Vertrauen, das in das Funktionieren des Systems gesetzt wird, nicht in bekannte Personen; es wird durch laufend sich bestätigende Erfahrungen aufgebaut.[792] Am Ende der Intrasystemhierarchie

---

790 Nohria, N., Differentiated, S. 138.

791 "Im Systemvertrauen schwingt die Bewußtheit mit, daß alle Leistungen hergestellt, alle Handlungen im Vergleich mit anderen Möglichkeiten entschieden worden sind. Das Systemvertrauen rechnet mit ausdrücklichen Prozessen der Reduktion von Komplexität." in: Luhmann, N., Vertrauen, S. 66.

792 Luhmann, N., Vertrauen, S. 54.

sind die Aufgaben so weit nach unten aufgespalten und - mit Hilfe der Auseinandersetzung zu den Themen im Sinne der Implementation zweiter Ordnung - so klar formuliert und definiert, daß jeder einzelne Mitarbeiter seinen Beitrag zur Strategie versteht, akzeptiert und leisten kann. Macht er über einige oder mehrere Perioden die Erfahrung, daß der Mechanismus funktioniert, so kann sich Vertrauen in das Instrument BSC entwickeln; und schließlich in die Ziele, die Strategie und das System Unternehmen, für das es steht.

Im Rahmen dieses Abschnitts wurde gezeigt, daß es je nach Thema oder Bedarf spezifische Möglichkeiten der Intrasystem-Hierarchiegestaltung gibt, was den Vorteil mit sich bringt, wahrgenommene Komplexität zu reduzieren. Werden dann einzelne Aspekte diskutiert, wie hier z.B. unter dem Punkt 'Personelles Gestaltungsfeld' der Unterpunkt 'Personalbeeinflussung', so ist es wichtig, die ausgeblendeten aber dennoch sehr reell bestehenden Interdependenzen nicht zu übersehen: andiskutierte bzw. vorgenommene Maßnahmen dürfen nicht im mechanistischen wenn-dann Sinn verstanden werden.

Dies betont nochmals die Wichtigkeit der Implementation zweiter Ordnung, mit ihrem Schwerpunkt auf dem Sozialisationsprozeß und der Systemidentitätsentwicklung.

Abschließend kann gesagt werden, daß keine griffigen einfachen Methoden zur Organisationsentwicklung existieren. Dies gilt auch für Versuche, die Kapazität in den Bereichen Kommunikation, Information und Vertrauen zu verbessern. Was die Möglichkeit einer Netzwerkförderung angeht, so scheint die indirekte Vorgehensweise der Implementation zweiter Ordnung jedoch vielversprechend.

5.4.3 Sozialisationsprozeß, Kommunikation und Rekursion

Der Begriff der Rekursion umfaßt neben einem Bezug auf die Objektrekursion auch den Bezug auf rekursive Problemlösung bzw. auf rekursive Vorgehensweisen im Sinne einer wiederholten "Anwendung einer Operation auf ihr Ergebnis."[793]

Abschließend wird kurz darauf eingegangen, inwiefern der oben beschriebene Sozialisationsprozeß von seinem Ablauf her als rekursiv gesehen werden kann.

Die Sozialisation kann um so besser stattfinden, um so mehr und erfolgreicher in einer Organisation kommuniziert wird. Für das einzelne Organisationsmitglied bedeutet dies,

---

[793] Schiemenz, B., Hierarchie, S. 291.

daß es nach einer Kommunikation auf eine Reaktion wartet und je nachdem ob und wie diese Reaktion stattfindet bzw. aussieht, eine weitere Kommunikation an die erste anschließen wird. Das heißt, die Ergebnisse oder das Feedback, das sich aus der ersten Kommunikation ergibt, wird in der weiteren berücksichtigt und dieses Prinzip setzt sich in den folgenden Kommunikationen fort. Mit der Zeit wird der einzelne die Reaktionen auf eine Kommunikation somit sicherlich immer besser einschätzen können. Dementsprechend werden seine Kommunikationen im Zeitablauf an das soziale (Sub-)System Organisation angepaßt und verständlicher – man könnte auch sagen, daß der geteilte Superzeichenvorrat mit der Zeit steigen wird.

Die Rekursion kann hier in dieser Art als Regelmechanismus gesehen werden: ein Kommunikations-Versuch schließt sich an einen erfolgten Kommunikations-Versuch an; mittels der Berücksichtigung der Ergebnisse wird die Kommunikation immer verständlicher und dies bedeutet eine steigende Sozialisation.

Diese Darstellung des rekursiven Aspekts ermöglicht es, den Zusammenhang der Implementation zweiter Ordnung mit der kybernetisch-systemtheoretischen Sichtweise zu verdeutlichen. Die Implementation zweiter Ordnung, die in Anlehnung an Luhmann und Willke die Aspekte Sozialisation und Kommunikation fokussiert, ist ein implizit rekursives Vorgehen – da Kommunikation nur dadurch zustandekommen kann bzw. verbessert werden kann, "weil jede Kommunikation rekursiv auf die vorhergehende Kommunikation verweist."[794] Hier trifft sich somit das rekursive Verständnis von Kommunikation mit dem Luhmann'schen Kommunikationsverständnis, daß "Kommunikation nur als selbstreferentieller Prozeß möglich ist."[795]

Der Grundgedanke der Rekursion scheint sich in der Praxis zu bewähren, er hilft, organisatorische Intelligenz zu aktivieren.[796] Rekursive Selbstähnlichkeit reduziert nicht nur Komplexität, sondern erleichtert auch die Kommunikation[797] – analog kann dieser Gedanke hier auf Kommunikationsverbesserung im Zeitablauf übertragen werden. Die Verarbeitung von Reaktionen auf Kommunikationsversuche wird Zeit benötigen, je öfter und genauer diese Reaktionen mit der Zeit antizipiert und stattfinden werden, desto erfolg-

---

[794] Kneer, G., Nassehi, A., Systeme, S. 85.

[795] Luhmann, N., Systeme, S. 198.

[796] Eine rekursive Struktur aktiviert organisatorische Intelligentz, indem sie – in Anlehnung an das Viable System Model von Stafford Beer – (siehe dazu auch vorne, Kapitel 2.3) autonome Einheiten innerhalb autonomer Organisationen jeweils mit fraktaler Selbstähnlichkeit in ihren Eigenschaften koppelt. Aus: Schiemenz, B., Hierarchie, S. 304.

[797] Schiemenz, B., Hierarchie, S. 304.

reicher werden (nach und nach) die Kommunikationsversuche sein.

Da es, wie oben bereits erwähnt, kaum möglich sein dürfte, einfache und griffige Methoden zur Organisationsentwicklung zu finden, scheint hier das Vorgehen der Implementation zweiter Ordnung, die im Sinne der Sozialisationsförderung (und damit der Netzwerkförderung) ein inhärent rekursiver Prozeß ist, wiederum einen vielversprechenden Ansatz darzustellen.

6 Zusammenfassung und Ausblick

Ausgangspunkt dieser Untersuchung war die Überlegung, daß eine *netzwerknahe Organisation* in dynamisch ökonomischen Umweltsituationen wegen ihrer besseren Handhabung der Faktoren *Kommunikation, Information und Vertrauen* eine erhöhte (Re-) Aktions- und Adaptionsfähigkeit hat und somit eine zu fördernde Option darstellt.

Nach einer kurzen Einführung in die Systemtheorie, die das theoretische Basisgerüst der Arbeit liefert, erfolgte eine Diskussion relevanter Organisationstheorien.
Besondere Berücksichtigung fand das Organisationsgestaltungskonzept. Dieses liefert über eine Aufspaltung der Organisationsproblematik in Koordinations- und Motivationseffizienz die Grundstruktur zur Bewertung von Organisationsgestaltung. Die *Effizienzkriterien* dienten als *Selektionsmechanismus*: Sie lieferten den Maßstab dafür, ob Gestaltungsempfehlungen auch ökonomisch sinnvollerweise in Betracht zu ziehen sind.

Anschließend wurde auf die Bedeutung der Begriffe *Kommunikation*, *Information* und *Vertrauen* eingegangen.
Information wird als zweckorientiertes Wissen, als eine Relation aus den Bausteinen Daten, Probleme und Problemlöser aufgefaßt. Kommunikation wird als dreistellige Einheit behandelt: Sie wird als Synthese aus Information, Mitteilung und Verstehen begriffen. Kommunikationen werden als die kleinsten Einheiten, das heißt als die Elemente einer Organisation als soziales System gesehen. Vertrauen wird als ein Mechanismus zur Reduktion sozialer Komplexität verstanden. Wie zu sehen war, ist es zu Systemvertrauen neuer Art erweiterbar, das heißt bewußt riskierter Verzicht auf mögliche weitere Informationen.

Darauf aufbauend wurde in Kapitel 4 das hier verwendete Netzwerkverständnis vorgestellt.
Dabei wurden zunächst empirische Tendenzen als Indizien für die weite Verbreitung und die Vielfältigkeit der Formen, Ausprägungen und Auffassungen dessen angeführt, was

alles unter der Organisationsform Netzwerk subsumiert wird. Nach der Darstellung existierender Netzwerktheorien wurde die in dieser Arbeit verwendete Netzwerkdefinition vorgestellt: Netzwerk wird als dritter eigenständiger Koordinationsmechanismus, neben Markt und Hierarchie betrachtet. Wesentliche konstituierende Merkmale des Netzwerks als gleichberechtigtem Koordinationsmechanismus stellen dabei die Kommunikationswege – Beziehungen – und das Koordinationsinstrument – Vertrauen – dar.

Zusammen bilden Netzwerk-, Markt- und Hierarchie-Intensität die Achsen des *Zustandsraums*. Wie in der vorliegenden Arbeit gezeigt wurde, ist das übliche zweidimensionale Modell der Koordinationsmechanismen unzulänglich, um das Netzwerk praktisch und theoretisch zu erfassen. Daher wurde die Dreidimensionalität, in Form des *Zustandsraums,* als theoretische Kategorie eingeführt. Er ermöglicht es auch auf der Abbild-Ebene zu verdeutlichen, daß eine Organisation Netzwerkelemente zusätzlich einführen kann. Dabei braucht nicht auf bereits existierende Markt- oder Hierarchieelemente verzichtet zu werden. Das ist zum einen wichtig, da es die Kombination von Markt-, Hierarchie- und Netzwerkelementen ist, die eine Organisation funktionieren läßt. Zum anderen wird es kaum effizient durchsetzbar sein, einmal etablierte Elemente wie z.B. Profit-Center, Konzernverrechnungspreise (Marktelemente) oder Reportingstrukturen (Hierarchieelemente) auflösen zu wollen – das könnte sonst dazu führen, daß eine Verweigerungshaltung gegenüber der Veränderung bzw. Gestaltung eingenommen wird.
Anschließend wurden die Strukturkomponenten von Netzwerken vorgestellt. Sie helfen bei der Beurteilung der Ausprägung des Netzwerkcharakters einer Organisation. Darüber hinaus liefern sie Hinweise zu Stellhebeln, die Organisationsgestalter beeinflussen können, wenn es darum geht, Netzwerkelemente in einer Organisation zu fördern. *Strukturkomponenten* dienen als *Anpassungsmechanismus* bei der Förderung von Netzwerkelementen.

In Kapitel 5 wurde der Bogen von der Theorie zur Praxis geschlagen. Hier wurden die in den vorhergehenden Kapiteln entwickelten Instrumente aufgegriffen und zum Zwecke der Organisationsgestaltung im Sinne der Netzwerkförderung zum Einsatz gebracht. Der Fokus lag dabei auf der Diskussion von konkretem Gestaltungshandeln.

Die Strukturkomponenten von Netzwerken und die Effizienzkriterien des Organisationsgestaltungskonzeptes sind die beiden Kriterien, die eingesetzt wurden, um Aussagen über die Anpassungsrichtung und darüber, ob Gestaltungsmaßnahmen ökonomisch sinnvoll sind, treffen zu können.

Als Einsicht aus der systemtheoretischen Orientierung der Arbeit wurde hier zur Lösung des Steuerungs- bzw. Interventionsproblems der Begriff *Implementation zweiter Ordnung* eingeführt.

Damit soll jenseits von simplizistischen Kausalitätsannahmen, die von einer Intervention eindeutige Folgen erwarten, die Möglichkeit der Organisationsgestaltung geschaffen werden. Wie herausgearbeitet wurde, kann auf der Grundlage des Vorgehens der Implementation zweiter Ordnung dank Prozessen der Sozialisation und Systemidentitätsfindung die Kapazität im Umgang mit den Faktoren *Kommunikation, Information und Vertrauen* verbessert und die *Netzwerknähe* einer Organisation erhöht werden.

Aus den in dieser Arbeit ins Blickfeld gerückten Zusammenhängen sollen noch die folgenden weiterführenden Überlegungen zur Organisationsgestaltung angestellt werden.

Netzwerke können auf verschiedenen Ebenen gesehen werden: Erstens zwischen Unternehmen, zweitens innerhalb von Unternehmen in Form von Beziehungen, z.B. zwischen Konzerntöchtern oder zwischen einzelnen Bereichen und drittens zwischen einzelnen Menschen. Die dritte Ebene ist für den einzelnen besonders gegenwärtig.

Wir alle kennen es, in Verbindungen und Verpflichtungen eingebunden zu sein. Jenseits des zielorientierten, mit dem Vorwurf des Nepotismus behafteten Netzwerkverständnisses ist es wichtig zu bedenken, daß Netzwerke unbedingte Voraussetzung für Zusammenarbeit und funktionierende Wirtschaften sind. Informationen austauschen, Vertrauen schaffen, Bedingungen aushandeln und etablieren, sprich die Grundformen von Zusammenarbeit und wirtschaftlicher Tätigkeit, sind ohne persönliche Kontakte kaum denkbar – oder nur unter enormen Effizienzverlusten.

Dementsprechend scheint die theoretische Auseinandersetzung mit dem Phänomen Netzwerk dringend notwendig.

In einer zunehmend dynamischen und komplexen Umwelt wird die Bedeutung von Kommunikations- und Informationsverarbeitungskapazität und von Vertrauen weiter steigen. Diese Entwicklung führt dazu, daß in der Wissenschaft wie in der Praxis Ansatzpunkte gesucht werden, Kommunikations-, Informations- und Vertrauensfähigkeit zu verbessern. Diesbezüglich gibt es bisher noch keine ausreichende theoretische Fundierung.

Das idealtypische Netzwerkverständnis und die Implementation zweiter Ordnung, die in dieser Arbeit vor dem Hintergrund der Systemtheorie vorgestellt wurden, verstehen sich als ein Beitrag dazu, wie vorzugehen ist, wenn Kommunikation, Information und Vertrauen als Ressourcen verstanden werden, die organisationsweit gefördert werden sollen.

Gegen die Betrachtung der Netzwerkthematik und der Kommunikations-, Informations- und Vertrauensförderung im hier gewählten Bezugsrahmen könnte eingewandt werden, daß eine zu starke theoretische Vereinfachung – z.B. mit Prämissen wie 'rationale Akteure' – erfolgte oder, daß die Wahl des idealtypischen Modells zu realitätsfern sei.

Die Resultate dieser Arbeit haben dennoch Relevanz für praxisnahe Überlegungen: Sie liefern den wichtigen Hinweis, daß die klassischen direkten Methoden der Organisationsentwicklung ausgeschöpft sind: Markt- und Hierarchie-Elemente (z.B. in Form von Profit-Centern bzw. Regelwerken) haben schon Eingang in betriebswirtschaftliche Handlungsanweisungen und mechanistisch-behavioristische Empfehlungen zur Organisationsgestaltung gefunden. Sie sind in Organisationen etabliert; bei Netzwerk-Elementen ist dies noch nicht der Fall.

Auf theoretischer Seite werden sicherlich weitere oder andere Strukturelemente von Netzwerken gefunden werden können. Sie tragen zur exakteren Definition von Netzwerknähe bei und können als Grundlage dienen, weitere organisatorische Stellhebel zu finden.

Auf praktischer Seite sei an dieser Stelle ein Aspekt aufgegriffen, der hilft, die erhöhte Komplexität und Dynamik zu verdeutlichen. Die zunehmende Informationsflut erfordert stärkere Filter, da einzelne überfordert werden. Die Abgabe von Informationsautonomie an persönliche oder technische Filter, die Informationen vorselektieren, wird nur stattfinden und kann nur funktionieren, wenn Vertrauen in die Person bzw. die Technologie des Filters herrscht. Die Bedeutung von Vertrauen und Systemvertrauen höherer Art wird folglich weiter steigen.

Welche konkreten Maßnahmen Organisationen in der Praxis zur Verbesserung von Kommunikation, Information und Vertrauen ergreifen, bleibt abzuwarten. Fraglos werden sie jedoch unumgänglich sein. Berücksichtigt man die Resultate der vorliegenden Arbeit, so werden Maßnahmen um so erfolgreicher, je mehr das Einführungsverfahren der Implementation zweiter Ordnung, im Sinne einer Kontextsteuerung, angewandt wird. Dabei ist dies keine Entscheidung gegen bisher ergriffene Maßnahmen, sondern diese liefern die Themen der Implementation zweiter Ordnung, und sie stellen die Entwicklungsgrundlage dar.

Der Netzwerkgedanke gilt nicht nur bezogen auf Unternehmen sondern darüber hinaus auch für Organisationen per se.

Auch Universitäten, Stiftungen etc. finden sich in einer zunehmend dynamischen, komplexen Umwelt wieder. Die kulturelle, regionale und sektorale Verteilung von Schnittstellen steigt ebenso, wie die Ausdifferenzierung individueller Ansprüche, die einzelne beziehungsweise einzelne Institutionen an die jeweilige Organisation haben.
Wenn lediglich auf klassische Instrumente der Organisationsentwicklung und –kontrolle zurückgegriffen wird, gilt auch hier, daß die nötige Reagibilität, Aktionsfähigkeit und Geschwindigkeit der Organisation nicht erhalten werden kann.
Die Kapazität in den Bereichen Kommunikation, Information und Vertrauen zu fördern, die Untersuchung möglicher Netzwerkelemente und die Frage nach der Implementation, erscheint also auch hier als ein möglicher Ansatz weiterer Organisationsforschung und –gestaltung.

Für Organisationen und ihre Mitglieder, die sich in einer immer komplexeren und dynamischeren Umwelt befinden, sind diese Überlegungen sicherlich relevant. Auch für das einzelne Mitglied bzw. den einzelnen Mitarbeiter wird die wahrgenommene Komplexität, die Arbeitsteilung, die Kontakthäufigkeit und –anzahl mit anderen steigen. Daher wird es immer weniger möglich sein, sowie immer schwerfälliger und teurer werden, mittels Richtlinien (Hierarchieelemente) oder Dokumentation, z.B. in Form von Leistungsvereinbarungen (Marktelemente) zu kontrollieren und zu führen. Netzwerke mit ihrer größeren Kapazität in den Bereichen Kommunikation, Information und Vertrauen tragen zu verbesserter (Re-) Aktions- und Adaptionsfähigkeit bei und stellen damit eine zu fördernde Option der Organisationsgestaltung dar.

Netzwerk als Idealtyp ist also nicht etwa ein 'fad of the month'. Vielmehr liefert er eine Methode der organisationstheoretischen Diskussion, die es ermöglicht, jenseits der ausgereizten direkten Organisationsinstrumente, spezielle Aspekte organisatorischen Handelns und Entscheidens zu berücksichtigen.

Literaturverzeichnis

Abel, Bodo: [Modellen]
Denken in theoretischen Modellen als Leitidee der Wirtschaftswissenschaften, in: Raffée, Hans, Abel, Bodo (Hrsg.), Wissenschaftstheoretische Grundfragen der Wirtschaftswissenschaften, S. 138 – 160, 1979.

Abel, Christine, Becker, Joachim: [Vergütung]
Trends in der Vergütung: Zunehmende Internationalisierung und Erfolgsorientierung, in: Personal, Band 52, Heft 8, S. 388 – 392, 2000.

Albert, Hans: [Theoriebildung]
Probleme der Theoriebildung. Entwicklung, Struktur und Anwendung sozialwissenschaftlicher Theorien, in: Albert, H. (Hrsg.), Theorie und Realität, 1964.

Albert, Hans: [Denken]
Der Gesetzesbegriff im ökonomischen Denken, in: Watrin, C. und Schneider, H.K. (Hrsg.), Macht und ökonomisches Gesetz, S. 129 ff, 1973.

Aldrich, Howard, E., Whetten, David, A.: [Organization-sets]
Organization-sets, action-sets and networks, making the most of simplicity, in: Nystrom, Paul, C., Starbuck, William, H. (Hrsg.), Handbook of Organizational Design, S. 385 – 408, 1981.

Anderson, Ackerman, Linda, Anderson, Dean: [Change]
The Change Leader's Roadmap, How to Navigate Your Organization's Transformation, 2001.

Arrow, Kenneth, J.: [Social]
Social Choice and Individual Values, 2. Auflage, 1963.

Arrow, Kenneth, J.: [Knowledge]
Limited Knowledge and Economic Analysis, in: The American Economic Review, No. 64, S. 1 – 10, 1974.

Arrow, Kenneth J.: [Organization]
The Limits of Organization, 1974.

Arrow, Kenneth, J.: [Agency]
The economics of agency, in: Pratt, J.W., Zeckhauser, R.J. (Hrsg.), Principals and Agents, the Structure of Business, S. 37 – 51, 1985.

Astley, W. Graham, Fombrun, Charles, J. [Strategy]
Collective Strategy, Social Ecology of Organizational Environments, in: Academy of Management Review, Vol. 8, No. 4, S. 576 – 587, 1983.

Axelsson, Bjorn: [Corporate]
Corporate strategy models and networks – diverging perspectives, in: Axelsson, Bjorn, Easton, Geoffrey (Hrsg.), Industrial networks, a new view of reality, S. 184 – 204, 1992.

Bachmann, Reinhard: [Koordination]
Die Koordination und Steuerung interorganisationaler Netzwerkbeziehungen über Vertrauen und Macht, in: Sydow, Jörg, Windeler, Arnold (Hrsg.), Steuerung von Netzwerken, S. 107 – 125, 2000.

Baldwin, William, L.: [Motives]
The Motives of Managers, Environmental Restraints and the Theory of Managerial Enterprise, in: The Quarterly Journal of Economics, Jg., 78, S. 238 – 256, 1964.

Bamberger, Ingolf, Wrona, Thomas: [Ressourcenansatz]
Der Ressourcenansatz und seine Bedeutung für die Strategische Unternehmensführung, in: zfbf, (Zeitschrift für betriebswirtschaftliche Forschung) 48, Nr. 2, S. 130 – 153, 1996.

Barnard, Chester: [Functions]
The Functions of the Executive, 1938.

Barney, Jay, B.: [Resources]
Firm Resources and Sustained Competitive Advantage, in: Journal of Management, Vol. 17, No. 1, S. 99 – 120, 1991.

Bea, Franz, Xaver: [Entscheidungen]
Entscheidungen des Unternehmens, in: Bea, Franz, Dichtl, Erwin, Schweitzer, Marcell (Hrsg.), Allgemeine Betriebswirtschaftslehre, Band 1, Grundfragen, S. 376 – 506, 7. Auflage, 1997.

Bea, Franz, Xaver: [Führung]
Einleitung, Führung, in: Bea, Franz, Dichtl, Erwin, Schweitzer, Marcell (Hrsg.), Allgemeine Betriebswirtschaftslehre, Band 2, Führung, S. 1 - 7, 3. Auflage, 1987.

Becker, Fred, G., Kramarsch, Michael: [Anreizsysteme]
Anreizsysteme der Zukunft, in: Personalwirtschaft, Heft 4, S. 49 – 51, 1998.

Beckert, Jens, Metzner, Andre, Roehl, Heiko: [Vertrauenserosion]
Vertrauenserosion als organisatorische Gefahr und wie ihr zu begegnen ist, in: Organisationsentwicklung, 4 / 98, S. 57 – 66, 1998.

Beer, Stafford: [Brain]
Brain of the Firm – The Managerial Cybernetics of Organization, 1972.

Benson, Kenneth, J.: [Organizations]
Organizations, A dialectical view, in: Administrative Science Quarterly, No. 22, S. 1 – 21, 1977.

Berger, Ulrike, Bernhard-Mehlich, Isolde: [Entscheidungstheorie]
Die Verhaltenswissenschaftliche Entscheidungstheorie, in: Kieser, Alfred (Hrsg.), Organisationstheorien, S. 123 – 153, 2. Auflage, 1995.

Bertalanffy, Ludwig, v.: [Systemlehre]
Zu einer allgemeinen Systemlehre, in: Biologia Generalis, Archiv für die allgemeinen Fragen der Lebensforschung, S. 114 – 129, 1951.

Blaug, Mark: [Methodology]
Methodology of Scientific Research Programmes, in: The handbook of economic methodology, Davis, John, B., Hands, Wade, D., Mäki, Uskali (Hrsg.), S. 304 – 307, 1998.

Bleicher, Knut: [Organisation]
Organisation, in: Allgemeine Betriebswirtschaftslehre, Band II, Führung, S. 73 – 152, 3. Auflage, 1987.

Bohn, H.: [Multiple agents]
Monitoring multiple agents, in: Journal of Economic Behaviour and Organization, No. 8, S. 279 – 305, 1987.

Boulding, Kenneth E.: [Systems]
General Systems Theory – The Skeleton of Science, in: General Systems, Vol. I, 1956.

Bourdieu, Pierre: [Soziologie]
Zur Soziologie der symbolischen Formen, 1974.

Borghoff, Uwe, M., Schlichter, Johann, H.: [Rechnergestützte]
Rechnergestützte Gruppenarbeit, Eine Einführung in verteilte Anwendungen, 2. Auflage, 1998.

Bradach, Jeffrey, L., Eccles, Robert, G.: [Ideal types]
Price, authority and trust: from ideal types to plural forms, in: Frances, Jennifer, Levacic, Rosalind, Mitchell, Jeremy, Thompson, Grahame (Hrsg.), Markets, Hierarchies and Networks, S. 277 – 292, 1991.

Bresser, Rudi K. : [Kollektive]
Kollektive Unternehmensstrategien, in: Zeitschrift für Betriebswirtschaft, No. 59, S. 545 – 564, 1989.

Bresser, Rudi K., Harl, Johannes, E.: [Strategy]
Collective Strategy, Vice or Virtue?, in: Academy of Management Review, S. 408 – 427. No. 11, 1986.

Brown, R. H.: [Bureaucracy]
Bureaucracy as praxis: Toward a political phenomenology of formal organizations, in: Administrative Science Quarterly, No. 23, S. 356 – 382, 1978.

Bühner, Rolf, Akitürk, Deniz: [Mitarbeiter]
Die Mitarbeiter mit einer Scorecard führen, in: Harvard Business Manager, Nr. 4 / 2000, S. 44 – 53, 2000.

Bunge, Mario, A.: [Search]
Scientific Research, Vol. II, Search for Truth, 1967.

Burns, Tom, Stalker, G.M.: [Management]
The Management of Innovation, 1961.

Cabrera, Elizabeth, F., Bonache, Jaime: [HR system]
An expert HR system for aligning organizational culture and strategy, in: Human-Resource-Planning, Vol.: v22; n1 (10), S. 51 – 60, 1999.

Chandler, Alfred, D.: [Structure]
Strategy and Structure, Chapters in the History of Industrial Enterprise, 1962.

Checkland, Peter: [Systems thinking]
Systems Thinking, Systems Practice, 1981.

Checkland, Peter: [Systemdenken]
Systemdenken im Management, Die Entwicklung der 'weichen' Systemmethodik und ihre Bedeutung für die Sozialwissenschaften, in: Probst, Gilbert, J.B., Siegwart, Hans (Hrsg.), Integriertes Management, Bausteine des systemorientierten Managements, S. 217 – 234, 1985.

Checkland, Peter: [Soft Systems]
Soft Systems Methodology in Action, 1990.

Chi, Tailan [Ressources]
Trading in Strategic Ressources, Necessary Conditions, Transaction Cost Problems and Choice of Exchange Structure, in: Strategic Management Journal, No. 15, S. 271 – 290, 1994.

Child, J.: [Structure]
Organizational Structure, Environment and Performance: The Role of Strategic Choice, in: Sociology, No. 6, S. 1 – 22, 1972.

Clegg, Stewart R.: [Control]
Organization and control, in: Administrative Science Quarterly, No. 26, S. 545 – 562, 1981.

Clegg, Stewart R., Dunkerly, David: [Organization]
Organization, Class and Control, 1980.

Coase, Ronald, H.: [Firm]
The Nature of the Firm, in: Economia, Vol. 4, S. 386 – 405, 1937.

Coleman, James, S.: [Inequality]
Inequality, Sociology and Moral Philosophy, in: American Journal of Sociology, No. 80, S. 739 – 764, 1974/75.

Coleman, James, S.: [Macht]
Macht und Gesellschaftsstruktur, 1979.

Coleman, James, S.: [Sozialtheorie]
Grundlagen der Sozialtheorie, Band I, Handlungen und Handlungssysteme, 1991.

Collins, Jim : [Leadership]
Level 5 Leadership, The Triumph of Humility and Resolve, in: Harvard Business Review, S. 67 – 76, Januar 2000.

Dejung, Klaus, Moog, Manfred: [Team- und Gruppenarbeit]
Team- und Gruppenarbeit, mit Geld allein nicht zu bezahlen, in: Personalführung, Heft 4, S. 50 – 57, 1998.

Deutsch, Morton: [Trust]
Cooperation and Trust, Some Theoretical Notes, in: Nebraska Symposium on Motivation, S. 275 – 319, 1962.

Dietrickx, Ingemar, Cool, Karel: [Asset]
Asset stock accumulation and sustainability of competitive advantage, in: Management Science, No. 35, S. 1504 – 1511, 1987.

Drucker, Peter, F. [Information]
The Information Executives Truly Need, in: Harvard Business Review on Measuring Corporate Performance, S. 1 – 24, 1998.

Dubois, Anna, Hakansson, Hakan: [Relationships]
Relationships as activity links, in: Ebers, Mark (Hrsg.), The formation of interorganizational networks, S. 43 – 56, 1997.

Dülfer, Eberhard: [Betriebswirtschaftslehre]
Betriebswirtschaftslehre der Genossenschaften und vergleichbarer Kooperative, 2.Auflage, 1995.

Dülfer, Eberhard: [Management]
Internationales Management in unterschiedlichen Kulturbereichen, 5. Auflage, 1997.

Ebers, Mark: [Informationssysteme]
Die Gestaltung interorganisationaler Informationssysteme, Möglichkeiten und Grenzen einer transaktionskosten-theoretischen Erklärung, in: Sydow, Jörg, Windeler, Arnold (Hrsg.), Management interorganisationaler Beziehungen, 1994.

Ebers, Mark, Gotsch, Wilfred: [Organisation]
Institutionenökonomische Theorien der Organisation, in: Kieser, Alfred (Hrsg.), Organisationstheorien, S. 185 – 235, 2.Auflage, 1995.

Erichson, Bernd, Hammann, Peter: [Information]
Information, Grundlagen der Informationsbeschaffung und –aufbereitung, in: Bea, Franz, Dichtl, Erwin, Schweitzer, Marcell (Hrsg.), Allgemeine Betriebswirtschaftslehre, Band 2, Führung, S. 153 – 188, 3. Auflage, 1987.

Fama, Eugene, F.: [Agency]
Agency problems and the theory of the firm, in: Journal of Political Economy, No. 88, S. 288 – 307, 1980.

Fama, Eugene, F., Jensen, Michael, C.: [Control]
Separation of ownership and control, in: Journal of Law and Economics, No. 26, S. 327 – 349, 1983.

Fiedler, Fred, Edward: [Leadership]
A theory of leadership effectiveness, 1967.

French, John, R.P., Raven, Bertram: [Social power]
The bases of social power, in: Studies in social power, Cartwright Dorwin (Hrsg.), S. 150 – 167, 1959.

Frese, Erich: [Organisation]
Grundlagen der Organisation, Konzept, Prinzipien, Strukturen, 7. Auflage, 1998.

Frick, Bernd, Bellmann, Lutz, Frick, Joachim: [Zusatzleistungen]
Betriebliche Zusatzleistungen in der Bundesrepublik Deutschland, Verbreitung und Effizienzfolgen, in: Zeitschrift für Führung und Organisation, zfo, Band 69, Heft 2, S. 83 – 91, 2000.

Friedlander, Frank: [Groups]
The ecology of work groups, in: Lorsch, Jay, W. (Hrsg.), Handbook of organizational behavior, S. 301 – 315, 1987.

Frydman, Bert, Wilson, Iva, Wyer, JoAnne: [Leadership]
The Power of Collaborative Leadership, 2000.

Fuchs, Herbert: [Systemtheorie und Organisation]
Systemtheorie und Organisation, Die Theorie offenen Systeme als Grundlage zur Erforschung und Gestaltung betrieblicher Systeme, 1973.

Fulmer, Robert, M.: [Paradigm]
The evolving paradigm of leadership development, in: Organizational Dynamics, Vol.: v25n4, (14), S. 59 – 72, 1997.

Gambetta, Diego: [Trust]
Can we trust?, in: Gambetta, Diego (Hrsg.), Trust, Making and Breaking Cooperative Relations, 1988.

Gebert, Dieter, Rosenstiel, Lutz, v.: [Organisationspsychologie]
Organisationspsychologie, 4. Auflage, 1996.

Gerum, Elmar, Achenbach, Wieland, Opelt, Frank: [Regulierung]
Zur Regulierung der Binnenbeziehungen von Unternehmensnetzwerken, in: Zeitschrift Führung und Organisation, 67, 5, S. 266 – 270, 1998.

Gerum, Elmar: [Unternehmensnetzwerke]
Internationalisierung kleiner und mittlerer Betriebe durch Unternehmesnetzwerke, Arbeitspapier Nr. 9, Philipps-Universität Marburg, Dezember 1999.

Giddens, Anthony: [Consequences]
The consequences of modernity, 1990.

Gioia, Dennis, A., Petri, E.: [Multiparadigm]
Multiparadigm perspectives on theory building, in: Academy of Management Review, No. 15, 4, S. 584 – 602, 1990.

Glanville, Ranulph: [Objekte]
Objekte, 1988.

Golden, Peggy, A., Dollinger, Marc: [Cooperative]
Cooperative Alliances and Competitive Strategies in Small Manufacturing Firms, in: Entrepreneurship Theory and Practice, No. 17, , Summer 1993, S. 43 – 56, 1993.

Granovetter, Mark: [Structure]
Economic Action and Social Structure, the Problem of Embeddedness, in: American Journal of Sociology, No. 91, S. 481 – 510, 1985.

Granovetter, Mark: [Institutions]
Economic Institutions as Social Constructions, a Framework for Analysis, in: Acta Sociologica, No. 35, S. 3 – 11, 1992.

Hackman, Richard, J., Oldham, Greg, R.: [Work]
Work Redesign, 1980.

Hall, Richard: [Resources]
The Strategic Analysis of Intangible Resources, in: Strategic Management Journal, No. 13, S. 135 – 144, 1992.

Hansen, Morten, T., Nohria, Nitin, Tierney, Thomas, T.: [Wissen]
Wie managen Sie das Wissen in Ihrem Unternehmen? in: Harvard Business Manager, Nr. 5/1999, S. 85 – 96, 1999.

Hart, O.D., Holmström, B.R. [Contracts]
The theory of contracts, in: Bewley, T.F. (Hrsg.), Advances in Economic Theory, S. 71 – 155, 1987.

Hartmann-Wendels, Thomas: [Agency]
Agency Theory, in: Frese, E. (Hrsg.), Handwörterbuch der Organisation, S. 72 – 79, 3. Auflage, 1992.

Hax, Heinrich: [Optimierung]
Optimierung von Organisationsstrukturen, in: Grochla, Erwin (Hrsg.), Handwörterbuch der Organisation, Sp. 1083 - 1090, 1969.

Hayek, Friedrich, A. v.: [Knowledge]
The Use of Knowledge in Society, in: The American Economic Review, Volume XXXV, September 1945, No. 35, S. 519 – 530, 1945.

Hayek, Friedrich, A. v.: [Economics]
Economics and Knowledge, in: Hayek, F.A., Individualism and Economic Order, 1949.

Hayek, Friedrich, A. v.: [Phänomene]
Die Theorie komplexer Systeme, Tübingen, 1972.

Hayes, Robert, H., Abernathy, William, J.: [Managing]
Managing our way to economic decline, in: Harvard Business Review, 58 (4), S. 67 – 77, 1980.

Heinrich, Lutz: [Informationsmanagement]
Informationsmanagement Planung, Überwachung und Steuerung der Informationsinfrastruktur, 5. Auflage, 1996.

House, Robert, J.: [leader]
A path goal theory of leader effectiveness, in: Administrative Science Quarterly, No. 16, S. 321 – 338, 1971.

Hummeltenberg, Wilhelm: [Information]
Data Warehousing, Management des Produktionsfaktors Information, eine Idee und ihr Weg zum Kunden, in: Martin, Wolfgang (Hrsg.), Data Warehousing, S. 39 – 72, 1998.

Jarillo, J. Carlos: [Networks]
On strategic networks, in: Strategic Management Journal 9, S. 31-41, 1988.

Jay, Edward, J.: [Network]
The concepts of 'field' and 'network' in anthropological research, Man, No. 64, S. 137 – 139, 1964; in: Aldrich, Howard, E., Whetten, David, A., Organization-sets, action-sets and networks, making the most of simplicity, in: Nystrom, Paul, C., Starbuck, William, H. (Hrsg.), Handbook of Organizational Design, S. 385 – 408, 1981.

Jensen, Michael, C., Meckling, William, H.: [Structure]
Theory of the firm: Managerial behavior, agency costs and ownership structure, in: Journal of Financial Economics, No. 3, S. 305 – 360, 1976.

Jeserich, Wolfgang: [Mitarbeiter]
Mitarbeiter auswählen und fördern, 1981.

Kaplan, Robert, S., Norton, David, P.: [Scorecard]
The Balanced Scorecard: translating strategy into action, 1996.

Kaplan, Robert, S., Norton, David, P.: [Balanced]
The Balanced Scorecard, Measures that Drive Performance, in: Harvard Business Review on Measuring Corporate Performance, S. 123 – 145, 1998.

Kappelhoff, Peter: [Netzwerkansatz]
Der Netzwerkansatz als konzeptueller Rahmen für eine Theorie interorganisationaler Netzwerke, in: Sydow, J., Windeler, A. (Hrsg.), Steuerung von Netzwerken, S. 25 – 57, 2000.

Karpe, Jan: [Ökonomische]
Ökonomische Verhaltenskonzepte, in: Wirtschaftswissenschaftliches Studium, WiSt Heft, 28. Jahrgang, Heft 11, November 1999, S. 605 – 608, 1999.

Kaschube, Jürgen, Rosenstiel, Lutz, von: [Motivation]
Motivation von Führungskräften durch leistungsorientierte Bezahlung, in: Zeitschrift für Führung und Organisation – zfo, Band 96, Heft 2, 2000.

Kelly, Kevin: [Neteconomy]
Neteconomy, Zehn radikale Strategien für die Wirtschaft der Zukunft, 1999.

Kieser, Alfred: [Adapting]
Adapting organizations to micro-electronics and micro-electronics to organizations: Experiences in the Federal Republic of Germany, in: Urabe, K., Child, J., Kagono, T. (Hrsg.), Innovation and Management: International Comparisons, S. 319 – 336, 1988.

Kieser, Alfred: [Organisation]
Organisationstheorien, 2. Auflage, 1995.

Kieser, Alfred, Kubicek, Herbert: [Organisation]
Organisation, 3. Auflage, 1992.

Kneer, Georg, Nassehi, Armin: [Systeme]
Niklas Luhmanns Theorie sozialer Systeme, 1997.

König, C., Wijk, G., van: [Inter-firm]
Inter-firm alliances, the role of trust, unveröffentichtes Arbeitspapier, ESSEC, 1991.

Kossbiel, Hugo: [Personalwirtschaft]
Personalwirtschaft, in: Bea, Franz, Dichtl, Erwin, Schweitzer, Marcell (Hrsg.), Allgemeine Betriebswirtschaftslehre, Band 3, Leistungprozeß, S. 321 - 395, 3. Auflage, 1988.

Kramarsch, Michael, H.: [Incentive-Systeme]
Incentive-Systeme mit Erfolgszielen, in: Personalwirtschaft, Heft 10, S. 64 – 69, 1999.

Kramer, Roderick, M., Tyler, Tom, R.: [Trust]
Whither Trust, in: Trust in Organizations, Kramer, Roderick, M., Tyler, Tom, R. (Hrsg.), S. 1 – 16, 1996.

Kronman, A.T.: [Contract]
Contract Law and the State of Nature, in: Journal of Law, Economics and Organization, No. 1, S. 5 – 32, 1985

Kubicek, Herbert: [Bestimmungsfaktoren]
Bestimmungsfaktoren der Organisationsstruktur, in: RKW-Handbuch Führungstechnik und Organisation, Kz. 1412, 6. Lieferung, 1980.

Kuhlen, Rainer: [Informationsassistenten]
Die Konsequenzen von Informationsassistenten, 1999.

Kuhn, Thomas, S.: [Scientific]
The Structure of Scientific Revolutions, 2. Auflage, enlarged edition, 1970.

Lawler, Edward, E.: [reward system]
The design of effective reward systems, in: Lorsch, Jay, W. (Hrsg.), Handbook of Organizational Behavior, S. 255 – 271, 1987.

Leavitt, Harold, J. [Communication]
Some Effects of Certain Communication Patterns on Group Performance, in: Journal of Abnormal Psychology, No. 46, S. 38 – 50, 1951.

Leich, Steffen: [Informationen]
Agentenbasierte Dienste im Internet auf der Basis semantisch angereicherter Informationen im World Wide Web am Beispiel des Online Brokerage, Dissertation, Marburg, in der Veröffentlichungsvorbereitung, 2001.

Lewin, Kurt, Lippitt, Ronald, White, Ralph, K.: [Patterns]
Patterns of aggressive behaviors in experimentally created 'social climates', in: Journal of Social Psychology, No. 10, S. 271 – 299, 1939.

Lienert, Gustav, A.: [Testaufbau]
Testaufbau und Testanalyse, 1966.

Loose, Achim, Sydow, Jörg: [Vertrauen]
Vertrauen und Ökonomie in Netzwerkbeziehungen, Strukturationstheoretische Betrachtungen, in: Sydow, Jörg, Windeler, Arnold (Hrsg.), Management interorganisationaler Beziehungen, S. 160 – 192, 1994.

Lorenz, Edward, H. [Networks]
Neither friends nor strangers: informal networks of subcontracting in french industry, in: Gambetta, D. (Hrsg.), Trust, Making and breaking cooperative relations, S. 194 – 209, 1988.

Luhmann, Niklas: [Soziologische]
Sozilogische Aufklärung, Band 1, 1970.

Luhmann, Niklas: [Vertrauen]
Vertrauen, ein Mechanismus zur Reduktion sozialer Komplexität, 3. Auflage, 1989.

Luhmann, Niklas: [Wissenschaft]
Die Wissenschaft der Gesellschaft, 1990.

Luhmann, Niklas: [Systeme]
Soziale Systeme, Grundriß einer allgemeinen Theorie, 7. Auflage, 1999.

Macharzina, Klaus: [Entwicklungsperspektiven]
Entwicklungsperspektiven einer Theorie internationaler Unternehmenstätigkeit, in: Wacker, Wilhelm, H., Haussmann, Helmut, Kumar, Brij (Hrsg.), Internationale Unternehmensführung: Managementprobleme international tätiger Unternehmen, S. 33 – 56, 1981.

Macneil, Ian: [Contract]
Relational Contract: What We Do and Do Not Know, in: Wisconsin Law Review 3, S. 483 – 526, 1985.

Malik, Fredmund: [Systeme]
Strategie des Managements komplexer Systeme, Ein Beitrag zur Management-Kybernetik evolutionärer Systeme, Bern, 4. Auflage, 1992.

Manz, Klaus, Albrecht, Bernd, Müller, Frank: [Organisationstheorie]
Organisationstheorie, Kompaktstudium Wirtschaftswissenschaften, 1994.

March, James, G.: [Organisation]
Entscheidung und Organisation, 1990.

Martens, Ekkehard: [Pragmatismus]
Der Pragmatismus als Philosophie, in: Martens, E. (Hrsg.), Pragmatismus, S. 3 – 59, 1975.

Martin, Wolfgang: [Informationsverbraucher]
Data Warehouse, Data Mining und OLAP, Von der Datenquelle zum Informationsverbraucher, in: Martin, Wolfgang (Hrsg.), Data Warehousing, S. 17 – 37, 1998.

Martinez, Jon I., Jarillo, Carlos, J.: [Evolution]
The evolution of research on coordination mechanisms in multinational corporations, in: Journal of International Business Studies, No. 20, S. 489 – 514, 1989.

Mellerowicz, Konrad: [Richtung]
Eine neue Richtung in der Betriebswirtschaftslehre? Eine Betrachtung zu dem Buch von E. Gutenberg, in: Zeitschrift für die Betriebswirtschaft, S. 145 ff., 1952.

Mintzberg, Henry: [Strategy]
Strategy formation: Schools of thought, in: Frederickson, James, W. (Hrsg.), Perspectives on strategic management, S. 105-235, 1990.

Mirow, Michael: [Autopoiese]
Von der Kybernetik zur Autopoiese, Systemtheoretisch abgeleitete Thesen zur Konzernentwicklung, in: Zeitschrift für Betriebswirtschaft, Band 69, Heft 1, S. 13 – 27, 1999.

Mitchell, James, Clyde.: [Networks]
The concept and use of social networks, in: Mitchell, J.C. (Hrsg.), Social networks in urban situations, S. 1 - 32, 1969.

Morgan, Gareth: [Organization]
Images of Organization, 1997.

Müller, Gabriele: [Anreize]
Immaterielle Anreize gewinnen an Attraktivität, in: Computerwoche, Band 27, Heft 7, S. 125 – 126, 2000.

Negroponte, Nicholas: [Digital]
Total Digital, Die Welt zwischen 0 und 1 oder die Zukunft der Kommunikation, 1997.

Nohria, Nitin, Eccles, Robert: [Network]
Face-to-Face, Making Network Organizations Work, in: Nohria, Nitin, Eccles, Robert (Hrsg.), Networks and Organizations, Structure, Form and Action, 1990.

Nohria, Nitin: [Differentiated]
The differentiated network, organizing multinational corporations for value creation, 1997.

Ohne Verfasser: [Globalization]
Globalization, Foreign friends, in: The Economist, 8. Jan. 2000, S. 87-88, 2000.

Ohne Verfasser: [Mergers]
Acquired taste, Value of global cross-border M&As, in: The Economist, 5. Februar 2000, S. 24, 2000.

Ohne Verfasser: [Choice]
Spoilt for Choice, in: The Economist, 7. Juli 2001, S. 71 – 73, 2001.

Ohne Verfasser: [Teamarbeit]
Internetpublikation, online:
http://www.microsoft.com/GERMANY/ms/presseservice/artikel/meldung389010.htm, Microsoft GmbH, vom 28.06.2001 und online:
http://www.microsoft.com/germany/produkte/overview.asp?siteid=10858, Microsoft GmbH, vom 27.06.2001.
(Bei dieser Publikation stehen keine Seitenzahlen zur Verfügung.)

Pappi, Franz, U.: [Netzwerkanalyse]
Die Netzwerkanalyse aus soziologischer Perspektive, in: Koolwijk, van, Jürgen, Wieken-Mayser, Maria, Pappi, Franz U. (Hrsg.), Techniken der empirischen Sozialforschung, 1. Band, Methoden der Netzwerkanalyse, S. 11 – 37, 1987.

Payne, Roy, Pugh, Derek, S.: [Structure]
Organizational structure and climate, in: Dunnette, M. D. (Hrsg.), Handbook of Industrial and Organizational Psychology, Sp. 1125 – 1174, 1976.

Pennings, Johannes, M.: [Measures]
Measures of organizations structure, in: American Journal of Sociology, No. 79, S. 261 – 278, 1973.

Peteraf, M.A.: [Resource]
The Cornerstones of Competitive Advantage: A Resource-Based View, in: Strategic Management Journal, 14, S. 179 – 191, 1993.

Pfeffer, Jeffrey: [Micropolitics]
The micropolitics of organizations, in: Meyer, M.W. et al (Hrsg.), Environments and organizations, S. 29 – 50, 1978.

Pfeffer, Jeffrey: [Organization Theory]
Organization and Organization Theory, 1982.

Pfeffer, Jeffrey: [Incentives]
Incentives in Organizations: The Importance of Social Relations, in: Williamson, Oliver, E., Organization Theory, S. 72 – 97, Expanded Edition, 1995.

Pfeffer, Jeffrey, Salancik, Gerald R.: [Organizations]
The External Control of Organizations, A Resource Dependence Perspective, 1978.

Powell, Walter: [Network forms]
Neither market nor hierarchy: network forms of organization, Research in Organizational Behavior 12, S. 295 – 336, 1990.

Powell, Walter: [Inter-Organizational]
Inter-Organizational Collaboration in the Biotechnology Industry, in: Journal of Institutional and Theoretical Economics, 152, S. 197 – 251, 1996.

Powell, Walter: [Netzwerkartige]
Weder Markt noch Hierarchie: Netzwerkartige Organisationsformen, in: Kenis, Patrick, Schneider, Volker (Hrsg.), Organisation und Netzwerk, Institutionelle Steuerung in Wirtschaft und Politik, S. 213 – 271, 1996.

Prein, Hugo: [Strategies]
Strategies for third party intervention, Human Relations, 40, No. 11, 1987, S. 699 – 720.

Proebster, Walter, E.: [Rechnernezte]
Rechnernetze, Technik, Protokolle, Systeme, Anwendungen; 1998.

Raffee, Hans, Abel, Bodo: [Wissenschaftstheorie]
Aufgaben und aktuelle Tendenzen der Wissenschaftstheorie in den Wirtschaftswissenschaften, in: Raffee, Hans, Abel, Bodo (Hrsg.), Wissenschaftstheoretische Grundfragen der Wirtschaftswissenschaften, S. 1-10, 1979.

Ratner, Juliana: [Year]
Bumper year may not be matched, in: Financial Times, Global Investment Banking, S. II, 26.01.2001.

Raven, Bertram, H., Kruglanski, Arie, W.: [Conflict]
Conflict and Power, in: Swingle, Paul (Hrsg.), The structure of conflict, S. 69 – 105, 1970.

Röpke, Jochen: [Innovation]
Die Strategie der Innovation, eine systemtheoretische Untersuchung der Interaktion von Individuum, Organisation und Markt im Neuerungsprozeß, 1977.

Röpke, Jochen: [Unternehmer]
Der lernende Unternehmer, Internet-Publikation, www.uni-marburg.de/LOKAL/WITHE03/Pblicts.htm, am 6.2.2000.

Rorty, Richard: [Philosophie]
Der Spiegel der Natur, Eine Kritik der Philosophie, 4. Auflage, 1997.

Ross, S.A.: [Agency]
The economic theory of the agency, the principal's problem, in: American Economic Review, No. 63, S. 134 – 139, 1973.

Rumelt, Richard, P.: [Strategy]
Strategy, structure, and economic performance, 1986.

Sabatier, Paus: [Advocacy-Koalition]
Advocacy-Koalition, Policy-Wandel und Policy-Lernen, in: Heritier, A. (Hrsg.), Policy –Analyse, S. 116-148, 1993.

Sadowski, Dieter: [Unternehmenskultur]
Währt ehrlich am längsten? Personalpolitik zwischen Arbeitsrecht und Unternehmenskultur, in: Budäus, Dietrich, Gerum, Elmar, Braun, Wolfram (Hrsg.), Betriebswirtschaftslehre und Theorie der Verfügungsrechte, S. 219 – 238, 1988.

Schein, Edgar, H.: [Organizational Socialization]
Organizational Socialization and the Profession of Management, in: Tosi, Henry, L. (Hrsg.), Readings in Management, Contingencies, Structure and Process, S. 47 – 62, 1976.

Schiemenz, Bernd, Seiwert, Lothar: [Ziele]
Ziele und Zielbeziehungen in der Unternehmung, in: Zeitschrift für Betriebswirtschaft, 49. Jg, S. 581 – 603, 1979.

Schiemenz, Bernd: [Betriebskybernetik]
Betriebskybernetik, Aspekte des betrieblichen Managements, 1982.

Schiemenz, Bernd: [Unternehmungen]
Zur Frage von Zentralisation und Dezentralisation in Unternehmungen aus kybernetischer Sicht, in: Pfeiffer, Rolf, Lindner, Helmut (Hrsg.), Systemtheorie und Kybernetik in Wirtschaft und Verwaltung, S. 247 – 261, 1982.

Schiemenz, Bernd: [Informatisierung]
Informatisierung des Managements, in: Fischer, Thomas (Hrsg.), Betriebswirtschaftliche Systemforschung und ökonomische Kybernetik, S. 137 – 151, 1987.

Schiemenz, Bernd: [Systemansatz]
Komplexitätsbewältigung durch Systemansatz und Kybernetik, in: Czap, Hans (Hrsg.), Unternehmensstrategien im sozio-ökonomischen Wandel, S. 361 – 378, 1990.

Schiemenz, Bernd: [Information]
Production and Information, in: Stowell, Frank A. et al (Hrsg.), Systems Science – Adressing Global Issues, S. 519 – 524, 1993.

Schiemenz, Bernd: [Kybernetik]
Kybernetik und Systemtheorie als Hilfen zur Lösung komplexer Probleme – Zugleich eine Einführung in den Tagungsband, in: Schiemenz, B. (Hrsg.), Interaktion – Modellierung, Kommunikation und Lenkung in komplexen Organisationen, S. 9 – 29, 1994.

Schiemenz, Bernd: [Hierarchie]
Hierarchie und Rekursion im nationalen und internationalen Management von Information und Produktion, in: Schiemenz, Bernd und Wurl, Hans-Jürgen (Hrsg.), Internationales Management – Beiträge zur Zusammenarbeit, S. 285 – 305, 1994.

Schiemenz, Bernd: [Komplexität]
Komplexität von Produktionssystemen, in: Kern, Werner et al. (Hrsg.), Handwörterbuch der Produktionswirtschaft, 2. Auflage, Sp. 895 – 904, 1996.

Schiemenz, Bernd: [Handhabung]
Die Komplexität von Geschäftsprozessen und Möglichkeiten zu deren Handhabung, in: Wildemann, Horst (Hrsg.), Geschäftsprozeßorganisation, S. 103 – 126, 1997.

Schiemenz, Bernd, Schönert, Olaf: [Informationale]
Informationale Voraussetzungen für Lernprozesse multinationaler Unternehmungen, in: Pfeiffer, Rolf (Hrsg.), Systemdenken und Globalisierung, S. 203 – 223, 1997.

Schiemenz, Bernd, Schönert, Olaf: [Kommunikationssysteme]
Anforderungen an Informations- und Kommunikationssysteme im internationalen Unternehmensverbung, in: Macharzina, Klaus, Oesterle, Michael, J. (Hrsg.), Handbuch Internationales Management, Grundlagen, Instrumente, Perspektiven, S. 923 – 949, 1997.

Schiemenz, Bernd, Schönert, Olaf: [Entscheidung]
Entscheidung und Produktion, 2001.

Schneider, Hans-Dieter: [Kleingruppenforschung]
Kleingruppenforschung, 2. Auflage, 1985.

Schönert, Olaf: [Frühaufklärung]
Frühaufklärung im internationalen Strategiekontext, Betriebliche Einsatzpotentiale von Informations- und Kommunikationstechnologien, 1997.

Schubert, Klaus: [Netzwerke]
Netzwerke und Netzwerkansätze: Leistungen und Grenzen eines sozialwissenschaftlichen Konzeptes, in: Kleinaltenkamp, Michael, v., Schubert, Klaus (Hrsg.), Netzwerkansätze im Business-to-Business-Marketing, S. 8 – 49, 1994.

Schulz, von, Thun, Friedemann: [Miteinander]
Miteinander reden, Störungen und Klärungen, 1981.

Schweitzer, Marcell: [Planung]
Planung und Kontrolle, in: Bea, Franz, Dichtl, Erwin, Schweitzer, Marcell (Hrsg.), Allgemeine Betriebswirtschaftslehre, Band 2, Führung, S. 9 – 71, 3. Auflage, 1987.

Schweitzer, Marcell: [Betriebswirtschaftslehre]
Gegenstand und Methoden der Betriebswirtschaftslehre, in: Bea, Franz, Dichtl, Erwin, Schweitzer, Marcell (Hrsg.), Allgemeine Betriebswirtschaftslehre, Band 1, Grundfragen, S. 23 – 80, 7. Auflage, 1997.

Seidel, Eberhard: [Führungsformen]
Betriebliche Führungsformen, 1978.

Seifert, Theresia: [Anreizsystems]
Gestaltungsmöglichkeiten eines Anreizsystems für Führungskräfte, 2001.

Senge, Peter: [Discipline]
The fifth discipline, 1990.

Shannon, Claude, E., Weaver, Warren: [Communication]
The Mathematical Theory of Communication, 1969.

Shaw, Marvin E.: [Networks]
Communication Networks, in: Berkowith, L. (Hrsg.), Advances in Experimental Social Psychology, 1, S. 111 – 147, 1964.

Silverman, D.: [Organizations]
Formal organizations or industrial sociology: towards a social action analysis of organzations, in: Sociology, No. 2, S. 221 – 238, 1968.

Simon, Herbert A., March, James, G.: [Organizations]
Organizations, 1958.

Simon, Herbert A.: [Complexity]
The Architecture of Complexity, in: Proceedings of the American Philosophical Society, , Vol. 106, No. 6, December, S. 467 – 482, 1962.

Sjurts, Insa: [Vertrauen]
Kontrolle ist gut, ist Vertrauen besser?, in: Die Betriebswirtschaft, 58. Jahrgang, Nr. 3, S. 283 – 298, 1998.

Steinmann, Horst, Schreyögg, Georg: [Management]
Management, Grundlagen der Unternehmensführung, 1993.

Sydow, Jörg: [Netzwerke]
Strategische Netzwerke, Evolution und Organisation, 1993.

Sydow, Jörg: [Vertrauen]
Vertrauen in und zwischen Unternehmungen – Eine Einleitung, in: Bühner, Rolf; Haase, Klaus Dittmar; Wilhelm, Jochen (Hrsg.), Die Dimensionierung des Unternehmens, 1995.

Sydow, Jörg, Windeler, Arnold: [Steuerung]
Steuerung von und in Netzwerken – Perspektiven, Konzepte, vor allem aber offene Fragen, in: Sydow, J., Windeler, A. (Hrsg.), Steuerung von Netzwerken, S. 1 – 25, 2000.

Tannenbaum, Arnold, S.: [Organization]
Social Psychology of the work organization, 1966.

Tannenbaum, Robert, Schmidt, Warren, H.: [Leadership]
How to choose a leadership pattern, in: Harvard Business Review 35, Nr. 2, S. 95 - 101, 1958.

Teubner, Gunther: [Netzwerke]
Die vielköpfige Hydra, Netzwerke als kollektive Akteure höherer Ordnung, in: Kenis, Patrick, Schneider, Volker (Hrsg.), Organisation und Netzwerk, Institutionelle Steuerung in Wirtschaft und Politik, S. 535 – 561, 1996.

Theis, Anna Maria: [Organisationskommunikation]
Organisationskommunikation, theoretische Grundlagen und empirische Forschungen, 1994.

Thompson, James, D.: [Organizations]
Organizations in action, 1967.

Thorelli, Hans B. [Networks]
Networks: Between markets and hierarchies, in: Strategic Management Journal, Jg. 7, Nr. 1, S. 37 – 51, 1986.

Tietzel, Manfred: [Property Rights]
Die Ökonomie der Property Rights, ein Überblick, in: Zeitschrift für Wirtschaftspolitik 3, S. 207 – 243, 1981.

Tomaszewski, Tadeusz.: [Bewußtsein]
Tätigkeit und Bewußtsein, Beiträge zur Einführung in die polnische Tätigkeitspsychologie, 1978.

Tomer, John F. [Capital]
Organizational Capital, The Path to Higher Productivity and Well-being, 1987.

Truger, Achim: [Annahmen]
Die neue Finanzwissenschaft zwischen Realitätsferne und Irrelevanz der Annahmen, Eine methodologische Analyse potentieller Verteidigungsstrategien der neuen Finanzwissenschaft gegen der Vorwurf der Realitätsferne ihres entscheidungstheoretischen Fundaments, 1998.

Türk, Klaus: [Organisationsforschung]
Neuere Entwicklungen in der Organisationsforschung: ein Trendreport, 1989.

Ueberschaer, Norbert: [Leistung]
Leistung, Motivation und Vergütung in der Team- und Gruppenarbeit, in: Personalführung, Heft 4, S. 14 – 21, 1998.

Ulrich, Hans: [Systemorientiert]
Der systemorientierte Ansatz in der Betriebswirtschaftslehre, in: Kortzfleisch, G. von (Hrsg.), Wissenschaftsprogramm und Ausbildungsziele der Betriebswirtschaftslehre, S. 43 – 60, 1971.

Van Parijs, Philippe: [Paradigm]
Evolutionary Explanation in Social Sciences: An Emerging Paradigm, 1981.

Vroom, Victor, H., Yetton, Philip, W.: [Leadership]
Leadership and decision-making, 1973.

Weber, Max: [Wirtschaft]
Wirtschaft und Gesellschaft, 5. Auflage, 1972.

Weber, Jürgen, Schäffer, Utz: [Scorecard]
Balanced Scorecard und Controlling, 1999.

Weick, Karl, E.: [Prozeß]
Der Prozeß des Organisierens, 2. Auflage, 1998.

Wernerfelt, Birger: [Resource]
A Resource-based View of the Firm, in: Strategic Management Journal, Vol. 5, S. 171 – 180, 1984.

Wilkesmann, Uwe: [Organisationen]
Lernen in Organisationen, Die Inszenierung von kollektiven Lernprozessen, 1999.

Williamson, Oliver, E.: [Markets]
Markets and Hierarchies, Analysis and Antitrust Implications, 1975.

Williamson, Oliver, E.: [Relations]
Transaction-cost economics, the governance of contractual relations, in: Journal of Law and Economics, No. 22, S. 223 – 261, 1979.

Williamson, Oliver, E.: [Economic]
The Economic Institutions of Capitalism, 1985.

Williamson, Oliver, E.: [Institutions]
Economic Institutions, Spontaneous and Intentional Governance, in: Journal of Law, Economics and Organizations, No. 7, S. 159 – 187, 1991.

Williamson, Oliver, E.: [Organization]
Comparative economic organization: The analysis of discrete structural alternatives, in: Administrative Science Quarterly, No. 36, S. 269 – 296, 1991.

Williamson, Oliver, E.: [Trust]
Calculativeness, Trust and Economic Organization, in: Journal of Law and Economics, Vol. 36, S. 453 – 486, 1993.

Willke, Helmut: [Systemtheorie]
Systemtheorie I: Grundlagen, 5. Auflage, 1996.

Willke, Helmut: [Interventionstheorie]
Systemtheorie II: Interventionstheorie, 3. Auflage, 1999.

Witte, E.: [Ablauforganisation]
Ablauforganisation, in: Handwörterbuch der Organisation, Sp. 20-30, 1969.

Wunderer, Rolf, Grunwald, Wolfgang: [Führungslehre]
Führungslehre, Grundlagen der Führung, Band I, 1980.

Wurche, Sven: [Vertrauen]
Vertrauen und ökonomische Rationalität in kooperativen Interorganisationsbeziehungen, in: Sydow, Jörg, Windeler, Arnold (Hrsg.), Management interorganisationaler Beziehungen, S. 142 – 159, 1994.

Zahn, Erich: [Informationstechnologie]
Informationstechnologie und Informationsmanagement, in: Bea, Franz, Dichtl, Erwin, Schweitzer, Marcell (Hrsg.), Allgemeine Betriebswirtschaftslehre, Band 2, Führung, S. 455 – 504, 3. Auflage, 1987.

Zand, Dale, E.: [Trust]
Trust and managerial problem solving, in: Administrative Science Quarterly, 17, S. 229 – 239, 1972.

Zucker, Lynne, G.: [Trust]
Production of trust: institutional sources and economic structure 1840 – 1920, in: Research in Organizational Behavior, No. 8, S. 53 – 111, 1986.

Zündorf, Lutz: [Messung]
Forschungsartefakte bei der Messung der Organisationsstruktur, Soziale Welt 27, S. 468 – 487, 1976.

GPSR Compliance

The European Union's (EU) General Product Safety Regulation (GPSR) is a set of rules that requires consumer products to be safe and our obligations to ensure this.

If you have any concerns about our products, you can contact us on ProductSafety@springernature.com

In case Publisher is established outside the EU, the EU authorized representative is:

Springer Nature Customer Service Center GmbH
Europaplatz 3
69115 Heidelberg, Germany

Batch number: 10815962

Printed by Printforce, the Netherlands